一本书读懂中国哲学史

江心力 编著

中华书局
ZHONGHUA BOOK COMPANY

图书在版编目(CIP)数据

一本书读懂中国哲学史／江心力编著.—北京:中华书局,2010.7(2011.3 重印)

ISBN 978 - 7 - 101- 07444 - 4

Ⅰ.一… Ⅱ.江… Ⅲ.哲学史—中国—通俗读物 Ⅳ.B2-49

中国版本图书馆 CIP数据核字(2010)第 103671 号

书　　名　一本书读懂中国哲学史

编 著 者　江心力

责任编辑　李洪超　林玉萍

出版发行　中华书局

(北京市丰台区太平桥西里 38 号 100073)

http://www.zhbc.com.cn

E-mail:zhbc@zhbc.com.cn

印　　刷　北京天来印务有限公司

版　　次　2010 年 7 月北京第 1 版

2011 年 3 月北京第 2 次印刷

规　　格　开本 /700 × 1000 毫米　1/16

印张 17½　插页 2　字数 215 千字

印　　数　10001-14000 册

国际书号　ISBN 978 - 7 - 101 - 07444 - 4

定　　价　29.00 元

如何使用本书

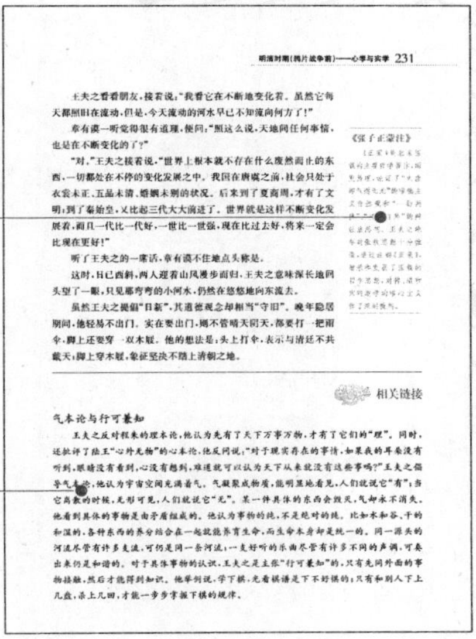

本书讲述从远古时代到晚清时期的中国哲学史，分为十个篇章，下面有若干小节。设置以下栏目：

篇章概述：介绍各个历史时期的哲学发展概况；

哲学故事：用故事的形式阐释中国哲学史上的重要史事和人物及其所处关节点，注重可读性和趣味性；

大事年表：以编年的方式，简要展示著名哲人的活动、重大的哲学事件等；

知识链接：以名词形式阐释与哲学故事相关的重要思想和学说等；

常识介绍：介绍相关的哲学概念、哲学派别、典籍等；

图片传真：选取相关图片，直观展示讲述内容。

目　录

西汉和东汉——独尊儒术

魏晋南北朝——儒释道鼎立

隋唐五代——三教合一

宋元时期——理学的繁盛

明清时期(鸦片战争前)——心学与实学

晚清——中西会通

远古时代

——神话与传说

图腾崇拜是中国文明的源头，母神崇拜是进入农业社会以后与妇女繁殖现象相联系而产生的宗教观念，体现了中国古代宗教崇拜以农业神为核心的特点。龙山文化时期出现了成熟的宗族祖先崇拜，反映了中国社会宗法制的特点。祖先神崇拜与自然崇拜进一步发展，到原始社会后期产生了天神崇拜。文献记载的五帝时代是中国文明的起源期，时间包括夏朝建国前的若干个世纪，空间包括整个中国疆域。黄帝作为五帝之首，成为中国社会的人文初祖，他把“艺五种”作为头等大事，同时设立专门管理农业的职官，促进了农业的发展。他命宁封为陶正，赤将为木正，使手工业走向了专门化。他的史官仓颉发明了文字，是先民精神文明进步的重要表现。他还设官治民，促进了政治权威的形成。颛顼继位后，命南正重管理宗教事务，命火正黎管理世俗事务，剥夺了一般人与鬼神交通的自由，称之为“绝地天通”，标志着政治与宗教结合传统的正式形成。

伏羲与女娲像

画中男女人首蛇身,他们上身相拥,下身相交,各自用一手抱着对方,另一手扬起,男执矩,女执规。两人头顶上部,绘有一个环形太阳。身下蛇尾中间,绘有一个月亮。人物周围星辰罗布。这是神话传说中人类始祖的形象。

开天辟地

天地是如何形成的？万物是怎么产生的？世界各地流传着许多神话和传说。在西方，《圣经》记载了上帝七天创世纪的传说，在我国，则有盘古开天辟地的神话。

据三国时吴国人徐整的《三五历记》记载，很久很久以前，整个宇宙一片混沌，既没有蔚蓝的天空，也没有坚实的大地；没有白昼，也没有黑夜；没有花草树木，也没有人类生息；没有上下左右，也不知东西南北，宇宙就好像一个浑圆的鸡蛋。就是在这个浑圆的东西当中，孕育了人类祖先，他的名字叫盘古。

盘古在这个浑圆的东西中生长了一万八千年。当他终于孕育成熟以后，睁开眼睛看时，到处都是黑漆漆的。什么也看不到，什么也听不到，他心情很郁闷，一气之下就制造了一把石斧，朝着眼前的混沌用力一挥，只听得一声霹雳巨响，大混沌忽然破裂开来。其中有些轻而清的东西，冉冉上升，变成了高高的蓝天，另外有些重而浊的东西，沉沉下降，变成了广阔的大地。也就是从这个时候起，宇宙才有了天地之分。

盘古打破了混浊世界之后，头顶蓝天，脚踏大地，用他无尽的气力支撑着天和地。在他的神力下，天每日增高一丈，地每日加厚一丈，盘古也每日长高一丈。这样又经过了一万八千年，天已经高到了尽头，地也已经厚到了尽头，盘古也变成了一个顶天立地的巨人，像一根擎天玉柱，支撑着天空和大地，使天和地不能再碰到一起，从而保证了世界不再回到原始的混沌状态。

经过许多人的演绎，盘古开天辟地的故事更加完整。据说盘古开天辟地以后，天地间还只有他孤单单的一个人。他有时候欢喜，有时候发怒，有时候哭泣，有时候叹气。因为他是天地的主宰，欢喜的时候，天就是晴朗的，万里无云；发怒的时候，天就是阴沉的，乌云翻滚；哭泣的时候，天就下起倾盆大雨，雨水汇成了江湖河海；叹气的时候，就掀起阵阵狂风，吹得大地上飞沙走石；他一眨眼，天空就出现一道闪电；他睡觉时一发出鼾声，天空便产生隆隆雷鸣。

即便如此，盘古仍十分忧伤，他说："这世界太可怕了，没有光，没

传说中的伏羲氏时代

结绳为网罟，以田以猎；仰观俯察，始作八卦，以类万物之情（《易·系辞》）。

约前50世纪（神农炎帝时代）

以石为兵（《越绝书外传》）。制耒耜，教民农作（《白虎通·号篇》）。

神话

神话是远古时代人们口头创作的一种文学样式，是他们对世界起源、自然现象和社会状况的主观想象和幻想的反映。由于当时生产力水平低下，并遭受自然的威胁，人们不能科学地解释世界起源、自然现象和社会生活的矛盾、变化，就产生幼稚的想象和主观的幻想，把自然力加以形象化和拟人化，这就产生了神话。它表现了古代人们对自然力的原始理解、斗争和对理想的追求，包含有科学与哲学的萌芽。假借传说中的神来反映现实或讽喻现实的作品，通常也称神话。

有热，没有山，没有水，没有树木，没有花草，什么都没有。后代无法生存下去，我必须牺牲自己。”他虽然寿命非常长，但最终仍然郁闷地死去。

盘古的死引起一连串新生命的诞生，世界在他死后大大地改变。他的右眼变成太阳，左眼变成月亮；血液变成江河海洋，毛发变成树木花草；呼吸变成风，声音变成雷；欢喜时的笑容变成晴天，烦恼时的愁容变成阴天。而他的身体则变成了五岳：头部变成东岳泰山；腹部变成中岳嵩山；左臂变成南岳衡山；右臂变成北岳恒山；双足变成西岳华山。盘古为人类创造了万物，创造了一个有声有色的美好世界。

后来，天有了穹隆，才又有了女娲补天的神话，并传说女娲创造了人，使人类世世代代繁衍下来。

盘古开天辟地的传说虽然有些荒诞，但反映了我们的祖先对天地万物起源的探索，说明中华民族很早就相信人的力量是伟大的。天地既然是一个叫盘古的人开辟的，这不是说明人比天地更伟大吗？而所用石斧，则是他自己制造的，隐隐约约地反映了劳动创造世界的思想观念，体现了中华民族的先民相信自己的力量，而不是把命运寄托在虚幻的上帝身上的理性精神。

相关链接

伏羲和女娲

伏羲与女娲是中国的“亚当”和“夏娃”，也是中国神秘的“人兽合一”式的人物。他们的画像，人面蛇身，与古埃及狮身人面像异曲同工。在传说中，伏羲教人们结绳记事、结网捕鱼、驯养动物，于是我们人类才学会了计数，产生了渔业和畜牧业。女娲是伏羲的妹妹。盘古开天辟地后，有一天，支撑着天穹的四根大柱子突然折断了，天塌了下来，地也开裂了，洪水四处泛滥，大火各处燃烧。于是女娲到达昆仑山，炼出五色石子，把苍天补好；又砍下大乌龟的四只脚，用来代替天柱，将天空支起来；还杀死黑龙，让百姓安居乐业；堆积芦苇灰烬，挡住洪水。人民终于过上了无忧无虑的生活。还有传说认为天降洪水，兄妹俩爬进一个大葫芦里，躲过了劫难，然后兄妹结婚，繁衍了人类。

伏羲和女娲的年代距今有多长时间，现代的历史学家还给不出一个具体的答案。但有一点可以认定，他们一定生活在原始社会的原始人群时期，而这一时期的时间跨度，要有百万年以上。

文明初曙

中华大地,从洪荒时代到文明初曙,历经了数以百万年计的漫长岁月。作为中华民族共祖的黄帝,进行了沉重而又平凡的生活创造,引领民众踏进了文明社会的门槛。

黄帝大约生活在距今五千年前后。据《史记·五帝本纪》记载,他是少典的儿子,姓公孙,名曰轩辕。黄帝出生几十天就会说话,幼小伶俐,长大勤勉,成年后则聪明通达。他娶西陵氏的女儿为妻,这就是嫘祖。她教人们学会了养蚕和缫丝,织出丝绸做衣裳。黄帝还推算历法,教导百姓播种百谷,发明凿井技术,开辟园、圃,种植果木蔬菜,饲养兽禽,进行放牧,同时"断木为杵,掘地为臼",可以把谷物的壳子去掉,是熟食的保证。总之,黄帝创造了系统的农耕文明。黄帝本人曾和医师岐伯研讨医理,相传《黄帝内经》就是黄帝和岐伯讨论问答的记录,这也是后人称中医为"岐黄之术"的原因所在。此外,举凡衣服冠盖、钟鼎铸造、宫室舟车、日用器皿,都是黄帝时期发明的。

当时,各个部族之间相互攻伐,社会处于无序的状态。当时为乱最残暴的是蚩尤,但轩辕一时还没有力量去讨伐;而炎帝也欲兴兵侵犯各部落方国,于是这些部族都来归附轩辕。他发展生产,修明政治,安抚百姓,让人民安居乐业。在此基础上联合以熊、罴、貔、貅、貙(chū)、虎为图腾的氏族,同炎帝在阪泉(今河北涿鹿东南)之野交战。经过三次激战,最后黄帝战胜了炎帝,兼并了炎帝的部落。

涿鹿之战是黄帝对蚩尤的战争。蚩尤是九黎的首领,传说蚩尤有兄弟八十一人,是个比较大的部落。这次战争很激烈,有的神话说,在战争中蚩尤作大雾,使黄帝的兵士辨不清方向,黄帝就发明指南车以辨别四方,上帝还派遣天女下凡,帮助黄帝作战。结果蚩尤大败,黄帝擒杀了蚩尤。这样,四方的部族方国都尊轩辕为天子,轩辕便是黄帝。《国语·鲁语上》说"黄帝能成命百物,以明民共财",反映了文明史的开创。前者是指一方面为自然事物命名,另一方面创造发明自然界没有的事物;后者的"明民"则是指区分上下贵贱等级,"共财"是指山林、泽薮仍为部落共有财产,这是中国进入文明社会的重要标志。

约前 40 世纪(轩辕黄帝时代)

黄帝成为部落联盟的首领,他明民共财,创立文字,完善农耕文明。

图腾崇拜

图腾崇拜是指一定氏族认为一定种类的动物和自然物同本氏族有亲属或其他特殊关系的信仰,是原始社会最早的宗教信仰形式之一。图腾(totem)一词,源出北美印第安人的奥季布瓦语,意为"他的亲族"。被一个氏族称作图腾的物(多为动物,如熊、狼、鹿、鹰等),即成为该氏族的标志,认为可起到保护和庇护氏族的作用。图腾往往为全氏族的忌物(对动植物图腾一律禁杀禁食),并对之进行崇拜,以促进该图腾的繁衍。图腾崇拜曾普遍存在于世界各地,在近代某些部落和氏族中仍然流行。华夏氏族,以龙为图腾,司马迁《史记》说:"轩辕,黄龙体。"

约前23世纪（颛顼时代）
颛顼"依鬼神以制义"，成为鬼神的代表，一般人与鬼神交通的自由被否定。

约前22世纪（尧舜时代）
大巫高阳氏在玄宫下达上天的命令征伐三苗，宗教开始为政治服务。

黄帝还创造了文字、艺术和宗教等精神文明成果，使文化发展达到相当高的水平。他的史官仓颉发明了文字，改变了结绳记事的局面。黄帝时还创作了名叫《咸池》的舞乐和表现战蚩尤的惊心动魄场面的《枫鼓之曲》，还制作了正五音的律管，发明了鼓、磬、角、铙、鞞(bǐng)、钲等乐器。

黄帝与蚩尤作战时风伯、雨师、应龙、旱魃施法，雕、鹗、鹰、鹯(zhān)为旗帜，熊、罴、貙、虎参战，说明了自然神崇拜与图腾制度的存在。

黄帝有二十五个儿子，其中十四个得到了姓。他死后葬于桥山，成为五帝之首。传说晚年的黄帝采用首山之铜铸鼎于荆山，鼎铸完后，天上来了一条大龙，迎接黄帝，黄帝乘龙上了天，群臣和百姓留在了人间。

有关黄帝的文字记载充分反映了中华民族的开放精神。黄帝不仅完善了农耕文明，完成了许许多多的发明创造，而且还建立部落联盟，"明民共财"，创造了较为成熟的政治文明。更为重要的是，他发明文字，制造乐器，创作乐舞，使先民的精神文明达到了一个新的水平。《史记》称赞黄帝"治五气，艺五种，抚万民，度四方"，是比较恰当的。从此华夏文明初露曙光，中华民族有了共同的人文始祖。

相关链接

华夏文明

华夏文明亦称中华文明，是世界上最古老的文明之一，也是世界上持续时间最长的文明。一般认为，中华文明的直接源头有三个，即黄河文明、长江文明和北方草原文明，中华文明是三种区域文明交流、融合、升华的果实。"华夏"一词的本义即是：服章之美谓之华，礼仪之大故称夏，"华夏"本义即有文明的含义。华夏还是中国和汉族的古称。距今约四五千年，黄帝部落联合炎帝部落，在涿鹿一战中大败蚩尤。从此，炎帝、黄帝部落结成联盟，经过长期发展，形成日后的华夏族。黄河流域早期农业一般主要是种植粟，长江流域农业主要是种植水稻，这两种农业文明构成华夏文明的主要特征。北方草原游牧文明也是华夏文明的重要组成部分。近代由于三星堆遗址的发现，令传统的"长江流域文明是黄河流域文明的继承和发展"的看法受到动摇。华夏文明很可能是多源头文明，而非单由黄河流域文明起源。

夏朝、商朝和西周

——走出古代宗教

在夏朝和商朝(前21世纪～前11世纪),宗教仪式成为国家典礼,宗教制度成为国家制度不可分割的组成部分。这个时代,宗教崇拜的对象有上帝、祖先神和自然神三类。上帝成为超自然神,祖先神成为祭祀的主要对象,自然神不再独立成为上帝的臣工。西周初期,中国哲学史上有三件大事:箕子述《洪范》、周公制礼作乐和《周易》的成书。武王灭商后,武王问殷贵族箕子以治国之道,箕子陈述了据说是上帝赐予大禹的九类治国大法,即《尚书·洪范》篇的“洪范九畴”。周公则在礼乐制度的创建过程中发挥了主导作用,其中礼包括官制、刑法、仪式等内容,乐是舞乐。乐辅助礼,配合礼,共同体现德治思想,成为中国古代文明传统。占卜起源于原始社会,在三代进一步发展。《周易》是周人筮占材料的总结,把乾坤天地与人类社会视为相关联的整体。幽王时伯阳父关于地震的认识和史伯关于“和”、“同”的议论,可以看作是西周思想学说发展的哲学总结。伯阳父依照阴阳学说解释地震,又把地震与国家兴亡联系起来。史伯依照五行学说,认为“和”是发展的必要条件,“同”则是没有发展前途的,企图以逻辑的形式解释自然和社会现象。

西周　青铜“天亡”簋

高 24.2 厘米，口径 21 厘米。内底有铭文七十八个字，记述武王灭商后，在“天室”举行祭祀大典，祭告其父文王，并取代商王来祭祀天上神帝的史实。

殷人祀神

“殷人尚鬼”，“殷人尊神，率民以祀神”，殷人尊崇和迷信“上帝”。这种种说法中的鬼神崇拜只不过是殷人祖先崇拜的一种折射而已。殷人认为过世的祖先其精灵依然存在，和上帝很接近，具有一种神秘的力量，可以降祸延福于子孙。

前21世纪至前16世纪(夏朝)

已有“帝”、“天”和“五行”等观念。已有较完备的历法和天象、物候知识。已有“后”和“众”的社会矛盾观念。

关于殷人的起源，有“天命玄鸟，降而生商”(《商颂·玄鸟》)的传说，这一传说反映了殷人帝祖合一的宗教观念。

据说商的先祖契是帝喾(kù)次妃简狄所生。有一天艳阳高照，晴空万里，简狄和妹妹建疵及一个女友一同来到野外。深绿色的草丛里到处开着野花，犹如夜空中闪烁着的星星，美丽极了。她们三人在绿地毯上嬉笑追逐，不知不觉来到一条溪水旁边。顺溪而行，不远处有一潭碧水呈现在面前。四顾无人，她们三人便跳进水中，痛快地洗起澡来。洗完澡，她们便到岸边晒太阳，这时看见远远飞来一对“玄鸟”(“玄”是黑色，玄鸟即燕子)，它们上下翻飞，啁啾和鸣，飞累了，就落到地上，交颈而卧。简狄说动妹妹和女友，想捉住燕子。燕子很机灵，见有人来，便腾飞而去，三人大失所望。还是简狄眼尖，发现一个刚刚产下的燕子卵，便细心地握在手心，建疵见状便拿过去欣赏。简狄让妹妹还给自己，妹妹拒不答应，简狄便夺了回来；妹妹又来讨要，简狄急中生智藏在嘴里。建疵寻找半天未能找见，看到姐姐腮帮子鼓鼓的，便要她张开嘴。简狄急忙躲闪，一不小心，燕卵被她吞了下去，妹妹急忙道歉。她们怀着忐忑的心，回到了家里。过了一段时间，简狄便生下了契。

记载祭祀、天象等内容的甲骨文

契逐年长大，精明干练，又很勤奋。后来帝舜任命他为司徒，协助大禹治水。商部族开始强大起来，契被本部族子孙尊为玄王，并以玄鸟为图腾。传说中的玄鸟是上帝派到人间来的，所以契是上帝的儿子，玄鸟就是卜辞中的凤，为“帝史(使)”。

前16世纪至前11世纪(商朝)

这一阶段，是殷人统治时期。他们把祖先天神化，以“帝”为至上的天神。祖、社、河、岳诸神既控制自然，也影响人类社会。

传说中简狄的丈夫帝喾，既是殷民族的祖先，又是他们祭奉的至上神上帝。他就是卜辞中的“高祖夒”、《山海经》中的帝俊和《国语·鲁语》中的舜。《山海经》中的帝俊是许多圣贤的父亲，是娥皇的丈夫，好像是人王；同时又说他生育了太阳和月亮，又明显是上帝。《左传·昭公元年》说商的始祖高辛氏(帝喾的号)的长子阏伯被后帝(上帝)迁到商丘，让他负责观察火星来定季节。那么陶唐氏即是“后帝”了。而传说中的帝舜(帝喾)又是受陶唐氏的禅让而为人王的，这就是说殷人的始祖接受了上帝的禅让，同样说明殷的始祖是人王也是上帝。

甲骨文物

甲骨文物是指河南安阳殷墟出土的商代晚期王室占卜记事用的龟甲和兽骨，数量超过十五万片。目前已经释读的甲骨文字有二千个左右，确认了的甲骨文字有一千多个，基本上可以通读。在甲骨文里可以看到殷人崇拜上帝、祖先、自然神的史料，还有天文历法、气象、医学方面的一些记载。到目前为止，著录甲骨文的专著已达百种，最为完备、集大成的甲骨文资料汇编是《甲骨文合集》(郭沫若主编，胡厚宣总编辑)。

在殷人所祀的神灵中，帝虽然权能很大，但他更具有自然神的特性，有他自己活动的规律，所以殷人只是卜问他，却不祭祀和请求他；祖神的权能几乎与帝不相上下，而且和人类更亲近，所以人们更愿意祈求于祖神，祖神在殷人的信仰中有更重要的作用。河神几乎具有祖神的所有权能，因此殷人对他的祭祀也非常隆重。

殷人尊崇的祖先神数量特别大，不仅有远古先祖，也有女性祖先，甚至异姓祖先都是殷人崇拜的对象。殷人祭祖用牲量多，祭典特别隆重。在殷人的各种祭典里，使用人牲和牺牲最多的是祭祖。殷人认为，祖先神可以满足他们的各项祈求。祖先神不仅和帝一样令风令雨，而且可以禳除人世间的灾难，赐下民以福佑。殷人如此尊崇祖先神，是因为他们对祖先功业的崇敬和其历史经验的珍视，反映了人类征服自然的初步胜利。殷人祈祷祖先神，希望农业丰收和身体健康，这包含着他们对祖先战胜自然的力量和对其生活经验的崇拜。商王室的祖先神不仅为殷人所尊崇，也为诸方国、部族所尊崇。在商王朝祭祖时，各方国和部落都要奉献牺牲。这样，商王国神权和政权合一，通过神权巩固了政权。

相关链接

自然崇拜

在殷代的自然崇拜里，作为重点而被隆重祭祀的不是日月、山川、风雨之类作为自然物的神灵，而是具有某种人格化的自然神，最典型的是土（社）、河和岳。“土”在殷墟卜辞中可指土地，但大多数作为祭祀对象的“土”则应当读作“社”，指社神，亦即土地之神。社神的形象常以土、石等为之。古人常有“封土立社”之说，甲骨文“土”字作地上矗立的巨大土块之形，应即封土所成的社神形象。在殷人心目中，土（社）神可以保佑年成、降雨止风、禳解灾害、保护疆土。殷墟卜辞里的“河”指大河，即黄河。殷的东、南、西三面都是黄河流经之地，殷都也距黄河不远，黄河对殷人的影响很大。河神威力很大，能令雨、害雨、害云、害年、害禾、咎我、害王等。殷人几乎用所有的祭祀手段祭祀河神。“岳”神地位和社、河二神几乎相等。甲骨文之“岳”像山上长有树木。上古称嵩山为岳。岳神的权威也很大，可害雨、害云、害年、害我、害王。殷人对岳神的祭祀也很隆重。自然崇拜在殷代尽管还保留着某些原始性质，但总的看来，殷代自然崇拜的重点在于具有一定人格化特征的土（社）、河、岳等神灵，所以说它已经脱离了单纯崇拜自然的低级阶段。

箕子述《洪范》

箕子

名胥余，因封国于箕（今山西太谷县东北），爵为子，故称箕子。

前 1054 年

文王打败黎国，纣臣祖尹认为纣王无道，天将亡殷。

前 1045 年

武王伐纣后，向殷贵族箕子问治国之道，箕子陈述“洪范九畴”。

周武王灭商后，虚心向商朝遗老箕子请教治国的道理，箕子告诉他“洪范九畴”，也就是九条大法。这是先秦哲学史上非常有名的故事。

箕子与纣王同姓，是纣王的族叔，熟悉占卜和阴阳历法。纣王当政后，箕子曾官居太师，辅佐朝政。纣王即位不久，箕子见他使用象牙筷子，就叹息说：“用了象牙筷，就要用玉杯来配，然后就会追求其他的珍奇物品，这就是奢华享乐的开端呀！国君讲究享乐，国家怎么能搞得好呢？”纣王毫不理会。比干、微子等大臣也先后进谏，结果比干因谏而死，微子因谏逃亡。箕子为保全性命，就装疯卖傻，披头散发，鼓琴而歌。即便如此，纣王仍然派人将他囚禁起来。

后来周武王灭了商朝，从监狱中放出箕子。武王姬发见到箕子后，微笑着问道：“先生是最为德高望重的，纣王不用先生，致使江山不保、身首异处。请问先生，殷商何以会亡国？”箕子听后沉默不语，面带悲伤。武王觉得是不是有些唐突，便转移话题，诚恳地说：“先生休怪，我刚才所问并无冒犯之意，只是觉得上天庇佑在下的臣民。君王倡导百姓和谐共处，姬发迫切想知道治国的方法，请先生不吝赐教！”

箕子沉思了一会儿，说道：“我听说，从前鲧堵塞洪水，弄乱了水性的规律。天帝大怒，不赐给鲧治水的九种方法，鲧就被流放而死。大禹继承了父亲的遗志，继续治理洪水。他疏导洪水，上天就赐给他九种大法。第一种是五行，第二种是对待五事，第三是施行八政，第四是协调五纪，第五是建立皇极，第六是任用三德，第七是明辨稽疑，第八是庶征，第九是用五福激励众人、用六极警戒众人。五行，就是金、木、水、火、土；五事就是貌、言、视、听、思；八政就是食、货、祀、司空、司徒、司寇、宾、师；五纪就是年、月、日、星辰、历数；皇极就是最高准则、君王治国的必要法则；三德就是正直、刚毅、柔克；稽疑就是趋吉避凶；庶征就是雨、旸、燠（yù）、寒、风；五福就是寿、富、康宁、攸好德、考终命；六极就是凶短折、疾、忧、贫、恶、弱。”

箕子好像是怕武王听不明白，很仔细地将洪范九法认真地讲解了一番。武王一边命人在旁记录，一边认真地听着，听到妙处，频频点头，击节称赏。听完了箕子的洪范九法后，周武王觉得将箕子封在自己领地，有点委屈箕子的才能，就将他封在了朝鲜，并且立下文书：箕子和他的后代子孙，可以不向周天子朝拜和进贡。若干年后，箕子从自己的封地回到商都朝歌，看到过去华丽的宫殿变成了一片废墟，繁华的都城变成了一片绿油油的麦田，不禁悲从心来，欲哭则不可，欲泣则不能，乃作《麦秀之诗》。其歌曰："麦秀渐渐兮，禾黍油油。彼狡僮兮，不与我好兮！"殷商的遗民一听，都痛哭流涕。

《洪范》的九大范畴，足以建构起一个国家。其中从自然的元素到人类的属性，从政务的管理到天体的运行，最后推出最高的理念——"皇极"，以此作为国家治理的指导方针，也就是强调人类要建构国家是为了体现绝对的价值——人类的正义。接着，由三德再到"稽疑"，由"庶征"推至"五福"、"六极"，以作为个体作为的报应参考。于是，为我们建立了一个类似北极星的恒定坐标。有此坐标，人生才不至于迷茫，不至于失望和落空，社会才会走向和谐与稳定。这些核心理念构成了我们所谓的永恒哲学。

对古人而言，这些信念的作用无异于宗教的稳定力量。问题是，如果"天子失德"，不但无法维持正义，反而作威作福，欺压百姓，又会有何后果？事实上，正是由于这个原因，造成礼崩乐坏、天下大乱，然后才有了"哲学突破"，才有了儒家与道家的立论与宣扬。

相关链接

《河图》与《洛书》

传说上古伏羲时，洛阳东北孟津县境内的黄河中浮出龙马，背负"河图"，献给伏羲。伏羲依此而演成八卦，成为《周易》的来源。《河图》以"一六在下，二七在上，三八居左，四九处右，五十居中"排列成数阵的黑点和白点，蕴藏着无穷的奥秘。其图为四方形，单数为白点为阳，双数为黑点为阴，黑白点表示了阴阳；东西南北中五个方位则分别代表五行，即金、木、水、火、土。四象则按古人

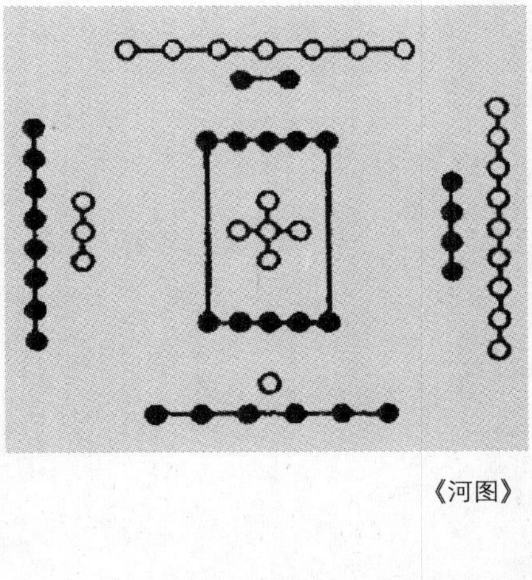

《河图》

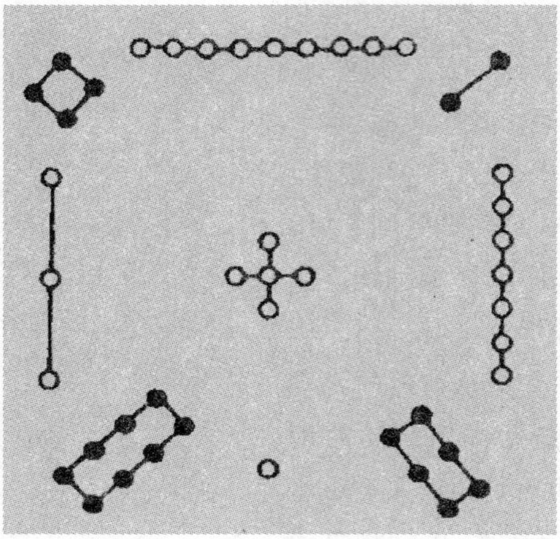

《洛书》

坐北朝南的方位为正：前朱雀，后玄武，左青龙，右白虎。此乃风水象形之源也，反映了古代中国人对于客观世界和人类社会有序性的认识。

洛指洛河。传说大禹在位的时候，从洛河的水中爬出一只大乌龟，大乌龟的背上显示出一幅有规则的图纹。大禹得到这样的图，以此治水成功，遂划天下为九州。又依此定九章大法，治理社会，流传下来，收入《尚书》中，名《洪范》。《洛书》的结构是“载九履一，左三右七，二四为肩，六八为足，以五居中”，五方白圈皆阳数，四隅黑点为阴数。《洛书》中横行、竖行及对角线的每一组数字之和都等于十五，表现了古代中国人均衡的思想以及对客观世界和人类社会有序性的认识。《洛书》中的数字排列，实际是古代中国的幻方或称纵横图。《洛书》的传说本身，还反映了中国古代的君权神授和天人感应意识，其文化内涵与象征意义是与时俱进的，对于表现中华民族的文化精神具有永久的价值。

周公制礼作乐

我们说中国是一个礼仪之邦，那么，这个礼仪之邦是从什么时候开始的呢？要回答这个问题，就一定要追溯到西周开国之初的周公。周公对中华文明一个最大的贡献，就是“制礼作乐”。

商朝原本非常强大，但是它的统治者非常迷信鬼神，迷信天命，又非常残暴，有“人殉”和“人祭”，也就是商王死了，要拿许多活人去殉葬。到了商纣王时，民众的不满已到了极点。

周最初不过是偏处西北地区的一个小国，但是周文王懂得用“德”来收揽人心，用现在的话说就是以人为本，许多小国因此都愿归附它。在“牧野之战”的时候，纣王的军队纷纷反戈一击，导致商朝土崩瓦解。殷商的迅速灭亡让周武王和周公感慨万分，他们认为统治不能只相信天命，还要考虑民众的感受。周公制礼作乐，目的就是要建立一个“道德之团体”，用道德把贵族、平民和其他人维系起来，实现由重神向重人的飞跃。

周公将礼从巫术中独立起来，成为政治制度和社会秩序的支柱，制订了相当多的礼仪规范，当时称为“周礼”。例如规定不同贵族和官员的衣食住行的标准；规定君主和贵族官吏对待民众要“明德慎罚”，也就是以教育为主；对民众还要多施恩惠，赋税负担尽量减轻，叫做“施取其厚，敛从其薄”；政府要供养孤寡老人和双目失明者，让他们到民间收集反映民意表达民心的歌谣；规范抢婚风俗。周礼规定诸侯分封的等级、土地面积，诸侯对天子的朝贡义务和贡物的轻重。对于祭祀天神、祖先，周礼规定不同等级的人应用不同的祭品，不同身份的人要拿不同的见面礼。另外，特别规定“人祭”和“殉葬”是违犯礼仪的。

如果说礼的作用是从外表来规范你的行为举止的话，那么乐的作用就是从内心来扶正你的性情，使得修身的工夫由外而内，进入更深的层次和更高的境界。在制订礼仪规范的同时，周公又主持创作音乐歌舞。当时，在周公指导下创作的音乐歌舞主要有两部：一部叫《大武》，歌颂武王伐纣、周朝开国的盛况；一部叫《三象》，歌颂周公东征驱逐商朝在东夷肆虐的象队。整个乐舞表现创业的艰难、胜利的

前 1040 年

武王卒，周公东征，还京作《多方》，以成王名义布告诸侯。

前 1037 年

周公制礼作乐，领导创建周朝的官制、刑法、仪式、乐舞等制度。

三礼

“三礼”之名始于东汉郑玄，指《周礼》、《仪礼》和《礼记》。《周礼》，原称《周官》，传说为周公旦所作，主要讲述周代各种名物、典章、制度。《仪礼》，旧说《仪礼》为周公制作或孔子订定，详尽地叙述了上古贵族生活各种主要礼节仪式。《礼记》是秦汉以前儒家各种礼仪著作选集，其中《中庸》、《大学》两篇后被朱熹列入“四书”。

“三礼”之学是中国古代礼乐文化的理论形态，对中国后世政治制度、社会思想、文化传统、伦理观念影响很大。

前1036年
周公还政于成王，作《无逸》，告诫他要勤政爱民。

喜悦、成功的豪情和壮阔的胸怀，场面宏伟，气势磅礴，结构紧凑，主题鲜明，有很强的感染力。《大武》等音乐歌舞创作成功后，便在社会上长期流传，每逢节日庆典、宾客联欢，都要演出一番。这些音乐歌舞，对周族民众来说，是一种光荣的传统教育。

经过孜孜不倦的努力，周公既制订了全社会都要遵守的礼仪规范，又创作了激发热情、鼓舞人心的音乐歌舞，使周初的社会面貌发生了深刻的变化。当时人民和睦，颂声四起，各方面都呈现出欣欣向荣的气象。几百年后的春秋时代，孔子还在感叹："郁郁乎文哉，吾从周"，对周公制作的礼乐表示肯定和赞美。"礼以分，乐以和"，礼乐制度既划分出等级，又通过限制各个等级的权力来实现和睦共处。中国传统的政治哲学从现实出发，承认社会有等级区分，而不追求乌托邦式的人人平等。周公制定的礼仪规范，在长期的封建社会中被沿用；创作的音乐歌舞，成为历朝用艺术手段感化人心的借鉴。周公制礼作乐，开创了中国历史的新阶段，使中华民族成为一个讲究文明的礼仪之邦。

相关链接

敬天与保民

周公的哲学思想主要是天命思想，以有意志的天为王权统治的合理性作辩护。周公认为唯命不于常，是说上天所授予的命是不固定的。他解释说商朝的一些圣王敬奉天命，爱护民众，勤于政事，得到了上天的保佑。到了商纣王，沉湎酒色，便受到了天的惩罚。而周文王明德慎罚，上帝便命他灭了商朝。他还认为"天畏忱，民情大可见"，是说上天是可怕的，它是否真诚地保佑你，要从民情中体现出来。由此可以看出，周公认为天命是可知的，并且把天命系于人事，主张从人事中去体察天命，实际上是虚于天命、重于人事。虽然周公并没有否认天命的存在，但又不人为地把天命神秘化，这是中国古代天命观的一个长足进步。周公告诫成王"皇天无亲，唯德是辅"，是说天命是靠不住的，它只是帮助那些有德的人，也就是说唯独有"德"的君王，才配授予天命，并受上天的保佑。在此基础上，周公旦进一步提出了"敬德保民"的主张，也就是要求君王要敬天、克己、与人为善，要体察民情，勤于政事，不要滥用刑罚。周公把"敬天"、"保民"直接联系起来，在宇宙观的发展上是一种明显的进步。

《周易》成书

讲阴阳八卦学说的《周易》，究竟是一部什么样的书呢？有人说它是一部迷信的书；有人说从哲学思想来看，它具有朴素的辩证法；还有人说，从史籍来看，它是我国最早的经典之一，也是具有世界影响的一部古代典籍。

《周易》是如何成书的？按照传统的说法，八卦是伏羲所画，周文王推演为六十四卦，并作卦辞，周公旦又作爻辞。这是一种传说，并非史实，但它表明《周易》一书是陆续形成的，非一时一人所作。

在远古时代，由于生产力水平低下，人们不能掌握自己的命运，遇到重大的疑难问题便向神灵卜问吉凶祸福。卜问吉凶的方式有许多种，龟卜是将龟甲和兽骨钻一个孔，用火烧烤，依孔的周围呈现的裂纹，推断所问之事的吉凶；占星术是依日月星辰运行的过程，推测王朝的兴衰、社会的治乱；《周易》这种算命术，则是通过数草棍的方法，得出卦象，依此推断人事吉凶的变易，如古人所说："筮者，数也。"它流行于周朝，所以称为《周易》。

前1021年

《诗经·大雅·文王》约作于此，歌颂周文王，提出"周虽旧邦，其命维新"。《周颂》、《周易》成书。

前827年～前782年

周王官尹吉甫提出了"天生烝民，有物有则"（《诗经·大雅·烝民》）。

任何算命术都要凭借某种信息，占筮所凭借的信息是卦象。卦象有两类：一类为八卦，即八个卦象，又称为经卦或单卦，为基本卦；另一类为六十四卦，又称为别卦或重卦。将八卦加以推演，即两两相重，则成为六十四卦象。《周易》这部典籍，由六十四个卦象组成。每卦六画，画也叫"爻"；爻象两种：一是"——"，为奇画，又称阳爻或刚爻；一是"– –"，为偶画，又称为阴爻或柔爻。《周易》一书，以数字表示奇偶二画，阳爻称为"九"，阴爻称为"六"。六十四卦共三百八十四爻，阴阳爻象各为一百九十二。每卦每爻下边，皆有文字加以解

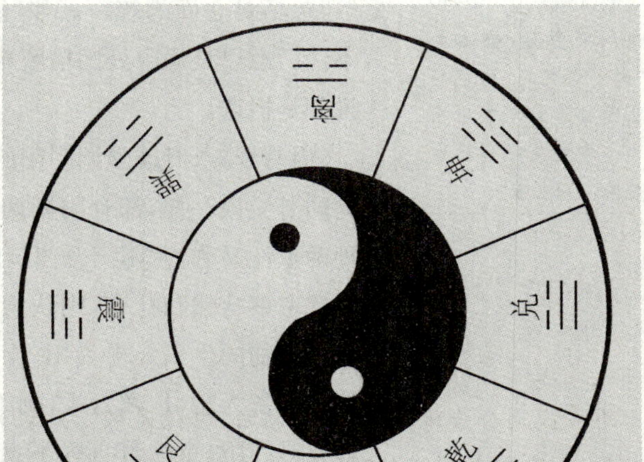

八卦图

说。解说卦象的称为卦辞，解说爻象的称为爻辞。《周易》一书就是由六十四卦象和三百八十四个爻象及其卦爻辞构成的。它既有图像，又有文字，在先秦经典中是绝无仅有的。

在哲学上，《周易》把人们在自然界中经常接触的天、地、雷、风、水、火、山、泽八种物质，作为产生世界万物的根本，其中又以天、地最为根本，其他六种是天地产生的，所以说《周易》是以八卦构成的。所谓八卦，即是象征构成物质世界的八种成分：天（乾）、地（坤）、雷（震）、风（巽）、水（坎）、火（离）、山（艮）、泽（兑）。其本源是所谓“一”，由“一”的自身变化发展为八，天、地等八种东西相互矛盾相互排斥而产生宇宙万物，由此形成朴素的唯物主义观点。

《周易》成书于西周初年（约公元前1021年），它的经传中有着深刻的对立统一思想。如《泰》九三爻辞“无平不陂，无往不复，艰贞无咎”，以反复为核心表达矛盾的转化，认为“复”是合乎规律的，是好事。《复卦》卦辞：“复，亨。出入无疾。朋来无咎。反复其道，七日来复。利有攸往。”是说遇此《复卦》，占问鬼神之事则可以举行享祭，占问健康则出入均无疾病，占问出行则出行有利，几乎万事如意。这种每问皆吉的卦在《周易》筮辞中是独一无二的。同时，所谓“无往不复”还包括对立面的统一。如《困》：“困，亨。贞，大人吉。无咎。有言不信。”意思是说身处困境磨难之中，内心必然痛苦，但对于有志者来说便是机遇。

元亨利贞

《周易·乾卦》的卦辞。唐孔颖达《周易正义》引《子夏传》说：“元，始也；亨，通也；利，和也；贞，正也。”认为元亨利贞意味着阳气始生万物，物生而通顺，能使万物和谐，并且坚固而得其终。宋程颐在所著《易传》中，以元亨利贞为天道生长万物的四种德行。朱熹将元亨利贞解释为万物从生长到成熟的四个阶段：“物生为元，长为亨，成而未全为利，成熟为贞”，四阶段周而复始，被称为“贞下起元”。元亨利贞遂成为哲学家用来表述事物从始到终发展阶段的术语。

《周易》与八卦既强调阴阳的互动，也重视阴阳的和合，认为任何事物同卦爻象一样，都有阴阳两重性，此是事物存在和变化的规律。这种两重性又称为“阴阳合德”，即阴阳和合，不可偏废。依据这种思维方式考察自然和社会，则认为天为阳、地为阴，天气与地气相交合才有动植物的生长。男为阳、女为阴，男女相匹配，才有人类生命的延续。武备为刚，仁教为柔，刚柔互补，才能维系社会的稳定与繁荣。又如乾卦纯阳，意味着自强不息；坤卦纯阴，意味着厚德载物。人类效法乾坤二德，方具备高尚人格。按照这种思维方式去考察事物的变易，认为任何事物同八卦一样，总是处于阴阳消长的过程，宇宙间没有永远不变的东西。

《周易》的哲学思想是理性的、客观的，它讨论了万物的起源、事物的辩证发展、阴阳的和合。这种高深的智慧，是值得我们继承和发扬的。《周易》在世界文明史上独树一帜，并受到西方有远见的哲学家和科学家如莱布尼兹等人的赞扬。

相关链接

阴阳五行说

阴阳五行的观念在中国哲学史上占据着十分重要的地位。阴阳二字在甲骨文中已经出现，一般作为描摹天气的形容词，与风、启(晴)、雨相对，还不是一种哲学范畴，所以山之南水之北就被称为阳，相对的便命之为阴。《周易》以阴阳为基础，并使用“——”、“— —”(阳、阴)两个基本符号，经过不同的排列组合来构成各种卦象，再通过卦象解释世界万事万物的发展变化。“五行”观念起源于史前中国人崇拜自然、探求自然、进而企图征服自然的过程。在这个过程中，人们逐渐发现了世界是由水、火、金、木、土五种基本物质元素所构成，并初步发现了它们的依存关系保持着世界的平衡。早期的阴阳、五行观念只不过是一种朴素的自然观念，并非一套宏大的符号解释系统。它的产生与人们的祭祀与生产活动密切相关，是人们对客观世界昼夜交替、四方等时空现象的朴素看法。

阴阳和五行合而为一的连线是占星术，作合人是占星家。占星术是根据天象来预卜人间事务的一种古老方术，起源于人类的童年、原始文化的早期阶段。《史记·天官书》记载秦汉以前占星术的源流时说，一代一代的星占家“仰则观象于天，俯则法类于地。天则有日月，地则有阴阳。天有五星，地有五行。天则有列宿，地则有州域。三光者，阴阳之精，气本在地，而圣人统理之”，便是把阴阳和五行观念合而为一的极其生动精确的说明。

伯阳父与史伯

西周末年，伯阳父提出“天地之气”的观念，史伯提出“和实生物，同则不继”的命题（有人说伯阳父与史伯是一个人，但尚无确据），表明西周末年哲学思想已达到一定的水平。

据《国语·周语上》记载，周幽王二年（前 780），西周泾水、渭水、洛水流域发生地震，周大夫伯阳父叹息说：“周就要灭亡了。天地间的阴阳之气，不应该没有秩序；如果打乱了秩序，那也是有人使它乱的。阳气沉伏在下，不能出来，阴气压迫着它使它不能上升，所以就会有地震发生。如今三川地区发生地震，是因为阳气离开了它原来的位置，而被阴气压在下面了。阳气不在上面却处在阴气的下面，水源就必定受阻塞。水源受到阻塞，国家一定灭亡。水土通气才能供民众从事生产之用。土地得不到滋润，民众就会财用匮乏，如果到了这种地步，国家不灭亡还等待什么？从前，伊水、洛水干涸夏朝就灭亡了；黄河枯竭商朝就灭亡了。如今周的气数也像商、周两代末年一样了，河源的水流又被阻塞。水源被阻塞，河流必定要枯竭。河川枯竭了，高山就一定崩塌。一个国家的生存，一定要依赖于山川。高山崩塌、河川枯竭，这是亡国的征象。这样看来，国家的灭亡用不了十年了，因为十刚好是数字的一个循环。上天所要抛弃的，不会超过十年。”

前 780 年
西周泾水、渭水、洛水流域发生地震，伯阳父认为预示西周王朝将要灭亡。

伯阳父的说法反映了当时已经出现明确的“气”的观念。伯阳父认为“天地之气”可以分为“阴”与“阳”，阴阳二气正常运行的规律是阳气向上蒸腾，阴气向下沉降。当阴气在上压着阳气，阳气不能上升的时候，就会发生地震。同时伯阳父又把自然现象和社会政治牵扯起来，认为“三川皆震”必然导致经济的崩溃，并结合夏商亡国的历史，得出周朝将要灭亡的结论。伯阳父以阴阳二气解释地震现象是朴素的唯物主义态度，也含有朴素辩证法的因素，但认为地震是西周将亡的征兆，显然是迷信的说法。

周幽王八年（前 774），郑桓公为王室司徒，看到西周政权岌岌可危，问史伯：“何以逃死？”史伯建议他在大乱发生的时候以成周之众勤王，取得华山、洛水之间的地区，作为立足之地。在说明西周必将灭亡的原因时，史伯提出“和实生物，同则不继”的命题。《国语·郑语》记载了史伯对郑桓公的谈话：“夫和实生物，同则不继。以他平他谓之和，故能丰长而物归之；若以同裨同，尽乃弃矣。故先王以土与金木水火杂，以成百物。……声一无听，物一无文，味一无果，物一不讲。王将弃是类也而与剸(zhuān)同。天夺之明，欲无蔽，得乎？”“和实生物，同则不继”一语，把“和”与“同”区别开来，含有朴素辩证法的因素。史伯认为，只有一种声音就不能成为音乐，只有一种颜色就无法构成文采，只有一种滋味就不会形成美味，只有一种意见就不能展开讨论，所以不能“以同裨同”，而应“以他平他”，亦即把不同的事物结合在一起，使之彼此相济，相反相成，达到调和。史伯所讲的“以土与金木水火杂”，是说五种物质元素互相配合，并且其中土是最基本的，表明他已经意识到土地是人类一切财富的最基本的自然条件，而万物是由“五行”以各种方式配合而成的。这是比《洪范》更为鲜明的朴素唯物主义的观点。不过史伯的话带有迷信色彩，他说周幽王抛弃“和”而专讲“同”，是上天夺去了他的“明”，接着还讲了一大篇关于幽王王后褒姒的神话，那无疑是非常荒唐的。

前774年
史伯与郑桓公交谈，从“和实生物，同则不继”的角度讨论了周室将亡的原因。

所以，在伯阳父和史伯那里，仍然是科学思维的萌芽同宗教、神话之类的幻想联系在一起。但是必须指出，西周末年的阴阳说和五行说比之《易经》和《洪范》有了明显的进步，科学的成分增加了，科学与神话间的比例不同了。

春秋和战国

——智慧的碰撞

平王东迁后，中国哲学开始由天命神学向诸子学说过渡，春秋末期老子和孔子的出现是过渡完成的标志。老子的哲学以“道”为核心，建构起包罗自然和社会的理论体系。孔子的哲学则以“礼”、“仁”为核心，建构起以伦理、政治为重心的思想学说。战国前期（前475～前386），墨子另立新说，聚徒讲学，形成与儒家并显的墨家学派。战国中期（前385～前260），出现百家争鸣的局面。第一辈是法家的商鞅为代表的法家学者，纷纷建功立业。第二辈是儒家的孟子、名家的惠施和道家的庄子，纷纷著书立说。第三辈是阴阳家邹衍、名家公孙龙以及汇集于稷下学宫的学者，他们互相争鸣，宣扬自己的学说，成就各有不同。战国后期（前260～前221），列国只剩一个强国秦国。这一时期影响最大的哲学家是荀子、吕不韦、韩非，生平都与秦国有关，其思想学说也都具有综合取向。

唐　吴道子《先师孔子行教像》(石刻拓本)

这是唐代大画家吴道子的白描人物画代表作。在历代绘制的各种“孔子行教像”中，吴道子的这幅孔子佩剑的行教像最为有名，也流传最广。右上方有吴道子赞颂孔子语：“德侔天地，道冠古今，删述六经，垂宪万世。”在左下方有“唐吴道子笔”的题款及钤印。

孔子问礼

据《礼记·曾子问》记载，在鲁国，有一次孔子曾随老子助葬。在送葬的路上遇到日食，老子让孔子等人把棺木放在道路右边，停止哭泣，观察变化，等日食过后继续行进。孔子问缘故，老子说只有罪人及回家奔丧的人才星夜赶路。日食的时候如同星夜，懂礼仪的人不应把刚去世的亲人置于星夜赶路的境地。这一做法后来为孔子津津乐道，作为经典案例传授学生相关礼乐知识。

春秋后期，"礼崩乐坏"，中国正处于一场大变革时期。孔子勤学好问，谦恭知礼，多次虚心向老子问礼，丰富自己的理论宝库。

"适周问礼"是孔子一生中的一个重要事件，它使孔子对礼的认识有了进一步的提高。有一天，孔子对学生南宫敬叔说，"周天子的图书馆长老子学问很好，博古通今，对礼乐的起源很有研究，我们一起去拜访拜访他"。南宫敬叔欣然领命，说动鲁国国君，获得车马和仆人，前往洛邑（今洛阳）。

老子见孔子千里迢迢而来，大为感动，不仅倾囊相授，而且引领他们拜访了苌弘。苌弘非常擅长乐理，教授了乐律、乐理，还带着他们观察祭神的典礼，使孔子感叹不已，自称获益匪浅。

前524年
彗星出现，子产主张"天道远，人道迩"，不同意祭神。

前521年
孔子与南宫敬叔适周，向老子问礼。

前497年
孔子开始周游列国。

前483年
孔子整理《诗》、《书》、《礼》、《乐》、《易》等古代文献。

孔子见老子图

过了几天，孔子向老子辞行，老子说："您所要问的那些人，他们的骨头早腐烂了，只剩下他们的话罢了。况且，君子逢到好的时代就出来干一番事业，遇到不好的时代就像蓬草一样，随风飘转。我听说：'善于做生意的商人，深藏钱财，好像一无所有；一个很有德行的人，外表让人看起来，(谦虚退让)像是愚鲁之人。'去掉您的骄气和想入非非吧！装模作样和不切实际的奢望，对您都没有什么好处。我要对您说的就是这些。"孔子说："我一定谨记在心。"

回到鲁国后，未能同行的学生，纷纷打听老子的情况，孔子告诉他们说："鸟，我知道它能飞；鱼，我知道它能游；野兽，我知道它能跑。走兽可以用网对付，游鱼可以用钓丝对付，飞鸟可以用弓箭对付。至于龙我无法去了解，它乘风驾云直上青天。我见到的老子，大约就是像龙一样的人物了。"

孔子对作为具文的礼已有了清醒的认识，通过与老子的对话，促使他将礼和仁结合起来，根植于人的现实生活。

孔子再次问礼已是多年之后，地点是老子家乡苦县(今河南鹿邑县)。当时老子赋闲在家，他与子路等学生一同前往。孔子试图说服老子，他说："六经的根本在于仁义，我就是以仁义为标准来衡量一切的。"老子微微一笑，问道："仁义是人的本性吗?"孔子回答说："是的，君子不仁便不成其为君子，不义便不能生存。仁义，确实是人的本性。"老子说："请问，什么叫仁义?"孔子回答说："有一颗忠诚的心，愿意和外物一起获得安乐，对一切都爱，而没有私心，这就是仁义的实际内容。"老子摇摇头缓慢地说："对一切都爱，这不太迂腐了吗？没有私，其实就是私。您高举仁义这面旗，就像敲着鼓去追那逃亡的人，扰乱了人的本性。"在这次访问中，老子没有说服孔子，但对于孔子立足于人性自尊，从爱父母、爱兄弟、爱朋友角度讨论仁义，寻求仁的血缘根基产生了一定的影响。

孔子最后向老子问礼时，老子已经老了，为了躲避战乱，他到了沛地(今江苏沛县)。老子告诫孔子，道不可见、不可听、不可言、不可赠送，人只能求道和悟道。你宣讲的仁义只是先王使用过的旅舍，也只供他们在人生旅途上居留一宿，而不是可以长久居住的。孔子回到鲁国后三天不言不语，可见触动很大。有人认为孔子晚年喜欢《周

《论语》

《论语》是孔子的门人记录孔子言行的书，其中也有孔子弟子的话。成书于战国初期。内容相当广泛，多半涉及人类社会生活问题，例如，教人如何学习，如何做人，如何处世，正确处理身与心、人与人及人与社会的关系等。汉代人把该书作为传，宋以后列为经。新文化运动之前，《论语》一直是初学者的必读书，流传很广，对中华民族的心理素质和精神风貌有很大影响。

易》与老子有关，是有一定道理的。他和老子一样，试图通过宇宙生成论来探索人性的秘密。他把《周易》视作珍宝，居则放到床上，走则收进行囊，仅装订的绳子就断了三次，可见阅读之勤。

孔子向老子多次问礼的过程也是他思想不断进化的过程，他先要恢复周礼，继则关注于仁义，将礼根植于人的生活，进而谋求与天道的融通，最终成为儒家学派的创始人。

相关链接

儒学与儒教

儒家是以孔子为创始者的重要学派。儒家思想，又称儒学，也有人认为它是一种宗教而称之为儒教。儒家主张从礼出发，把礼和仁结合起来，提倡“忠恕”和“中庸”之道，对鬼神持怀疑态度，创立了以政治伦理为中心的人学体系。

战国时期分裂为八派，以孟氏（孟子）、孙氏（荀子）两派影响最大。战国至汉初，儒家在各学派中并无特殊地位，但尊师重教、注重文化遗产整理的特色使它绵延不绝。司马谈说：“儒者博而寡要，劳而少功，是以其事难尽从。然其序君臣父子之礼，列夫妇长幼之别，不可易也。”自汉武帝罢黜百家、独尊儒术开始，其学说成为中国封建社会的统治思想。为适应统治阶级的需要，汉代有以董仲舒、刘歆为代表的今古文经学以及谶纬之学，魏晋有以王弼、何晏为代表的儒道结合的玄学，唐代有以韩愈为代表的“道统”说，宋明有兼取佛老的程朱陆王理学。“五四”以后儒家学说逐渐衰落。

儒家学说对中国、东亚乃至全世界都产生过深远的影响。历经外来文化的冲击，它依然是中国社会一般民众的核心价值观，并在世界上成为中国文化的代表和民族传统的标记。

老子出关

前 481 年
老子出关，著《道德经》。

前 480 年
老子游于秦，不久去世。

老子与孔子不同，我们不知道他从哪里来，也不知道他去了哪里，只留下“出关而去”的记载。

据《史记》记载，老子在周住了很长时间，看到周朝的政治越来越衰败，他就向西走了，走到了函谷关(今河南灵宝县境)，快到陕西了。函谷关守关的令尹叫喜，据刘向的《列仙传》说，他也是位隐德行仁的高人，预先望见紫气东来，知道将有真人经过，便洒扫庭除，迎接骑着青牛悠然而至的老子。

令尹喜知道老子将要隐退，就说，你从这儿走是可以的，但暂时还不能放你走，为什么呢？因为听说你要隐退了，你写一部书把你的思想都记录下来吧。要不然以后找不到你，就没人知道你的思想。你一定要写，不然就不放你走。老子没有办法，就住在那里，写了一部书，有上、下两篇，“言道德之意五千余言”，这就是《道德经》。

老子骑牛图

《道德经》又称《老子》、《老子五千文》，是老子的主要著作，是道家哲学思想的重要来源，被奉为道教最高经典。原文分上下两篇，上篇《道经》，下篇《德经》。老子认为“道”是无形无象的，但却是宇宙的本源，“德”是“道”在天地万物上的具体体现。他提出了“无为而治”的主张，成为某些朝代的治国方略，一定程度上可以缓解人民的经济压力，对早期中国的稳定起到过一定作用。这部著作对中国古代思想发展影响深远，是古代哲学家取之不尽的理论源泉。

据说，老子离开函谷关入秦后，遍游秦国各地的名山大川，最后隐居于扶风一带。由于老子学识高深，宽以待人，深受当地百姓爱戴，所以他死后前来吊唁的人很多。秦失前往吊唁，在灵柩前大哭三声后转身就走。老子的弟子们十分不解，走上前去问他：“你是我们老师的朋友吗?”秦失回答说:“是的。”弟子们又问:“你刚才吊唁时,为何显得如此冷漠?”秦失回答说:“哎,我原以为你们和老子一样,都是超凡脱俗的人,现在看来并非如此。我刚才吊唁时,看到周围都是哀丧痛哭的人,年老的好像失去了子女,年轻的好像丧失了母亲。他们这时的所作所为,并非真有无尽的哀伤要痛哭,也并非真有无数的悲伤要倾诉。如此悲痛死亡、惋惜生命是违背自然规律,忘记了死生有命的道理,这是古人称之为逃避天命的行为。老子的生是应天命而来,死是顺天命而去。生死顺应于自然,他人的哀乐都是与老子无关的,这就是古人所谓上天对凡人所施予的解脱。”

道教产生以后,不断神化老子,说他本是神灵化身,他刚出生时就已须发皆白,老态龙钟,所以被人称为老子。他出生后就能讲话,因为母亲是在一株李树下生的他,就指着李树说:“我就以此为姓。”道教尊奉老子为祖师,给他加上了道德天尊、太上老君的尊号,到了唐代竟被李唐皇室奉为祖神,加上“太上玄元皇帝”的称号。

相关链接

道法自然

“道法自然”是老子哲学中非同寻常而又往往得不到确切解释的一个论题。一般注释者、解释者认为是说“道自己如此”,“道”无所效法。在迄今发现的最早的《老子》版本——郭店楚墓竹简本中相连的原话是:“有物混成,先天地生,寂兮寥兮,独立而不改,周行而不殆,可以为天下母。吾未知其名,字之曰道,强为之名曰大。大曰逝,逝曰远,远曰反。天大,地大,道大,人亦大。国中有四大,人居其一焉。人法地,地法天,天法道,道法自然。”这一段话在通行本《老子》第二十五章,文字大同小异。照字面意思,“道法自然”就是“道效法(或遵循)自然。”

“道法自然”关涉到老子形而上学的根本问题——“道”与“万物”的关系,也关涉到老子政治哲学的核心问题——“圣王”同“百姓”的关系问题。“道”是产生万物的根源,它不仅产生万物,而且也是万物得以生存和存在的基础和保证,但它并不控制、不干预万物,而是让万物自由活动,自行其是。老子所说的“自然”,不是指称“客体”(如自然界),而是指称事物的“存在方式”和“状态”,即一般所说的“自己如此”。在老子看来,“道”是“无为”的。但由于遵循万物,使万物自己成就了自己,因此它又是“无不为”的。“道法自然”,可以具体解释为“道效法或遵循万物的自然”。

墨子止楚攻宋

墨子身处诸侯争霸的乱世，熟悉战争，倡导救守，创造了系统有效的守御之术。他理解战争，看到攻伐的无利与不义，形成了独树一帜的非攻理论。他珍爱和平，止楚攻宋，成为了一个真正的和平使者。

前440年
墨子止楚攻宋。

楚惠王时，公输般(鲁班)为楚国制造了云梯，准备攻打宋国，当时楚强宋弱，攻宋易如反掌。墨子听说后，急忙从齐国走了十天十夜，走到了郢(楚国都)，去见公输般。墨子说："有个北方人得罪了我，请你去杀了他。"公输般说，他不做这种不义的事。墨子说："宋国并没有得罪楚国，你却帮助楚国攻打宋国，为什么这种大不义的事你去做呢?"公输般无话可说。

《墨经》

《墨子》中的《经上》、《经下》、《经说上》、《经说下》等四篇合起来称为《墨经》。这四篇加上《大取》和《小取》两篇，称为《墨辩》。也有人把这六篇叫做《墨经》。它在古典哲学和自然科学著作中是一部不可多得的珍品，是我国科学发展史上的一座里程碑。

然而，楚王攻打宋国的主意已定，公输般也没有办法，于是公输般与墨子一起去拜见楚王。墨子对楚王说："一个家庭非常有钱，土地肥沃，牛马成群，可却到一个穷人家去偷，你说这个人是不是得了病?"楚王说："是有病。"墨子说："楚国地域广大，有五千里，宋只有五百里，你去攻宋，和那个富人不是犯一样的毛病吗?"楚王说："你说得对，但公输般给我造了云梯，我要试一试。"墨子说："好吧。"说着马上把腰带解下来，又找了些木头片儿，就和公输般在桌上表演。公输般用云梯攻，墨子善守御，一招一招地破解，结果公输般九次失败。公输般说："虽然我没赢你，但我知道怎样对付你，我不说罢了。"墨子说："我知道你的意思，你是想杀了我，杀了我就没人守城了。但我的弟子早已守在宋国的城墙上了，你杀了我也没有用。"楚王见势，知道没有取胜的把握，就放弃了攻打宋国的念头，一场战争就这样避免了。

墨子止楚攻宋的成功首先根源于他兼爱的精神。这种兼爱的精神简单地说就是爱人如己、利人如己、无私利他的道德修养，用墨子自己的话说是"兼相爱，交相利"，"视人之国若视其国，视人之家若视其家，视人之身若视其身"。从这一立场出发，他认为攻打别的国家，掠夺别国的土地和人民，是最不义的行为。他说人有时聪明有时糊涂，比如你到人家果园去偷桃子，这是偷窃行为，不义；你去偷人家的猪和狗，这就更不义了；枉杀无辜，这是大不义；但是真到了攻国攻城，反倒没人说这是不义了。在墨子看来，非正义的战争是最大的不义。一般人在小的事情上知道义与不义，在大事上反倒不知道，墨子认为这是不应该的。

墨子止楚攻宋，关键在于说服楚王，而说服楚王的法宝在于让他了解攻伐的无利。在墨子看来，战争无论在物质、精神、生命各方面都是很大的浪费，是得不偿失的行为。他认为大国攻打小国，就像童子骑竹马玩一样，用自己的腿当马骑，累的是自己。墨子让楚王认识到，攻宋获得的东西都不是自己需要的，对自己毫无益处。当然楚王最终放弃攻宋的计划，最主要的还在于墨子掌握了守城的方法，并派遣弟子帮助宋国守城，使楚国的攻宋丧失了取胜的把握。

墨子见楚王打消了攻宋的念头，于是离开了楚国。在经过宋国的时候，天下起了大雨，墨子想到城门洞里避避雨，谁知宋国的守门人却把他拒之门外。

墨子历尽千辛万苦，冒着生命危险，止楚攻宋，不为贪图报答，不为功名利禄，只是为了救世，为了实践他的“非攻”的哲学大义。

相关链接

言必立仪

“言必立仪”是墨子哲学的核心内容，就是说言谈（理论或观点）要有法度，要有判断是非的标准，用今天的话说就是“真理要有标准”。墨子明确了真理的三个标准，即在《非命》上篇中所述的“三表”：第一即所谓“上本之于古者圣王之事”，就是说立论要研究历史，把历史的经验和行之有效的知识作为立论的依据；或者说要考察历史上的圣王是否说过，是否符合古代的真理。第二即所谓“下原察百姓耳目之实”，也就是说立论不要只向上面看，只是向书中找，还要研究实际的情况，依据广大人民群众的经验。因为一个人的经验总是有限的，而众人的经验则是无限的。或者说真理要看是否符合老百姓的经验和感受。第三是所谓“发以为刑政，观其中国家百姓人民之利”，也就是说把创立的理论付诸实践，看它发挥什么作用，有什么效果。如果一种理论在实际上发生好的效果，对国家人民有利，那么它是真的；如果一种理论在实际上发生坏的作用，对国家人民有害，那么它就是谬说，就是假的。所以立论必求中用，也就是要符合国家和人民的利益。或者说将其用于治理国家，看看是否对国家百姓有利，是否具有社会效益。总之，墨子认为要从历史根据、现实经验和社会效益三方面判断是否是真理。

孙膑用兵

孙膑(？ ~316)

孙武的后代,战国时期著名的军事家,齐国兵学的代表人物。

前361年

秦孝公下令求贤,商鞅离开魏国,奔向秦国。

前353年

孙膑围魏救赵。

前350年

秦迁都咸阳,商鞅再次推行变法。

奇正相生

奇正相生是春秋时孙武提出的战略战术思想和原则。"正"是正面迎敌之术,"奇"是不同于正面迎敌的偷袭、伏击等战术。在战争中奇正是相互依存、相互转化的,没有正也就无所谓奇,没有奇也就无所谓正,其变化之妙很难穷尽,关键在于指挥员要能够根据千变万化的情况作出反应。

孙膑曾和魏国将军庞涓一起学习兵法。庞涓自知不如孙膑,便设计陷害他,将他的膝盖骨剔掉,试图使他隐居不出。孙膑设法说通齐国使臣,偷渡到齐国,齐国将领田忌待之以客。

史书中田忌赛马、围魏救赵、减灶诱敌等故事,突出显示了孙膑的用兵特色。

齐国田忌常与齐威王赛马,输多赢少,便向孙膑请教,孙膑说:"你用自己的下等马和齐威王的上等马赛,用自己的上等马和他的中等马赛,用自己的中等马和他的下等马赛。"田忌依计而行,结果一负两胜,赢了齐威王一大笔钱。齐威王很是纳闷,便问田忌用的是什么办法。于是田忌借机将孙膑引荐给齐威王。齐威王向孙膑询问兵法,发现他果然是一位奇才,就拜他为军师。

公元前353年,魏国派庞涓率兵围攻赵国的都城邯郸(今属河北),赵国向齐国求救。齐国于是派田忌为将、孙膑为军师,去援救赵国。田忌的意见是直趋邯郸,孙膑却说:"欲使杂乱的结子解开的人不会去生拉硬拽;欲劝阻别人打架的人不会去参与搏击。避开其强势,直接攻击其空虚的部位,利用形势迫使他们不得不停止,问题自然解决了。现在魏国和赵国互相攻打,精锐部队必然都在外面战斗,而留在家里的都是些老弱病残兵。将军不如率领军队直接攻打魏国首都大梁,魏国必然撤兵自救。这样我们便一举解了赵国的围,而且也坐享魏国疲惫之师的利益。"田忌听从了他的建议,魏国果然从邯郸撤军回来救大梁。齐军在庞涓回军必经之地桂陵(今河南长垣西北)伏兵截击。田忌听从了孙膑的意见,结果把魏军打得大败。"围魏救赵"变攻坚为击虚,变被动趋战为以逸待劳,变击敌有备为出其不意,比直趋邯郸作战确实高明得多。

十年后,公元前343年,魏国又去攻打韩国,弱小的韩国向齐国告急。田忌率领齐军直奔魏国首都大梁,吓得庞涓"去韩而归"。在退兵时,孙膑向田忌献计说,魏国的军队是一支骄兵,轻视齐军,现在要利用这支骄兵的弱点,助长他们的骄傲情绪,来个退兵减灶的迷魂阵。在魏国的土地上,齐军"头天为十万灶","明日为五万灶","又明日为三万灶"。田忌言听计从，三日之内边退兵边减灶。魏将庞涓尾追着齐军，见齐军天天减灶，大喜不已，作出了错误的判断。他说道："哈哈！我早就知道齐军怯弱，跑到我魏国来不过三天，他们的士兵就逃亡了一大半。"于是庞涓便带着一支精兵日夜兼程地追赶齐军。聪明的孙膑料定庞涓会来个孤军深入，并算定他天黑时会追到马陵这个地方。马陵道路狭窄，路旁多险隘，是设伏兵的好地方。孙膑叫人在路旁的一棵大树上砍下一层树皮，在树上写着："庞涓死于此树之下。"庞涓果然在天黑的时候赶到大树下，当他用火光照着看树上大字的时候，齐军万箭齐发，魏军阵脚大乱。庞涓自知山穷水尽、无力回天，便拔出箭来，含恨说道："我就这样死了，让孙膑那小子成名去吧！"然后自杀。齐军乘胜追击，大败魏军，魏国太子(申)也成了俘虏。司马迁说："孙膑以此名显天下，世传其兵法。"

相关链接

《孙子兵法》中的哲学

中华民族具有自己独特的理论思维——它集中表现为穷本探原的辩证精神，承认事物是"有对"(矛盾)的，并从"有对"的相互关系中探求世界"变易"(变化)的法则和道理。这种"有对"之学并非纯哲学理论，更着重于应用，运用于军事斗争领域即产生了各种兵法。

春秋战国时期，《孙子兵法》是最重要的军事哲学著作。《孙子兵法》揭示了战争的许多矛盾范畴，如《计篇》围绕战争的基本矛盾——保存自己和消灭敌人，提出了敌与我、胜与负、利与害三对矛盾范畴。孙子把战争看作是不断发展变化的矛盾运动，只有根据敌情的变化来采取措施，才能用兵如神。孙子还特别阐述了战争客观法则和人的主观能动性之间的辩证关系。他重视战争的客观条件，但又重视主观能动性。比如众与寡、强与弱、攻与守这些矛盾范畴，在一般条件下，众可以胜寡，强可以胜弱，攻可以克守，但如果运用得当，众寡、强弱、攻守都可以相互转化。孙子还指出胜利是可以靠主观能动性夺取的，但不能超越客观条件，更不能无视敌方的主观能动性。也就是说，主观能动性要建立在对于事物的正确认识和行动的基础上。他指出："知彼知己，百战不殆；不知彼而知己，一胜一负；不知彼不知己，每战必殆。"就是说，如果人们对于自己一方和敌人一方都有准确和清晰的认识，从而采取正确的部署和措施，就能每战必胜。相反，人的主观性则无从发挥，吃败仗是不可避免的。

庄子见惠施

前341年
惠施为魏相，庄子前去拜访。

前334年
庄子穿着破衣、破鞋去见魏惠王。

前322年
惠施失去相位，庄子和他在濠水的桥上，展开了“鱼之乐”的辩论。

惠施是战国时期的一位哲学家。据说，他学富五车，见多识广。庄子与惠施很熟悉，关系也不一般。他俩因彼此意气相投而成朋友，又因互相辩驳诘难而成对手。庄子在惠施那里受到很多启发。

惠施被封为魏国的宰相后，庄子很为他高兴，便启程去拜访他。

有小人听闻庄子的行动，便向惠施挑拨说，庄子此番拜访，来者不善，意在谋取相位。惠施一听，心里十分恐慌，害怕丧失官位，于是下令搜捕庄子。为了抓到他，整整在国都搜查了三天三夜。

惠施的举动被庄子知道了，庄子索性主动登门求见。惠施见庄子竟敢自投罗网，吃惊不已。庄子也不向惠施多解释，只是坐下来讲了一个故事。

在南方，传说中有一种神鸟，与凤凰同类，名叫鹓鶵(yuān chú)。它从南海出发飞往北海，在途中，若不见高高的梧桐树，绝不栖息；不是翠竹与珍稀的果实，绝不食用；不遇甘甜的泉水，绝不畅饮。

庄子像

神鸟一路飞翔，它在天空看见地面上有只猫头鹰，正在啄食一只腐烂的老鼠。猫头鹰饥不择食，它看见头顶上的神鸟后，以为是来抢食死鼠的，于是涨红了脸，羽毛竖起，怒目而视，做出决一死战的架势。它见神鸟仍在头顶上飞翔，便对着它声嘶力竭地发出吓人的呵叫。

庄子把猫头鹰遇到神鸟的故事讲完后，坦然地走到惠施面前，笑着问他：“今天，你获取了魏国相位，看见我来了，是不是也要对我恫吓一番呢？”说完，庄子放声大笑，拂袖而去。

针对庄子的高谈阔论，惠施认为是大而无用的，他举例说：“魏王给我一些大葫芦的种子，我把它种了，长出了葫芦。葫芦大着呢，可以装下五石重的东西。可是用它装水，我提不动；把它剖开了盛水吧，这个瓢又大又平，怎么盛水啊？没办法，我只好砸碎了。你说又能怎样呢？”庄子听后，知道其讽刺自己，便说：“你啊，不善于大作为啊。既然有那么大的葫芦，它的浮力一定不小，你为什么不跨上它，当成船，它可以带着你漂流江湖，何其悠哉也。”

隔了一段时间，惠施看见庄子修剪树枝，来了灵感，说：“我有一棵樗(chū)树，树干粗大，但是纹理不好，小枝呢，又卷曲而不中规矩，没有一个木匠愿意把它当成材料。大而无用的东西，总是要被人丢弃的啊。”庄子又叹了一口气，说：“你啊，有那么大的一棵树，却不能用，真可惜了。要是我呢，我就把它放在‘乌何有之乡，广莫之野’，我就可以在树荫下清清爽爽地读书吟诗，或者干脆睡个好觉，没听说‘大树底下好乘凉’吗？”在庄子看来，东西本身并非无用，只是由于使用者和使用方法的不同，它发挥的功能和产生的效果，才有不同。这是两人在哲学上的第一次交锋。

惠施与庄子第二次哲学交锋是“人故无情”的争辩。惠施质问庄子说：“人难道是没有感情的吗？”庄子说：“是的，不错。”惠施进一步说：“人如果没有感情，怎么能说是人呢？”庄子说：“道德滋润了我的外貌，天地养育了我的身体，你看我不算人吗？”惠施说：“既然算人，怎么就没有感情呢？”庄子不慌不忙地说：“我所谓没有感情者是指人们不以暂时的得失好恶伤害自己的身体，而要心平气和地遵循大自然的规律。”庄子不仅是这样说的，也是这样做的。他的妻子死了，惠施前往吊唁，他却鼓盆而歌，并告诉惠施，人死犹如长久的休息，安卧于天地之间，号啕大哭没有必要。

庄子和惠施的第三次哲学交锋是“鱼我之辩”的争论。据说有一次庄子与惠施在濠水的桥上游玩。庄子说：“白鱼在河水中游得多么悠闲自得，这是鱼的快乐啊。”惠施说：“你不是鱼，怎么知道鱼的快乐呢？”庄子说：“你不是我，怎么知道我不知道鱼的快乐呢？”惠施说：“我不是你，固然不知道你；你本来就不是鱼，你不知道鱼的快乐是可以肯定的！”庄子说：“请以我们最初的话题说起，你说‘你哪儿知道鱼的快乐’的话，说明你已经知道我知道鱼快乐而来问我。我是在濠水的桥上知道的。”庄子与惠施的“鱼我之辩”提出了他人之心是否可知

《齐物论》

这是《庄子》中的一篇。“齐物论”包含齐物与齐论两个意思。庄子认为世界万物包括人的品性和感情，看起来是千差万别，归根结底却又是齐一的，这就是“齐物”。庄子还认为人们的各种看法和观点，看起来也是千差万别的，但世间万物既是齐一的，言论归根结底也应是齐一的，没有所谓是非和不同，这就是“齐论”。“齐物”和“齐论”合在一起便是本篇的主旨。

及如何可知的问题，从哲学的层面将个体之间相互理解、沟通的问题提到了突出的地位。

相关链接

逍遥与自由

所谓逍遥，就是自由，这种自由是超越时空的、无条件的、绝对而永恒的自由。但是庄子所追求的自由不是外在的现实性的自由，而是内在的精神上的自由。这是因为庄子把人不自由的原因归结为对心灵的束缚。在他看来，要想自由，必须超越束缚，亦即在心灵上对现实存在的必然性予以超越，庄子认为这种超越必须做到无己、无功、无名。

所谓“无名”，就是“不以天下为事”。只有“无名”，才能处理好个体与社会之间的关系。他认为人如果热衷于求名，就势必和别人发生冲突，由此产生人与人之间的相互争斗与残杀。只有放弃“名”，“不以天下为事”，才能与众人和睦相处，与“道”合而为一。所谓“无功”，就是不以物为事。只有“无功”，才能处理好人与自然的关系。他认为人只要取消了物欲，一切顺应自然，外物就不会牵累于人，人与物才能和谐相处。所谓“无己”，就是“丧我”。只有“无己”，才能彻底解决精神与形体的关系。“无己”、“丧我”就是忘掉自己的形体，使精神得到彻底的解脱。

人生在世，会面对许多困境，但追求自由乃是人的本性，庄子哲学从人类生存的根源处揭示了这一矛盾，因而具有永恒的意义。

人性善恶论

孟子的论敌中，与孟子当面对辩次数最多的是告子。他们进行了生之谓性之辩，以水喻性之辩，杞柳桮棬（bēi quān）之辩，仁义内外之辩。《孟子·告子上》均有记载。

前 328 年
孟子到齐国，与告子围绕人性善恶问题展开讨论。

什么是人性？围绕这一问题，孟子与告子进行了激烈的争辩。告子说："生之谓性。"语焉不详，既可以理解为有了生命活动能力的便叫做有人性，也可以理解为人性是与生俱来的。孟子抓住这个弱点，就说："既然'生之谓性'，那么等于自然白与白是一样的了？"告子说："是。"孟子接着追问说："那么白羽的白就等于白雪的白，白雪的白就等于白玉的白吗？"告子又答："是的。"孟子因此总结说："那么狗的性就等于牛的性，牛的性就等于人的性了？"在这里，告子所论"性"到底是人性还是动物性，这一点他没有说清楚，这种思想的混乱被敏锐的孟子抓住了，所以经孟子一问，他就答不上来了。

前 320 年
孟子在滕国推行仁政失败，前去魏国，见梁惠王。

原始的人性究竟是善的还是恶的，孟子和告子也有不同的主张。告子说："性，无善无不善。"并论证说："人性就像那急流回旋的潭水，在东方开了缺口就向东方流，在西方开了缺口就向西方流。人的本性原来并没有善与不善之分，就像水流本不分东西流向一样。"孟子反驳说："水确实没有东西流向之分，但水也不分向上或者向下的流向吗？人性的善良，就像水性向下流一样。人性没有不善良的，水性没有不向下流的。你如果拍打水使它溅起来，当然可以使它高过你的额角；使水势受阻倒流，当然可以使它流上高山。这难道是水的本性吗？那是形势逼迫使它如此的。人可以干坏事，他的本性的改变也正像水性改变一样。"告子用静

孟子像

态的水比喻人性，孟子则用动态的水比喻人性。告子说的是人无善与不善，孟子强调的是人无论在现实中是善还是恶，都有共同的本性善，就像水不论向东流还是向西流，总要向下流一样。

人性向善的仁义是自然的还是人为的？孟子和告子也进行了激烈的争辩。告子说："如果把人的本性比作杞柳树，把仁义比作桮棬（杯盘），那么要使人性具备仁义，就好像是要把杞柳树做成杯盘，要靠人为的力量才行。"孟子争辩说："您能顺着杞柳树的本性把它做成杯盘吗？还是要残害杞柳树以后才能做成杯盘？如果要残害杞柳树才能做成杯盘，那么，也要残害人的本性才能使他具备仁义吗？率领天下的人共同来祸害仁义的，一定是您的这种学说吧！"从告子的立场出发，则以仁为基础的礼义，是纯粹从外面强加给人的；而从孟子的论旨出发，仁义却是自然的，出自人性本身，并且是人的自我实现。

人生之"义"是内在感情还是外在认识？孟子与告子为此展开了"仁内义外"的争辩。告子说："饮食男女是人的本性。仁是人本身内在的东西，不是从外面来的；义是外来的东西。"

孟子说："为什么说仁是内在的而义是外来的呢？"

告子回答说："因为他年纪大，所以我尊敬他，年纪大的是他，而不在于我；就好像它是白色的，我才认为它白，这是因为外物的白而我加以认识的缘故，所以说义是外来的东西。"

孟子说："白马的白和人的白也许没有什么不同，但不知对老马的尊敬和对年纪大的人的尊敬是不是也没有什么区别呢？而且您所说的义是指年纪大的人呢，还是指尊敬年纪大的人的心呢？"

告子答道："是我的弟弟我就爱他，是秦国人的弟弟我就不爱他，这是因为我内心的喜好而这样做的，所以我说仁是人本身内在的东西。尊敬楚人的长者，也尊敬我的长者，这是因为对方年纪大，我是出于敬爱而这样做，所以义是外来的东西。"

孟子说："爱吃秦国人的烤肉和爱吃自己的烤肉是没有什么区别的，各种事物也都有相类似的情况，既然这样，那么爱吃烤肉的心思也是外来的吗？这不和您所说的饮食是人的本性的观点相矛盾了吗？"

告子认为"仁"是人的内在情感，而"义"是人对外物及其性质的

"养气"说

孟子在《孟子·公孙丑上》中说："我善养吾浩然之气。"这种"浩然之气"是一种勇往直前、无所畏惧的主观心理状态。"养气"的方法是一方面要明白仁义之道，具有正确的世界观，另一方面要不断地去做人所应该做的事情，时间久了，自然会生出浩然之气。

一种认识，与人的主观情态无关。孟子主张“敬长”也是发自内心的情感，“义”不是一种认识判断，而是一种价值判断，所以说“义内”而非“义外”。

孟子对告子的驳难，以道德人本主义界定人性与人道，比告子“生之谓性”和“性无善恶论”的自然主义人学观念要丰富和深刻得多。因为自然主义不仅不能使人和动物区别开来，而且不能从理论上揭示道德的可能与必然。

相关链接

尽心、知性、知天

《孟子》最后一篇《尽心》开头说：“尽其心者，知其性也。知其性，则知天矣。存其心，养其性，所以事天也。夭寿不贰，修身以俟之，所以立命也。”意思是说，彻底弄懂得了天，就懂得了人的本性，懂得了人的本性，也就懂得了天。由此建构了一个融身与心、知与行、人与天于一体的认识体系，将儒家的“内圣”之学发展到炉火纯青的境界。

孟子认为，儒学提倡的仁义礼智品德，是与生俱来的，而不是后来从外面强加的，所以人的本性是善的。懂得了人的本性，也就懂得了天；懂得了天，也就是懂得了天赋予人的是什么，天对于人的要求是什么；懂得了天对人的要求是什么，就能正确地按照天的要求去做。接下来，孟子又说：保存心中固有的善性，并且滋养这个善良的本性，目的是事奉天。孟子认为，事奉上天要始终如一。不论是短命还是长寿，都要努力修养自身的品德，直到死亡。这样做，就是为了实现天所赋予的使命。在孟子看来，仁义礼智等道德原则，既是人性又是天性，人性和天性在本质上是相通的。所以，只要人们能尽力地扩充自己先天所固有的“善心”，即可达到认识自己的仁义礼智等本性，同时也就是认识了天性。在这里，天性和心性是合二为一的。

他的这个观点，一直不被儒家后学重视，直到宋代理学人学思想兴起之后才被广泛重视，成为儒家人学的主流观点。

邹衍倡“五德终始说”

前 300 年

邹衍倡“五德终始说”，受齐湣王重用。

前 288 年

邹衍到燕国，燕昭王亲自迎接，受弟子之业。

战国时期的阴阳家邹衍喜谈宇宙变化，他的天论，据说从开天辟地讲起，一直追溯到天地未生之前，很著名，所以人们称他为“谈天衍”。他有感于治国者荒淫奢侈，不能以德治国，乃作《终始》、《大圣》等篇，提出了他的“五德终始说”和“大九州说”。

五德终始说是以“天人合一”或“天人感应”思想为基础的。最早《周易》讲阴阳，《尚书·洪范》讲五行，主要是解释宇宙的哲学思想。到《礼记·月令》，就把五行说和宗教信仰系统地配合了。邹衍把五行说变成自然和社会的演变法则，成为阴阳五行家。与西周以“德”配“天”有所不同，他以阴阳、四时、五行论“天道”，更易为人接受。

邹衍认为木生火、火生土、土生金、金生水、水生木是“五行相生”的转化形式，这一形式说明事物之间存在着统一的关系；同时，又存在着水胜火、火胜金、金胜木、木胜土、土胜水的“五行相胜”的对立关系。这种五行相生、相胜的特点，不仅表现在自然界的四时变化和万物生息之中，而且体现在人类社会之中。

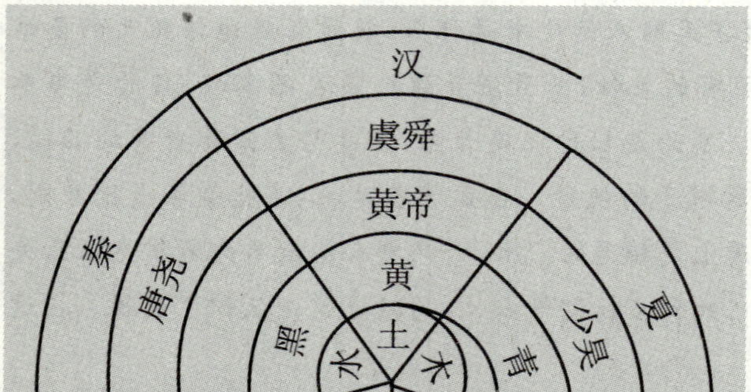

五德终始说

邹衍提出“五德终始”的历史观。他认为每一朝代都主一德，每一德都有盛有衰，人类社会历史的改朝换代都主一德的转移，每一德转移的次序都循环进行。新的朝代将要兴起之时，上天必然会出现某种符瑞作为征兆。黄帝时出现大螾（yǐn，蚯蚓）大蝼（蝼蛄），黄帝说：“土气胜。”所以黄帝属土，崇尚黄色。夏禹之时，草木秋冬之季仍不枯萎，禹说：“木气胜。”所以禹属木，崇尚青色。商汤之时，出现金刃生于水的现象，汤说：“金气胜。”所以商属金，崇尚白色。周文王时，出现赤鸟衔丹书集于周社的奇观，文王说："火气胜。"所以周属火，崇尚赤色。按照五行相胜的原理，邹衍推测代火者必为水德，而且会出现水气胜的征兆。水气胜，故崇尚黑色。但是如果不做好准备，就会失去承运的机会，而转为土德。这样，五行之间的相胜关系着历史的周期性变化。

邹衍还试图将宇宙各部分联贯为一个整体，并给以总的说明。他认为中国名为"赤县神州"，内有九州，也就是大禹治水时所序列的冀、兖、青、徐、扬、荆、豫、梁、雍九州。像赤县神州这么大的州全世界共有九个，中国是大九州中的一州，这就是所谓的大九州说。这虽然建立在主观推测的基础上，但突破了人们狭隘的地理观念，激发了人们探索域外的热情。

关于邹衍的哲学方法，司马迁概括为"必先验小物，推而大之，至于无垠"，这是非常恰当的。具体说来，就是在时间上由今推古，进而概括出历史规律，形成他的"五德终始说"；在空间上由近推远，借助于想象描绘出世界的整体轮廓，形成他的"大九州说"。无论历史学说还是地理学说，都是运用了从已知推出未知的方法建立起来的。邹衍"先验后推"的方法，虽然克服了狭隘经验论的局限性，但他用幻想代替真实的联系，又以符瑞感应、"五德终始"来沟通天人关系，最终陷入了神秘主义。

邹衍的五德终始说不仅在当时受到重视，而且对后世的哲学和政治产生了重大影响。就哲学而言，董仲舒将邹衍的阴阳五行说与儒学相结合，开汉代儒学阴阳化的先河。就政治而言，五德终始说作为一种改朝换代的理论工具，受到历代新王朝建立者的信奉。秦始皇统一六国后，根据邹衍"水德代周而行"的论断，以秦文公出猎获黑龙作为水德兴起的符瑞，进行了一系列符合水德要求的改革，以证明其政权的合法性，遂成为五德终始说的第一个实践者。

相关链接

五行相生相胜

早期的"五行"学说，是试图用水、火、木、金、土五种物质元素来说明世界本源问题，其最初的形式表现为"五行相杂"说。到了春秋战国时期，随着人们对这五种特殊实践的现象、性质及相互关系的进一步了解，便相继提出了"五行相生"说与"五行相胜"说。

所谓“五行相生”说，是认为“五行”之间存在着一种相互促进的关系，其表现为木生火、火生土、土生金、金生水、水生木这一程式。这一学说大致产生于战国初年，主要保存在《管子》、《吕氏春秋》、《礼记·月令》等著作与篇章中。古人大致是想木生火，木头可以生火；火生土，火灭后的灰便成了土；土生金，金属是从土中挖出的；金生水，金属熔化便成了水；水生木，靠近水的地方树木茂盛。

所谓“五行相胜”说，是认为“五行”之间存在着一种相互制约的关系，其表现为水胜火、火胜金、金胜木、木胜土、土胜水这一程式。这一学说大致产生在春秋末年，它主要保存在《左传》等典籍中。大意是水胜火，水一浇火就熄了；火胜金，火能熔化金；金胜木，金可以伐木；木胜土，树木可以把土固定起来；土胜水，水来可以土掩。战国后期，邹衍把两者结合起来，提出“五行生胜”说，使“五行”间“相生”与“相胜”的理论进一步体系化。

荀子讲学

前287年

荀子到齐国游学，进行学术交流。

前266年

荀子从齐国到秦国，与秦昭王、范雎问答。

战国时期，在齐国的都城（今山东淄博）有一座学宫叫稷下学宫（类似于今天的社会科学院）。史书记载荀子“三为祭酒（学宫主持人）”、“最为老师”，成为稷下学宫名副其实的学术领袖。

有一天，该轮到荀子讲学了，数百名学生来到学宫最大的讲堂，静静地坐在那里等待着。不一会儿，荀子在几位大夫的陪同下走进讲堂。学生们全体起立，向老师鞠躬，荀子鞠躬还礼并让学生坐下。荀子环视了一下四周，缓缓地说：“今天我给你们讲一讲如何培养人才。”

荀子停顿了一下，接着说：“要培养优秀人才，就必须苦读先人留给我们的经书，在培养人才方面诸经有各不相同的作用。《尚书》是记载政事的；《诗经》是表达人们志向的，凡是符合乐章标准的诗篇都收集在这本书里；《乐》是培养人们和谐一致的感情的；《春秋》则以其微妙的道理齐备地包括了天地之间的事情；《礼》所规定的是郑重的礼仪准则和确定法律的总纲，也是各类条例的纲要。学习经典的顺序，要从诵读一般的经书开始，最后再学习关于礼的书。社会上人们道德行为的善恶，与经典的传授有很大关系，从而关系到国家的兴亡。凡是通过经典传授而使人向善的，国家就会兴盛，反之则会走向灭亡。”

这时，有个学生站起来说：“请问先生，‘礼’对于治国平天下有何作用？”

荀子说：“一个国家如果没有礼，就不能治理。礼对于国家就好像是衡量轻重所用的秤砣，木工画线取直所

荀子像

用的绳墨，画方画圆所用的矩尺和圆规。学习经书，应该把《礼》放在第一位，否则，只重视《诗》、《书》等其他经典，那么对于修身、治国这些事情来说，就好像是用手指去测量河水深度、用戈去种黍米、用锥子当筷子吃饭，这是达不到预期目的的。”

学生们被荀子的精彩演讲吸引住了，学堂内鸦雀无声。只听他继续说：“礼，是用以端正人们行为的，而老师又是能够对礼做出正确解释的人。如果没有老师，我们怎么能够知道礼是什么样子的呢？如果不遵循老师的教导和规定去做，而喜欢自搞一套，那就只会违背礼仪，狂妄乱为，绝不会得到好结果。”

“如果没有教师，那会怎样呢？”坐在前边的一个学生问道。

“学生道德品质的优良与否，关键在于教师的品行、知识和才能。学生必须以教师的言行作为行动准则和模仿的样板。一个人如果仅有智慧而没有师法，那就会去偷窃；如果仅有勇敢而没有师法，那就会变为贼寇；如果仅有才能而没有师法，那就会造反作乱；如果仅有洞察力而没有师法，那就只能奇谈怪论；如果仅仅能言善辩而无师法，那就会荒诞诡辩。人只有听从老师教诲，有了师法，那才会使优秀的才智能力得到正确发挥。所以，学习必须投靠贤师，以便仰承师训，受到更多的教诲。”

“请先生给我们讲讲学习方法吧！”几个学生要求说。

“好吧！我给大家讲讲学习方法。我认为学习贵在专一，贵在坚持，贵在积累。一个人走路，不一步一步地走，就不能走完千里迢迢的路程；如果不是有许多小小的河流，就不会有大江大海。好马一跳，不超过十步；劣马走十天，也就能赶上它了。这些都说明，只要不半途而废，就会取得成功。人的知识和道德都是不断积累形成的，人经过不断努力，积累了耕耪的经验就可以成为农夫，积累了刻削技能就可以成为工匠，积累了知识礼义就可以成为君子，就连圣人靠的也是对知识的不断积累。学习除了主观努力以外，还要重视外界环境对人的影响。南方有一种叫蒙鸠的鸟，用羽毛筑巢，再用毛发编结起来，但却把巢系于芦苇的嫩条之上，一旦风吹草动，嫩条被吹折，蒙鸠的巢就会被摔坏，使卵破子死。这并非鸟巢做得不好，而是它系在了不可靠的芦苇嫩条上。这正如飞蓬长在麻棵之中不用扶持就能竖直

六经

六经，指《诗》、《书》、《礼》、《易》、《乐》、《春秋》。这华夏文化早期的六大学术经典，是历代累积遗传下来的文教经典，经过周公完善、孔子整理编撰以后，成为华夏文明礼教的基础。六经，有时又称六艺，不过和华夏文明早期的六艺，即礼、乐、射、御、书、数六大领域的技艺有所不同。

生长，白沙在黑土里会自然变黑一样，是环境影响所造成的。所以，学习要取得成功，应当谨慎地选择所处的环境，并且要在一定的环境中奋发努力才行。”

学堂里的下课钟已敲过好几次了，可荀子还在滔滔不绝地讲着，学生们也听得如醉如痴，忘记了下课的时间。

荀于用他的这些思想教育学生，结果不少学生都做出了很大的成绩。一个是李斯，后来成了秦国的相国；一个是韩非，后来也成了著名的思想家；还有一个是浮丘伯，后来成了一个大学者。这些人把荀子的思想进一步发展和传播开来，在中国历史上产生了很大影响。

相关链接

从相分到齐一

荀子重视历史和现实的经验，首先分析个别的具体的东西，经过归纳总结，然后得到普遍性的规则，从相分到齐一成为贯串荀子思维逻辑的主线。从世界观上说，在荀子看来，人是认识的主体，自然是被人认识的客体，天人是相分的。同时又认为，仅有天人相分是不够的，还要看到世界上万事万物各有特点，纷纭复杂，并不是单调的，而是异常丰富、各有特色的。他主张，事物只是“道”的表现形式，个别在整体之中，掌握了“道”就能认识整个世界。就人生观而言，荀子提出性伪之分，认为人性是恶的，善是人为的，他主张通过善的累积，提高人的道德水平，并把性和伪统一起来，认为只有这样，才能使凡人变成圣人。从社会观看，他认为物质是有限的，人欲是无限的，因此需要分出贵贱、长幼、贫富，才能从差等到平等。荀子的方法论是从个别到一般的，第一步“缘天官”就是用感官去感知万事万物，这个阶段的认识是个别，是“分”。在此阶段，人们的感官容易受到蒙蔽，如醉汉半夜回家，看到路上的石头以为是老虎。怎样解蔽呢？必须有第二步即“心有征知”，利用“心”(或者说思维)获得正确的认识，具体就是要虚心，还要专心，更要内心安静，不受外界干扰，不急躁，不急于求成。

"白马非马"

公孙龙是战国末期赵国人，曾在平原君家当门客。他善于辩论，力倡"白马非马"之说。他与孔穿进行的辩论成为先秦哲学史上有名的故事。

有一天，孔子的后代孔穿在平原君家中遇到了大名鼎鼎的公孙龙。

孔穿说："我很久以来就想向先生请教，现在终于见到了。不过我不同意您的'白马非马'的论点，要是您放弃这一主张，我就做您的弟子。"

前 265 年
在平原君家，公孙龙与孔子后代孔穿辩"白马非马"。

前 256 年
邹衍替齐国出使赵国，批驳公孙龙的"白马非马"论。

公孙龙说："先生的话真是自相矛盾。我的招牌，就是白马非马。要我放弃，那么我就没有什么可以教你了；而且想向对方学习，是因为智力与学问不如对方，现在要我放弃我的论点，你是在教导我，而后又要拜我作老师。先教导我，而后又要拜我作老师，这是矛盾的。"

公孙龙接着说："我的白马非马论，跟您的高曾祖仲尼先生的观点是一致的。当年楚王在云梦打猎，把珍贵的繁弱弓失落了。侍从们请求派人去寻找。楚王说：'楚人丢了弓，楚人拾到它，找它干嘛！'仲尼先生听到这话，感叹说：'楚王的仁义还差着呢。应当说：人丢了弓，人拾到它，何必说楚人？'由此可见，仲尼先生是把人和楚人区别开来的，如同我把马和白马区别开来一样。你是继承仲尼先生的儒学的，为什么连这一点也不懂？"

孔穿无言以对，只好客客气气地分手。后来他对人说："公孙龙所说的话是错的，是不合理的，但他的学识十分渊博，辩术巧妙，因此，我不愿与他当面争论。"

公孙龙为了使"白马非马"的命题成立，他提出了很多理由。他说："马是指马的形状，白是指马的颜色，颜色既然不等于形状，所以白马也就不等于马。"他怕别人还不明白，又举例说："'买马'，当然买什么马都可以，不拘黄马、黑马。'买白马'，那就不同了，非买白马不可，可见白马非马。""白马非马"的命题，揭示了"个别"和"一般"两个概念的差异，在逻辑思想发展史上有一定的贡献。但其错误在于，过分夸大了这两个概念的差异，否认"一般"只能存在于"个别"之中。

离开了白马、黄马、黑马等(个别)有色的马，那也就没有所谓“马”(一般)的存在了。可见，不能正确认识“个别”和“一般”的关系，必然要作出违背客观事实和人们常识的错误结论。

孔穿与公孙龙除了辩论“白马非马”的命题外，还辩论过“羊有几只耳朵”这个命题。公孙龙问：“羊有几只耳朵?”孔穿说：“羊当然只有两只耳朵。”公孙龙又摇头又摆手：“不对，不对！羊有三只耳朵！”孔穿问：“羊怎么会有三只耳朵呢?”公孙龙慢条斯理地说：“你别忙，我给你算一算。我问你‘羊有耳朵吗?’”孔穿老老实实地回答：“羊有耳朵。”“好，这里羊已经有‘耳朵’了！”公孙龙高兴地竖起一个手指头，他接着又问：“羊生有几只耳朵?”孔穿又老老实实地回答：“羊生有两只耳朵。”“好，这里羊又有两只耳朵了！”公孙龙又高兴地竖起两个手指头，他又紧接着问：“那么我问你：羊有前面说的一只‘耳朵’，再加上后面说的两只耳朵，这么一加，羊不是有三只耳朵了吗?”公孙龙把前面竖起的一个手指跟后面竖起的两个手指，三个手指头竖在一起，在平原君与孔穿的眼前晃着：“你们瞧，羊不是有三只耳朵吗?”公孙龙说得头头是道，平原君听了哈哈大笑，而孔穿则低着头默不作声。

第二天，孔穿朝见平原君，平原君盛赞公孙龙能言善辩。孔穿说：“是的，几乎被他说得真能让羊长出三只耳朵了，尽管他的说法在事实上很难成立。我想问相爷您，说羊有三只耳朵难度很大，而且实际上不是这样的；说羊有两只耳朵很容易，而事实上确是这样。不知相爷您是赞成容易而正确的说法呢？还是赞成困难而不正确的说法呢?”平原君无言以对。

思考了一夜，平原君召见公孙龙说：“今后你不要再跟孔穿辩论了！”潜台词是：孔穿依据的是事实，公孙龙依据的是雄辩，事实终究胜于雄辩。

名家

名家是先秦以思维的形式、规律和名实关系为研究对象的一个学派，重视“名”(概念)和“实”(事)的关系的研究。战国时称“刑名家”或“辩者”，西汉始称“名家”。

名家萌芽于春秋末期，活跃在先秦的春秋战国时期，以善于辩论、善于语言分析而著称于世。作为一个学派，名家并没有共同的主张，仅限于研究对象的相同，而各说差异很大。主要有“合同异”和“离坚白”两派。代表人物有邓析子、尹文子、惠施、公孙龙子。

名家之地位与对后世的影响均不及儒、墨、道、法诸家重要，但它在战国中期却是一个非常活跃的学派，标志着中国古代逻辑学达到了相当的高度。

相关链接

合同异与离坚白

名家以“名”为研究对象，内部主要形成“合同异”和“离坚白”两派。

合同异派的主要代表人物是惠施。他们认为：“至大无外，谓之大一；至小无内，谓之小一”,“天与地高,山与泽平”,“天地一体”,万物毕同于“一”,一切都包容在至大无外的“大一”之中,一切又都由至小无内的“小一”构成。一切被常人当作相异的事物,在他们看来都是相同的。他们着重指出差异中的同一,合异于同,所以被称为合同异派。

离坚白派的主要代表人物是公孙龙。这一派的著名论题为“白马非马”和“坚白石二”。他们认为马是“命形”的,白是“命色”的,“命色者非命形也”,所以说“白马非马”。按照人们通常的看法,一切坚硬白色的石头可称之坚白石。但公孙龙认为,用眼看就不见其坚硬,只见其白色,用手摸则不觉其白色,只觉其坚硬,所以只有白石或坚石而没有坚白石。坚和白是分离的。

上述两派各自的侧重点不同,并且各持一端。合同异派夸大事物的普遍联系和变动不居的特性,认为一切都是同一;离坚白派则夸大事物的相对独立和相对静止的特性,认为一切都是差异。合同异派合异为同,离坚白派离同为异。前者犯了相对主义的错误,后者则犯了绝对主义的错误。

吕不韦"一字千金"

"一字千金"这句成语,大家都很熟悉,是夸奖人家的文章写得好,一个字就值千金。这个典故就出自吕不韦的事迹,记载于《史记·吕不韦列传》。

吕不韦是秦国的丞相。当时秦王嬴政年幼,吕不韦大权独揽,气焰逼人。为了树立威信,他让门客汇合诸子百家学说编写了一部杂家著作,书编好之后,命名为《吕氏春秋》,以区别于孔子编写的《春秋》。为了扩大这部书的影响,他下令把全书反复修改定稿,然后抄在竹简上,公开陈列,让天下人阅读。

吕不韦命人在秦国都城南门外,把无数块竹简,用丝绳贯穿着,或用牛皮带连结着,分上、中、下三排,靠着城墙依次摆开,连绵数里;还将一千两黄金悬挂在城楼上,由士兵守护着,并到处张贴告示:谁要是能够给这部书增添一个字或者删减一个字,增减后文辞超过原文的,立刻赏以千金。

前249年
秦庄襄王即位,任命吕不韦为相,封文信侯。

前235年
秦王政亲政,吕不韦被流放蜀郡,忧惧自杀。

从咸阳城内和全国各地赶来谈《吕氏春秋》的人络绎不绝。可是过了十天,还是没有一个人提出修改的意见,千两黄金依旧在城楼上闪闪发光。这就是"一字千金"的来历。

后来有人认为,这部书虽然写得精炼生动,言之有物,但也不是好得连一个字也不能增减。主要是因为当时人害怕相国吕不韦的显赫权势,怕得罪了他,招来不测之祸,所以就没有一个人敢大胆地提出修改的意见。

吕不韦编《吕氏春秋》,确实有他一番苦心。战国时七国争雄,其他六国虽然经济、军事实力不如秦国,但文化却比秦国发达。关东诸侯经常把秦国与西方的少数民族西戎相提并论,鄙视为野蛮民族。

著名的战国四公子魏信陵君、楚春申君、赵平原君、齐孟尝君都在自己的门下招徕了大批文人学者,发展了各国的文化。

吕不韦感到秦国作为强国,在这方面也不应示弱。他便仿效战国四公子,也广招各派学者到秦国来,给他们优厚待遇,一时门下的食客达三千人之多。

吕不韦选择公元前239年公布《吕氏春秋》,也有一番很深的用意。当时秦王嬴政已经二十一岁，将于次年举行加冕典礼并开始亲自执政。这两年来，嬴政虽然还未独立决定大事，可是那独断专行的性格却是越来越明显了。吕不韦久握国家大权，又自以为有恩于嬴政的父王，因此极不愿意把权力移交给嬴政。在这个时候公布《吕氏春秋》，他料定悬赏千金也无人敢出面改动，正好借机向嬴政示威，让他看看自己的权威，更主要的还是暗示嬴政今后也要像以前那样对自己言听计从。在《吕氏春秋》的总序中，吕不韦特地引述了古代传说中黄帝教诲颛顼(zhuān xū)的故事，实际上是告诉秦王嬴政，要像颛顼对待黄帝那样，永远虚心接受吕不韦的教导，亲自执政之后，仍然接受吕不韦的控制。

秦王嬴政得到报告后，心想："你吕不韦这一套是做给我看的，怪不得大臣中只要有人提起明年加冕的事，你就要挡过去。你想让我老是受你的控制，什么事都由你做主，没那么容易。什么黄帝教颛顼，见鬼去吧！治国行德政、保黎民，也不知从哪里搬来的陈芝麻烂谷子，我才不信这些呢。我看李斯的那些主张倒不错，对了，听说李斯有个同学叫韩非，治国很有两下子，将来叫李斯把他请来，我要好好和他谈谈。《吕氏春秋》，你就让它挂在那儿吧！"

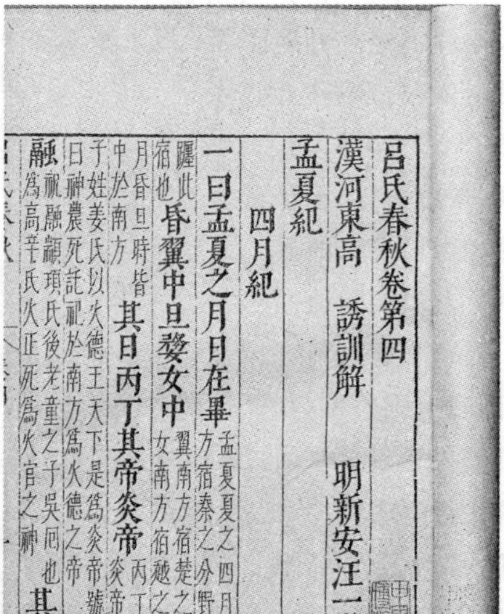
吕氏春秋卷第四
漢河東高　誘訓解　明新安汪一鸞重訂
孟夏紀
四月紀
一曰孟夏之月日在畢孟夏夏之四月也畢西方宿秦之分野是月日躔此宿也昏翼中旦婺女中翼南方宿楚之分野婺女南方宿越之分野是月昏旦時皆中於南方其日丙丁丙丁火日也其帝炎帝炎帝少典之子姓姜氏以火德王天下是爲炎帝號曰神農死託祀於南方爲火德之帝其神祝融顓頊氏後老童之子吳回也爲高辛氏火正死爲火官之神其蟲羽其

《吕氏春秋》书影

可见，吕不韦的一番心计落空了。即便如此，《吕氏春秋》这部书还是有它的价值的，保存了不少古代的遗文佚事和思想观念。其中许多篇章，谈论对时局、宇宙、人生、历史的看法，文笔优美，言简意赅，可谓是集战国诸子思想之大成。别的不说，书中一些有趣的寓言故事今天读来仍然发人深省。比如，《去宥》中有一篇，说齐国有个很想得到黄金的人，早上起来，穿戴得衣冠整齐地来到金店，见到别人手上拿着黄金，上去就抢。官吏把他抓起来，问道："青天白日，人来人往，你怎么敢明目张胆地抢劫？"齐人答道："我当时只看到黄金，哪里还顾得上看人呢？"

相关链接

杂家不杂

据《汉书·艺文志》的记载，杂家学派出于谏议之官，其学说中兼有儒家和墨家学说的内容，又综合了名家、法家的特点，也就是说杂家的特点是对各学派的兼收并蓄、融会贯通。但他们重点关注各家有关“王治”的理论，目的是为现实政治提供大政方针，但如果让学识浮泛的人执行，就会因牵涉面颇广而抓不住要点，因此被人们称为“驳杂不纯”之学。

《吕氏春秋》作为杂家的代表作，其实不杂。它不仅结构严整，体例统一，而且内容取舍有度，自成体系。它继承了儒家的“德政”、“重民”思想，却摒弃了孟子以“王道”统一天下的不切实际的说教；吸收了法家“耕战”的主张，而又反对严刑峻法；猛烈抨击墨家“非攻”、“救守”之说，但其主张节葬、尊师、尚贤，则又大约“宗墨氏之学”。至于对道家、阴阳五行家等学派的思想主张，同样是有取有舍。可以说是在扬弃诸子之学的基础上，自成一家，形成了统一的新的思想体系。

韩非与李斯

前234年

秦王欲得韩非，派兵攻韩，韩派韩非出使秦国。

前233年

韩非被囚自杀。

韩非是韩国的一位公子，主张刑名法术学说。韩非口吃，不善于讲话，可是很会写书；他和李斯都是荀子的弟子。

荀子在处理政务之余，给弟子们讲授了几堂他的治世学说。

韩非和李斯等人都是为追求真理而来，所以都能认真地听讲，迅速地做笔记。韩非在思辨之后，还能提些思考问题，请老师解答，尤为荀子赏识。

荀子在讲学中指出，知识来源于学习。通过学习，新的知识会超过旧的知识，可以使人不断进步，这就叫“青出于蓝而胜于蓝，冰成于水而寒于水”。要学用一致，行高于知。有了知识，不去实行，知识再多也没有用处。

吃罢饭，韩非在埋头补记没有记下的老师的讲话，而李斯却要拉他去城外游玩，韩非便找了个理由加以拒绝。

李斯说：“对于老师讲的学和用、行和知、认识和不认识，对我们没有多大用处的。”

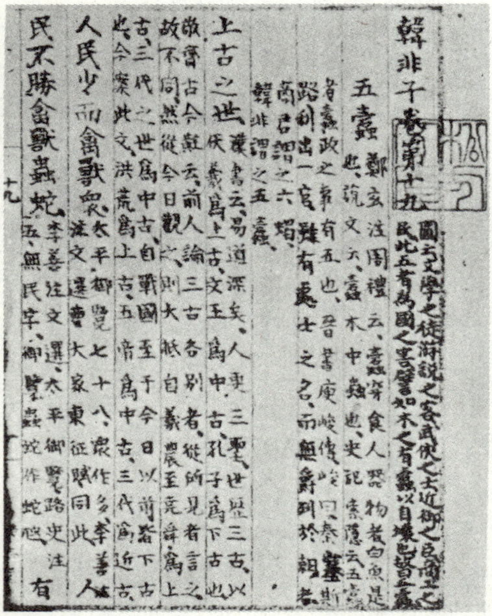
韓非子卷第十九
五蠹
上古之世
人民少而禽獸衆
民不勝禽獸蟲蛇

《韩非子》书影

韩非说：“不，老师苦口婆心讲了那么多，又举一反三地用事例加以说明，关系两种思路呢，怎么能说没多大关系？”

李斯却说：“研究理论太费神，不如找个地方当官。我在我们楚国一个小郡当差的时候，常见公厕中的老鼠在吃秽物，每逢人或狗走近的时候，老鼠就惊慌恐惧地逃去；后来，我走进仓库，发现仓库里的老鼠，吃的是囤积如山的粟米，住在大屋檐下的屋子里，长得肥肥胖胖，用不着惊慌和奔跑。所以，一个人的贤能或者不肖，跟这些老鼠一样，就看自己是处在什么样的环境了。”

韩非驳斥说：“你这话差得太远，如果天下的人都像你说的老鼠那样住在仓库里吃，不劳动，不勤奋，那仓库里就没了粮食，到时你喝西北风去?”

李斯说:“不可能!实际上,即使我不干活,没知识,只要环境条件好,就可以一辈子享受荣华富贵,总有那众多的奴隶为我们在劳动,不会没有饭吃!”

李斯的话气得韩非口吃起来:“你……谬论……”

李斯笑着说:“这是处世的捷径。”

不久,弟子们要离开老师了,荀子在家门外的大路口送行。

荀子问李斯道:“今后,你打算干什么呢?”李斯回答道:“我估量如果留在楚国,是不足以成就什么事业的,所以,我决定到西方秦国去游说秦王。”

荀子知李斯野心勃勃,不可取,便又问韩非:“你打算如何?”韩非回答说:“老师,我和李斯的志向不一样。我爱我的祖国,虽然它现在很弱,但就像儿不嫌母丑一样,我要帮助韩王变法改革,使国家富强起来。同时,我回国后,要温习老师讲的五门课程(即天命和自然观、认识论、历史观、正名问题、性恶论),应用它,发展它!”

荀子握着韩非的手,热泪盈眶地说:“韩非你才是我真正的弟子啊!希望你青出于蓝而胜于蓝!”

荀子和韩非紧紧地握着手,不忍分开。

韩非看到韩国一天一天地衰弱下去,多次上书进谏韩王,可是韩王并不重用他。失望之余,他就闭门写书,写了十万多字,有《孤愤》、《五蠹》、《说难》等篇。

他的文章传到秦国,秦王看到这些文章后,长叹一声,说:“如果我能见到这个人而且能和他交往,死后也就没有什么遗憾了。”

李斯听说后,就对秦王说:“这些文章都是我的同学韩非写的。”

秦王于是发兵攻打韩国,想要得到韩非。韩王最初没用韩非,这时只好派韩非出使秦国。秦王非常高兴见到韩非,可是又不敢信任他。

李斯有点嫉妒韩非,总以为自己的学问不如韩非。这时知道秦王没有信任韩非,他就趁机向秦王说韩非的坏话:“韩非是韩国的贵公子,现在,大王想吞并诸侯,韩非绝对效忠韩国,而不会帮助我们秦国的,这是人之常情。大王既然不能用他,不如把他杀死,免得留下

《韩非子》

《韩非子》这部书现存五十五篇,约十余万言,大部分为韩非自己的作品。《韩非子》一书,重点宣扬了法、术、势相结合的法治理论,达到了先秦法家理论的最高峰,为秦统一六国提供了理论武器,也为以后的封建专制制度提供了理论根据。

后患。”

秦王认为李斯说得很对，就决定处死韩非。李斯派人给韩非送去毒药，要他自杀。韩非想面见秦王，辩白自己的态度，可是秦王不愿见他。韩非无计可施，只好吞药自杀。秦王又后悔不该听李斯一面之辞，决定赦免韩非，可是韩非已经死了。

秦王刚开始对他求贤若渴，到后来发现他是为韩国谋利，就千方百计要除掉他，可见，想杀掉韩非的不仅仅是李斯，也包括秦王。

相关链接

法、术、势

这是战国时期法家学派的术语。法家主张法治，就是依法治国。他们认为“法”应该是成文的、公开的，是赏罚的唯一依据。“术”则是以君主驾驭臣民，使之服从于统治的政治权术。“势”即权势，主要指君主的统治权力。

法家学派中对于三者各有侧重，商鞅重法，申不害重术，慎到重势，韩非则主张抱法处势而用术，三者是互相联系的整体。韩非强调权势是推行法治的前提，他认为权势是“胜众之资”、“人主之爪牙”，君主只有牢牢掌握权势才能推行法治；君主如果失去了权势，就像鱼脱离了水不能存活。韩非认为术是不能写出来、也不能说出来的内心计谋，不能让别人知道，连最亲近的人也不能让知道。君主要让群臣依法办事，又要暗中使用计谋驾驭群臣，必须两者并用。他主张法和术都是帝王的工具，就像人要穿衣、吃饭，二者缺一不可。他曾提出众端参观、必罚明威、信赏尽能、一听责下、疑诏诡使、挟知而问、倒言反事等“七术”，其中故意装糊涂，说错话，做错事，以探测臣下的倒言反事最具有权术特色。对于法，韩非强调立法要适时、稳定、统一，执法则要贯彻“以法为教，以吏为师”的原则，维护法律的严肃和公正。

韩非的法治观念，限制贵族特权，维护中央集权，顺应了中国走向统一的历史趋势，但它崇尚权术、权势，倡导君主专制，无论在当时或后世都产生了极大的消极的影响。

秦朝

——天下一统

秦朝(前221～前206),是百家争鸣局面结束的时代。秦王政用法家学说,尚耕战,挟术势,平关东六国,建立了统一的秦王朝。他施政伊始,除继续用法家学说御民用臣外,还用阴阳学说调整与前代王朝的关系,用神仙方术却病延年,形成了新的哲学思想体系。秦王政统一天下,称"始皇帝",利用邹衍的五德终始说,主张秦为水德,代周的火德,因此奉天受命是大势所趋。一统天下后,秦始皇仍以法家学说为指导思想,制订严刑峻法统治人民,贯彻重农尚耕的主张,将土地私有制推行到全国。儒家学说虽屡遭厄运,但影响仍存。博士淳于越与丞相李斯的廷争,导致了政治对于哲学思想的干预,引发了焚书坑儒事件。从此儒家基本退出朝廷而散落民间,但并未因此而成为绝学。除阴阳家学说外,在秦代得宠的还有神仙方士学说。秦始皇不断派人巡游海上求见仙人,寻不死之药,这是他调整天人关系的一种手段。

秦始皇泗水捞鼎(汉画像石)

九鼎是夏商周王朝代表国家正朔的传国重器,传说秦灭六国时周王朝沉九鼎于泗水,秦始皇为求正朔,曾于泗水捞鼎未得,画面反映了这一故事。此图刻画了一座桥,桥的两侧有众人用绳索牵引一鼎,鼎内伸出一龙头咬断绳索,拽绳子的人都仰跌在地,鼎得而复失。

秦始皇封禅

封禅是一种帝王受命于天地的典礼。封是祭天的意思，禅是祭地的意思。因此众多帝王对此心驰神往，魂牵梦绕，上演了无数惊心动魄而又耐人寻味的故事。秦始皇封禅泰山即是很好的一例。

据《史记·封禅书》记载，公元前 219 年，秦始皇带领三万人的封禅队伍，从咸阳出发，浩浩荡荡，东巡郡县，到峄山（今山东邹城市境内）举行祭礼，并刻石颂扬秦朝功业。峄山之行，成为封禅泰山的序曲。

封禅泰山是天子的行为。秦始皇封禅泰山，无疑在向世人表明，自己才是真命天子，在功业上已具备了封禅的资格。可是封禅泰山的仪式，明显属于齐鲁文化的一部分，远不是秦始皇君臣所能明白的。为此，秦始皇诚心诚意请来了七十多名齐鲁各地的儒生博士，让他们参与祭祀仪式。但这些人对秦始皇说，登泰山的时候要用蒲草把车轮子包起来，以免损伤山上的一草一木，然后扫地而祭。这种仪式相当简易，显然只是上古时期祭祀山神或祭祀天帝仪式的缩影，与秦始皇利用封禅展示其“席卷天下，包举宇内”的期望值相差很远。

秦始皇于是不再理睬儒生们，命令士兵凿山开道，摆开仪仗，轰轰烈烈地从南坡登上泰山极顶。他在山顶上筑坛祭天，郑重其事地向天报告自己扫清六合、一统天下的丰功伟绩，让上天保佑秦王朝万代千秋、江山永固，保佑自己长生不老、万寿无疆。然后沿北坡而下，到梁父山祭地。祭祀完毕，又命丞相李斯刻石立碑，歌功颂德。

前 220 年
秦始皇在渭南作信宫，不久更名为极庙，以象天极。

前 219 年
秦始皇东巡，封泰山，禅梁父，刻石纪功。

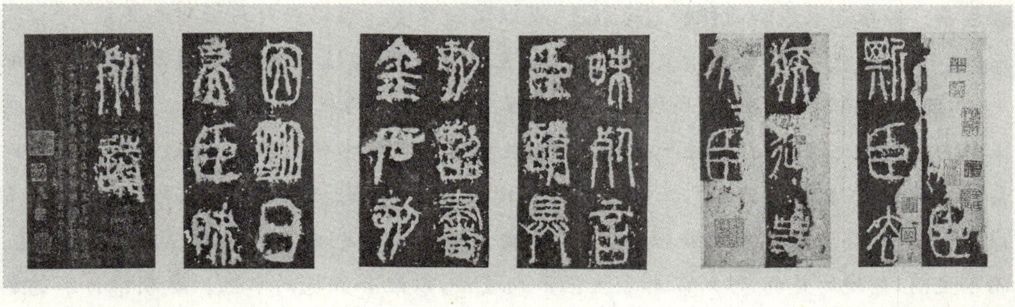

泰山刻石残字册页

秦始皇封禅不用儒生，鬼使神差地遇到了麻烦。据《史记》记载，他在上山的路上遇到了暴风雨，不得前行，只好在大树下暂时避雨。他觉得这棵松树护驾有功，便封它为“五大夫”（秦代的九等爵位）。这本是自然现象，可是儒生们听说后，个个幸灾乐祸，进行冷嘲热讽。秦亡后，儒生们又借题发挥，说秦始皇不配享受天命，他要去泰山封禅，老天都要阻止他。

秦始皇封禅泰山把原始简朴的泰山封禅改造成受命就职典礼，泰山刻石就是他的就职演说。他利用这一活动，使秦王朝由多神崇拜向一神崇拜转变。封禅泰山不仅完成了秦朝受命于天的历史使命，而且满足了秦始皇个人的野心和成就感。同时为他认识齐鲁文化打开了一个窗口，架起了一座齐鲁文化通向全国的桥梁。

秦始皇的封禅是在全国统一后的封禅，和以往的封禅都有不同，于是慢慢形成这样的传统：改朝换代后或者全国大一统的时候，天下太平，国泰民安，这时的帝王才有资格到泰山封禅。

相关链接

水德制度

秦始皇为了实现奉天承运，一方面举行封禅大典，另一方面推演“五德终始”，创水德制度。根据五行相胜理论，周属火德，代周必以水德。按照五行分主四时，春木、夏火、秋金、冬水，土则兼配四时。十月属冬季，属水，秦朝改元，以十月建亥为岁首，诸侯大臣们对皇帝的朝拜，就在本月的第一天。五德说认为土尚黄，木尚青，金尚白，火尚赤，水尚黑。水之所以为黑色，可能是观察大海的结果。所以早期秦文公获黑龙的故事使秦朝水德顺理成章。而秦朝衣服和旗帜的国家颜色，也以黑为尊贵。根据五行与数字的关系，一、二、三、四、五分别代表水、火、木、金、土之数，叫五行的生数；经过一次循环，再以六配水、七配火、八配木、九配金、十配土，所以六、七、八、九、十也分别为代表水、火、木、金、土之数，叫五行的成数。这样，五行的每一行都有一个生数和成数。水的生数是一，成数是六。所以秦的水德制度“数以六为纪”，是取其成数。比如符节、冠冕、车轴的宽度、马匹的用度，都以六为标准，甚至人走路的步幅，也可以傅会进来。黄河也更名为德水，从而体现水德。而水主阴，体现的是刑杀，所以秦朝主张严刑峻法，以配合五德的水性。秦朝推行水德制度是借上天的力量巩固自己的统治，被后来的统治者所借鉴。

秦始皇求仙

前219年
秦始皇巡海上，求见仙人，希望得到不死之药。

前215年
秦始皇至碣石，诏卢生等方士入海求仙。

秦始皇登上皇帝宝座后，为了永享荣华富贵，力求长生不老，先后派徐市（fú）、侯生、卢生等人寻求仙药，留下了一串求仙问药的故事。

秦始皇泰山封禅后，一行继续向东南前进，到达琅玡（今山东胶南县境）。秦始皇看到一望无垠的大海，感到神清气爽，浮想联翩。他留居三月，并迁民修筑琅玡台。

看到秦始皇的举动，齐地方士徐市等人上书给他，说："渤海里有三座仙山，分别叫蓬莱、方丈和瀛洲。虽在海里，但离我们人间并不太远。所以曾经有人到过，他们知道山上住着许多仙人，还有长生不老药。据说这三座山终日云雾缭绕，登上仙山后就好像到了水底下。仙山上的野兽全是白色的，宫殿是用黄金、白银建成的。"秦始皇大为心动，欣然接受徐市的建议，派遣童男童女数千人，随同他一道入海求仙。可是，几年过去了，徐市等人杳无音讯。

徐市像

秦始皇不死心，又接连派了侯生、卢生等人去海中寻求长生不老的药物和仙人。

过了没多久，卢生从海中出使回来，他把有关鬼神的传说都绘成图，又用文字记录下来，向秦始皇禀告："亡秦者胡也。"（灭亡秦朝的是胡）这个"胡"可以是两种意思，一是指秦始皇的幼子胡亥，一是指北方的胡人。秦始皇考虑到第二种可能，立刻派大将蒙恬率领三十万兵马向北进发，去攻打胡人，结果夺取了黄河以南的一大片土地。

公元前214年，秦始皇又按照"亡秦者胡也"的"仙语"，把曾经逃亡的罪犯、卖身的奴隶和普通商贩征派出去，让他们去西南边疆担负防守的任务。不久，秦始皇又派兵去西北驱逐匈奴，将匈奴赶得后退七百多里，"胡人不敢南下而牧马"。为了防御胡人的进攻，秦始皇又征发全国三分之二的劳力服徭役，修筑了一条从山海关到嘉峪关的防御城墙。在修筑长城的过程中，累死、饿死、冻死和被砸死的人不计其数，不知有多少人的尸骨掩埋在城墙底下，人民苦不堪言。

仙药找不到，但找不到仙药的理由却找得到。卢生等人对秦始皇说：“我们为陛下寻找灵芝、仙药和仙人，经常遇不到碰不上，看来是有恶鬼在从中阻拦。为了避开恶鬼，请陛下外出时行踪要保密。只有行踪保密，恶鬼才会消失，真人才能到来。神灵的真人，入水不湿身，入火不觉热，高居于云气之上，与天地共长久。要求仙药，首先就要与真人相通。如今陛下治理天下，未能恬淡隐逸，自然不能通于真人。所以，希望陛下不要将停留的宫室居所让人知道，只有这样，真人才会出现，不死之药才有可能得到。”

秦始皇求药心切，真信了。他宣布说，我仰慕真人，从今以后，我就自称“真人”，不再称“朕”了；并且马上下令，将咸阳旁边二百里内的二百七十座宫殿楼阁用天桥、甬道连接起来，在里面安置美人、器物，与外界隔离。秦始皇行幸处，只要有人胆敢向外透露一点消息，格杀勿论。

卢生等人见他如此心切，也开始害怕起来，担心有朝一日谎言败露，引来杀身之祸，便悄悄地打点行装逃出咸阳。秦始皇听说后大怒，便下令将周围方士、儒生坑杀。

秦始皇遣使求仙图

两年后，秦始皇出游，北上到达琅琊。这时徐市等人害怕秦始皇处分他，就说：“蓬莱山上的仙药，本来是可以得到的，但因为有大鲸鱼阻拦，所以到不了那里。我请皇上派人和我一起去，并用连续发射的箭来射它。”秦始皇又信了，自己亲自出马，到芝罘（今山东烟台）射杀了一条鲸鱼，却没有见到仙山。不久他就病死了。

神仙思想是后来道教思想的重要依据之一。秦始皇的求仙活动和封禅、巡游紧密地联系在一起，不仅局限于超越个人的肉体生命，而且充满了政治色彩，这是对邹衍“大小九州”地理观的一种实践。

相关链接

神仙与方术

战国时期兴起于燕齐一带的神仙方士，自称他们能够通神，能够炼出不死的丹药，能够飞升成仙。其实，神仙思想由来已久。《庄子·逍遥游》描绘藐姑射山的神人不食五谷，乘云御龙，游于四海之外。《庄子》中多处对神人、至人、真人等神仙生活与法术作了形容。在《楚辞》里，也有不少吐故纳新、导引食气之类的神仙思想。《韩非子·说林》有献不死之药于楚顷襄王的记载。

伴随着神仙说的产生，便有追求个体永生的“不死”之方出现。早在战国时期，激正阳、含朝露、保神明、入神气等吐纳延寿之术即为人们所习慕。据《汉书·艺文志》记载，汉时将方术分为医经、医方、房中、神仙四类；《后汉书》中的《方术列传》则包括天文、医学、神仙、占卜、相术、命相、遁甲、堪舆等。道教重要的修炼“方术道”是战国至秦汉时方士所鼓吹的成仙之道。他们宣扬长生成仙信仰，把黄帝作为长生成仙的楷模而备加推崇，俨然奉之为祖师，并提出了以寻求仙人和不死之药，以及“礼灶祭神”等为主的多种修炼成仙的方术。“方仙道”是道教孕育过程的重要阶段。在后来的发展中，神仙家的信仰和方术，为道教所承袭，神仙方术衍化为道教的修炼方术，“神仙方士”也逐渐演化为“道士”。

焚书坑儒

前213年

淳于越与李斯廷堂论争，引发了焚书事件。

前212年

焚书令下，方士、儒生心存不满，议论纷纷，引发坑儒事件。

千百年来，流传着秦始皇的许多故事，焚书坑儒就是其中最为著名的故事之一。有人认为它是文化与知识分子的浩劫，也有人说秦始皇下了焚书令，但是他不反儒，也未曾坑埋儒生，焚书坑儒是半桩伪造的历史。我们撇开这些争论，重点介绍这一事件的来龙去脉。

秦始皇三十四年(前213)，秦始皇在咸阳宫举行盛大的酒宴，召集博士们讨论天下大事。首席博士周青臣率先致辞，他说，过去的秦国土地不过千里，偏处西陲，仰仗陛下的神灵圣明，平定海内，驱逐胡人。如今，日月所照之处，无不服从大王。往昔的诸侯之地被今天的郡县代替，天下人人安乐，再也不受战争之苦。大秦帝国可以传之万世。自古及今，无人能比得上您的盛名与盛德。

秦始皇听了这番贺词，虽然觉得有些夸张，但也觉得离事实不远，心里美滋滋的。

突然，从博士方阵中传出一声斥责："周青臣，你面谀陛下，是何居心?"随即走出一人。群臣大惊，秦始皇忍住怒火一看，此人原来是齐地博士淳于越。

淳于越说，我听说商、周两朝均传承了千年之久，原因是它们大封子弟、功臣作为诸侯，以辅佐王室。如今陛下拥有天下，但是，大王的子弟却没有尺寸之地。万一出现像齐国田常那样篡夺姜姓王朝权力的大臣，没有诸侯辅佐怎么办？我认为，不效法古人而能长期执政的王朝是没有的。周青臣当面奉承陛下，只能加重陛下的错误，周青臣不是忠臣。

秦始皇坑儒焚书图

丞相李斯反对这种说法，认为法规制度应因具体情况而定，古代的制度是不能适用于今天的。同时他又指出，淳于越的说法扰乱民心，不利于政令的贯彻执行，应该严加禁止。因此，他建议：除百家藏书和秦国史书以外，所有的《诗》、《书》、百家语和史书一律烧掉，有敢谈论《诗》、《书》的杀头；医药、算卦、农业的书不烧；禁止私人办学等。秦始皇接受了李斯的建议，下令焚书。

焚书的第二年，替秦始皇求仙药的方士侯生、卢生等人害怕了，在私下里议论秦始皇，认为他凶残好杀，便在一天晚上弃官逃跑了。

秦始皇知道了这些事情后，不禁大怒说："我对这些方士这么好，他们却在背后议论我，又背叛我。现在咸阳的书生有几百，肯定也经常妖言惑众。这次一定要彻底清查。"随后，他就叫御史把咸阳书生都抓起来拷打、盘问。这些书生刚开始都大喊冤枉，被打得皮开肉绽时，就都屈打成招了。秦始皇命令把这些书生都杀了。公子扶苏替他们求情，反而被秦始皇臭骂了一顿。监斩官看到秦始皇怒气冲天，就把这些人全部赶到一个深谷中，用石头泥土把山谷填满，把他们活活坑埋了，总计有四百六十多人。

坑儒谷(位于今陕西临潼)

秦始皇通过"焚书"和"坑儒"，在极短的时间内，迅速统一了思想，控制了舆论，造就了包括思想在内的大一统的历史格局。"焚书"烧毁了大量的先秦典籍，扼杀了春秋以来人民自由探索的精神和百花齐放、百家争鸣的学术气氛，是中国思想文化史上的一场浩劫。"坑儒"则是因秦始皇迷信神仙而造成的人祸。焚书坑儒本来是为了巩固大秦帝国的统治，结果却事与愿违，让大多数读书人站到了大秦帝国的对立面，成为推翻大秦帝国的一支重要力量，这也是秦始皇始料未及的。

相关链接

儒法同异

首先，儒家和法家都注重人性的挖掘和研究。儒家的孟子从“人之初”看人性，他认为一个人看到一个婴儿即将掉入井中，必然产生恻隐之心，所以认定“人之初”是“性本善”的。法家的韩非则不以为然，他是从人沦落天涯、追求名利与权力的角度看人性。韩非总结了许多社会现象，如君臣互相算计、父子互相算计、夫妇互相算计，所以认为利害是人性最根本的内容，认定人性是自私的，是好利的。

其次，儒家和法家都注重价值观的探索和发现。儒家孔孟的价值观从天上来，从人心来。一方面他们强调天将人性赋予给人，另一方面人性努力返归天命。《中庸》讲“致中和，天地位焉，万物育焉”，孟子强调“尽心、知性、知天”，“存心养性事天”的境界，就是很好的说明，于是人情道德就有了作用。法家韩非则认为价值观从现实社会中来。只要是有实效、合乎功利标准的就是对的。人性喜欢名利，就用名利打动你的心。你只要当战士当农夫，就可以得到名得到利，而国家也就可以富国强兵，把每一个个人散落的名利，引向国家的群体功利。

再次，儒家和法家都注重历史观的讨论和认证。儒家的孔孟“祖述尧舜，宪章文武”，以师古为号召。法家韩非则主张师今，认为时代不同了，问题不同了，治道也不一样了。他说上古可以讲道德，中古应该讲智谋，当今需要讲气力。秦始皇焚书坑儒确立了法家的显学地位，但随着秦朝的灭亡，法家主张逐渐被儒家哲学吸收，成为统治阶级维护统治的有力工具。

西汉和东汉

——独尊儒术

西汉和东汉时期(前206～220),以儒家哲学为中心的封建统治思想体系逐步建立起来。第一阶段,西汉初高祖至景帝时期。统治者采取与民休息的政策,崇尚黄老的无为思想。其思想代表有盖公、司马谈等人。黄老之学的经典是《黄帝书》和《老子》,它以道家思想为中心,融入"名法之要",兼采儒、墨、阴阳思想。西汉中期的《淮南子》一书继承了这一思想路线。第二阶段,西汉武、昭、宣三帝统治时期。汉武帝"罢黜百家,独尊儒术",开启了经学独领风骚的时代。董仲舒继承春秋公羊学传统,建立起以天人感应为核心的神学哲学体系,成为占统治地位的官方哲学。汉宣帝时通过石渠阁会议,建立统一的经学,以后逐渐演变为谶纬之学。第三阶段,西汉末到东汉章帝朝。西汉后期,经学逐步分化为今文经学、古文经学和谶纬神学三大派别。它们既互相排斥又互相吸收。章帝时召集白虎观会议,推出《白虎通义》,成为官方意识形态的理论表述,发挥了法典的作用。第四阶段,东汉后期。和帝以后,中央政权极不稳定。有识之士的矛头直指神学经学、现实政治和社会风气,形成批判思潮。虽然有些零碎杂乱不成体系,但毕竟是那个时代的哲学思想代表。

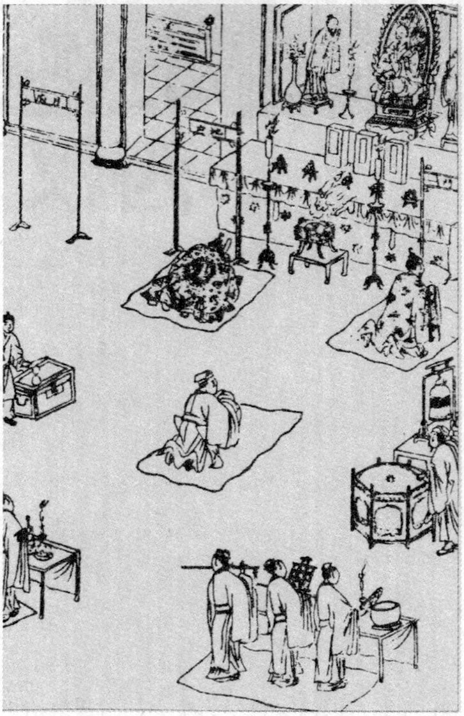

道士在做道场

道教产生后，在以后的朝代继续发展。此图出自一本明末的小说。画上一位道士在坛前做道场，旁边有乐师，请道士做道场的人跪在中央。

曹参学黄老

西汉初年，老子学说向前发展，形成黄老之学。曹参就是学习和实践黄老之学的一个关键人物。

曹参在秦朝时，曾做沛县狱吏，后随刘邦反秦。在入关和进入汉中前后，参加过多次战役，且屡建大功。公元前201年，刘邦在立他的庶出长子刘肥为齐王的同时，任曹参为齐国之相。

曹参为齐国之相后，工作不知从何抓起，便把当地的长老和许多儒生召集起来，与他们座谈治理好齐国、让百姓安居乐业的办法。结果这些人各说各的，使曹参无所适从，不知道该怎么办。就在这时，有人向他推荐了一位正在齐国高密、胶西一带讲学的老人，叫盖公，据说是战国末期黄老之学的一位传人，名闻遐迩，弟子众多。此前，曹参对黄老之学只是略有耳闻，这时抱着急病乱投医的心理，预备好厚礼，让人去请老先生。

据《史记·乐毅列传》的记载，黄老之学从河上丈人开始，然后传给安期生，安期生又传给毛翕公，毛翕公又传给乐瑕公，乐瑕公又传给乐臣公，乐臣公又传给了齐国人盖公。盖公给曹参点拨说："治道贵清静而民自定。"也就是说治理天下最好的办法就是要清静无为，这样老百姓自然而然就安定下来了，该生产的生产，该消费的消费，一切都是自然而然地向前发展。曹参照着盖公的方法去做，果然将齐国治理得很好。

惠帝二年(前193)，萧何去世。曹参在齐地听到这个消息，便说："我马上要到朝廷当相国了。"让手下赶紧收拾行装。不久他果然接到皇帝的命令，出任汉朝相国。他仍然奉行无为而治，每日喝酒，几乎什么事都不干。同僚很不理解，汉惠帝也有点沉不住气了，心想：相国的职责乃是治理国家，为皇帝排忧解难，现在曹参只顾喝酒，不问政事，难道是看不起我？当时曹参的儿子也在朝廷做官，皇帝便命令他问明情况。

曹参的儿子质问曹参，先帝当年托付你辅助当今皇上，你却每日花天酒地，不考虑天下大事，也不向皇帝汇报，是不是问心有愧？曹参一听，勃然大怒，说："你小子知道什么？也敢谈论天下大事！赶快

前201年

曹参任齐相国，胶西盖公以黄老术教曹参。

前196年

汉初总结秦亡教训，陆贾始奏《新语》。

《新语》与《新书》

《新语》，上下两卷，共十二篇，陆贾撰。全书以黄老思想为核心，吸取儒学的部分主张，强调无为而治、政令统一、选贤用能、崇尚仁德。《新书》，又名《贾子》，贾谊撰。今本十五卷，计五十八篇。书中提出以民为本，合理分摊赋役，重农抑商，加强对诸侯王国的限制，以及相关的治安之策，是研究汉初历史和贾谊思想的重要资料。

给我进宫伺候皇上去!"还把儿子狠狠地抽了两百皮鞭。

汉惠帝知道此事后,很不高兴,在朝会上当众谴责曹参。曹参自然装糊涂,马上脱帽谢罪,然后说:"请陛下自己考虑一下,陛下的圣明神武比得上高祖吗?"惠帝说:"我怎敢与先帝相比!"曹参又问:"陛下看我与萧何,哪一个更加高明?"惠帝说:"依我看,你似乎不及萧何。"于是曹参继续说:"陛下说的是! 高祖与萧何平天下,定法令,一应俱全,明确无误,现在陛下只需要垂衣拱手,无为而治,我等一班朝臣守住职位,按部就班,遵循原有法度而不改变,不也就可以了吗?"惠帝无话可说,只得说:"好! 曹参,现在你可以回去休息了。"

前 193 年
萧何死,曹参为相,将黄老术推行全国。

曹参把黄老之学变成政治实践,取得了很大的成效。他做汉朝的相国,前后才三年,百姓便送给他"萧规曹随"的美名,说:"萧何制定法令,清楚统一;曹参接替萧何,固守职责而没有偏失,执行清静无为的政策,老百姓因此得到了安定的生活。"

黄老之学适应了汉初的社会需要,有利于经济的恢复和发展,促进了社会政治的稳定。但是同时也导致了一批豪强的存在,威胁着中央的统治。

相关链接

道法结合

黄老之学的产生与发展始终与道家、法家联系在一起。它始于战国而盛行于西汉时期。其特点是道法结合,提出"道生法"的观点;突出刑德观念,主张恩威并施以巩固政权;以道、法为主,兼采阴阳家、儒家、墨家、名家的思想。

黄老之学改造了《老子》的道,把"道"看作是客观存在的天地万物的总规律。但认为社会生活中也有其客观规律性。还把老子的思想运用于社会国家的治理,主张以法治国、赏罚必信、循名责实。黄老之学兼容并包,主张君主"无为而治",掌握政治要领即可,不可做过多的干涉。这些主张受到汉初统治者的赞赏。汉初名臣萧何、曹参、陈平等人"好黄老之学",施"无为之政",恢复了经济,出现了文景之治的繁荣局面。

战国至西汉的黄老之学,本是经世之学。到东汉时,黄老之学蜕变为"自然长生之道",一些方士把黄老之学与神仙长生、鬼神祭祷、谶纬符箓(lù)等方术杂糅一起,视黄帝、老子为神仙,形成了原始道教,给黄老之学带来了消极影响。

伏生传《尚书》

西汉文景时代，经济发展，天下安定，为文化复兴、整理和继承先秦文化遗产，创造了条件。伏生传《尚书》便发生在此时。

伏生（前260～前161）

又名伏胜，济南（今山东章丘西，一说邹平）人，西汉经学家。

相传，伏生是伏羲氏的后裔，孔子弟子宓子贱的后人（宓与伏古代通用）。他从十岁时就开始攻读《尚书》，而且学习相当刻苦，很快成为《尚书》专家。秦始皇征召博士七十人，伏生成为其中的一员。后来，秦始皇颁布焚书令，伏生冒着生命危险，把自己珍爱的《尚书》藏在墙壁的夹层里，使这部儒家的重要典籍保全下来，流传后世。

前191年

废挟书之律，民间始有儒家经典传授，伏生教授《尚书》于齐鲁之地。

秦亡汉兴，伏生回到家乡，从夹壁墙中找到所藏的《尚书》，结果丢失了数十篇，只剩下二十九篇。他便根据这二十九篇在齐鲁一带讲授，并由他的学生用汉代通行的文字隶书记录下来，这便是传世的《今文尚书》。

西汉惠帝时，朝廷撤销了“挟书律”，朝廷开始搜集散落民间的儒家经书。文帝时，又想找一个精通《尚书》的人。经过多方了解，皇帝听说伏生是研究《尚书》的专家，便准备召进朝中传授《尚书》。可是这时伏生已经有九十多岁，根本无法进宫，文帝只好下诏令太常掌故晁错亲自到济南伏生家中学习《尚书》。

伏生传授《尚书》，完全是口授，因年老口齿不清，晁错听不懂，伏生就让自己的女儿羲娥在一旁代为解释。羲娥讲的是齐地的方言，而晁错是河南颍川人，仍有十之二三听不懂，但基本掌握了主要思想。

就这样，靠伏生的讲授、羲娥的转述和晁错的笔录，终于将《尚书》记录了下来，这就是现存的《今文尚书》二十八篇，传四十一篇。清代诗人王士祯曾赋诗评论伏生对中国古代典籍传承所作的贡献：“祖龙枉以吏为

伏生传《尚书》

师，牵犬东门笑相斯。转盼阿房化焦土，千秋人拜伏生祠。”

伏生的弟子中，最为出色的有两个，一个是千乘（今山东高青东北）人欧阳生（字和伯），另一个是济南人张生。欧阳生传同乡倪宽，倪宽又传给了欧阳生的儿子。以后欧阳氏世世相传，至其曾孙欧阳高时为博士，《尚书》开始有了“欧阳氏之学”。

伏生的另一弟子济南张生，是《尚书》大、小夏侯之学共同的始祖。张生为博士，传鲁（曲阜）人夏侯都尉。夏侯都尉传族子夏侯始昌，始昌又传族子夏侯胜（史称大夏侯），夏侯胜又传从兄子夏侯建（史称小夏侯），夏侯建又师事欧阳高。后来，夏侯胜与夏侯建在治学方法上产生分歧，二人分立学官，从此《尚书》又有了“大、小夏侯之学”。

伏生所藏的《尚书》原本，以秦朝流行的小篆写成。他传授时则改用了汉代的隶书，后被称为“今文”。传说伏生还作《尚书大传》，但事实上是他去世后他的学生张生、欧阳生以及后来的博士们编辑的。该书已佚。清陈寿祺著有辑本，皮锡瑞有《尚书大传疏证》。

伏生在古代典籍《尚书》的保全和传播过程中，做出了极其重要的贡献。西汉一代的《尚书》学者无一不出自他的门下，历代《今文尚书》学者也无一不在学术上以他为宗师。经学家皮锡瑞甚至将自己所居书屋署名为“师伏堂”，以表达自己对这位今文经学学派开山祖师的敬仰。清代文学家蒲松龄也曾作诗称赞他：“秦燔直多事，圣泽流孔长。齐鲁尊博士，日月炳重光。祠古碑无字，经传书有香。抠衣一展拜，肃然瞻阶堂。”

由于伏生对传承《尚书》的特殊功绩，后世今文经学家将其与在汉武帝时期的董仲舒相提并论，合称“董伏”。在他死后一千多年还被尊为先儒圣贤，进文庙与孔子一起，享受万民祭祀。他的后裔，世袭五经博士，传习家学，发展成一个很有影响的经学世家。

《尚书大传》

《尚书大传》是对《尚书》的解释性著作，属于今文学派著作。《尚书大传》因其特撰大义，因经释义，故名为《传》。内容上往往采用方士阴阳五行说解经，但保存了不少古训旧典，有一定的价值。

该书注重对《尚书》各篇的内容作提示，同时还勾勒了古代政治的基本原理和古代政治制度的基本内容。如通过《汤誓》说明夏桀无道；通过《西伯戡黎》说明民心的重要；通过《尧典》解释具体的政治制度。同时，通过《洪范五行传》完整地叙述了阴阳五行学说和天人感应的思想以及明堂祭祀的规则。

《尚书大传》倾注着伏生对汉代现实问题的思索，倾注着伏生对儒家政治原则的哲学思考。

鲁壁藏书

西汉初年，汉景帝把他的儿子刘余由淮南迁到曲阜，封为鲁王，史称鲁恭王。汉景帝三年（前154），鲁恭王追求享乐，嫌鲁国殿堂太小，便派遣工匠，拆除鲁旧宫而重新建造鲁王宫。据说，在扩建王宫拆除孔子的故宅时，忽然听到金石丝竹之声，有六律五音之美，结果从夹坯墙中间发现了一捆捆的竹简，上边是用蝌蚪文刻成的儒家经典，人们把它称为"孔壁古文"。

这批儒家经典是谁收藏的呢？《汉书·艺文志》认为是孔腾所为，而《汉纪·尹敏传》认为是孔鲋所藏。其实，孔鲋、孔腾为同胞兄弟，都是孔子的嫡孙。藏书之事二人可能都曾参与，而孔鲋为兄，以孔鲋为主的可能性较大。

孔鲋，又名孔甲，字子鱼，是孔子九代孙。他博通经史，讲学不息，不仕于秦。公元前213年，秦始皇发了"焚书令"，下令诸子百家尤其是儒家的一些书籍都要主动交出来焚烧掉，不然就会招来杀身之祸。许多读书人担心获罪，纷纷将书交出焚毁。孔鲋家藏儒家书籍很多，受到很大震动。他经过反复考虑，想出一个万全之策，和弟弟孔腾把屋壁垒成夹坯墙，然后将《尚书》、《仪礼》、《论语》、《孝经》等藏入其内。不久他西行到嵩山隐居，继续传业授徒。他到死也没有把这些书取出来。

"孔壁古文"与当时所惯用的隶书体经书不同，无人能辨识这些竹简的内容。偏偏出来个孔安国，把它们翻译出来了。

孔安国是孔子第十一代嫡孙，少年时拜博士、今文诗学"鲁诗学"开创人申培为师，学习《诗经》，后又步行去济南，拜《今文尚书》的最早传授者伏生学习《尚书》，学有所成。他对《古文尚书》进行了翔实的训诂、释注；

前155年

河间献王受封，封地形成一个儒学中心，主传古文经学。

五经、七经、十三经

五经是指《诗经》、《尚书》、《礼记》、《周易》、《春秋》，其实本来应该有六经，还有一本《乐经》，但后来亡于秦末战火，只剩下五经。东汉在此基础上加上《论语》、《孝经》，共七经；唐时加上《周礼》、《仪礼》、《春秋公羊传》、《春秋穀梁传》、《尔雅》，共十二经；宋时加《孟子》，为十三经。"十三经"是儒家文化的基本著作。后有宋刻《十三经注疏》传世。

鲁壁

前154年
鲁恭王扩展府第，拆除孔子古宅，得壁中古文经书。

将古文《尚书》中的四十五篇整理出二十九篇，根据自己的理解用隶书纂写出来，称为"隶古定本"；其余十六篇保持原状，称为"逸书"。新"隶古定本"来源于古文字体，故称为古文《尚书》。

据说，孔壁中发现的经典计有《尚书》四十六卷五十八篇、《逸书》十六篇、《礼古经》五十六卷、《礼记》一百三十一篇、《明堂阴阳》三十三篇、《王史氏》二十一篇、《春秋左氏传》三十篇、《古孝经》一篇、《古论语》二十一篇。这批古文发现之初已有学者进行研究，只是没有得到广泛的承认。直到刘歆整理旧籍时，由于他的努力，这些古文经的价值才逐渐被人们所认识。

鲁壁藏书使儒家的经典逃过了一劫，孔安国的翻译使儒家的思想在汉代得以发扬光大，后来才有了罢黜百家、独尊儒术的局面。

相关链接

两汉经学

经学，是指关于儒家经典的训诂注疏、义理阐释等的学问，其思想成果是中国文化最灿烂的瑰宝。西汉武帝时，百家之学在官学中失去地位，儒家经学成为唯一正统官学，亦成为两汉时期占据主导地位的学术形态。

两汉经学有今文经学和古文经学之分。今文经学认为六经皆孔子制作，视孔子为托古改制的"素王"；其特点是注重阐发经文的"微言大义"，主张通经致用，往往为当时政治、经济、法律作论证；其以董仲舒、何休等为代表，最重《春秋公羊传》。而古文经学崇奉周公，视孔子为"述而不作，信而好古"的先师；其特点是偏重训诂，留意经籍所记典章制度和历史事实，与现实政治问题联系较弱；其以刘歆、贾逵等为代表，最重《周礼》。今文经学逐渐陷入了僵化和繁琐，且又与谶纬结合，流于妄诞，西汉后期就日渐衰落。而古文经学不断发展壮大，在王莽当政时一度得立学官，东汉后期遂成压倒今文经学之势。今、古两派自西汉末互相排斥，各守门户达二百余年之久。迨东汉末年古文经学家马融、郑玄兼采今、古文之说，今、古文之争遂息。直至清代今、古文之争再起，古文经学的治学路数为乾嘉学派和章太炎等所发扬，今文经学则为常州学派所复兴，并最终成为清末康有为推动变法维新的理论依据。

董仲舒对策

汉武帝继位后，压制黄老而提倡儒学。董仲舒应对他的考问，献《天人三策》，阐发了以“天人感应”为特征的大一统思想，提出了“罢黜百家，独尊儒术”的主张。

对策的这一天，武帝提出了第一个问题：“天命能不能挽回？政治怎样才能清明？”

董仲舒回答：“我在《春秋》中研究前代的史事，发现上天和人事是互相关联的。天命确实是可怕的。国家治理不好，上天就会制造种种灾害谴责、警告世间的人；世间的人不懂得反省的话，上天就再制造出怪异的事情警告人类，使人类感到害怕；如果再不改变，那么国家就会灭亡了。由此可见上天也有君王仁爱的心灵，并希望制止住人世间的祸乱。”

董仲舒还提出，国家若要政治清明，必须实行儒家的“礼乐教化”。他说：“皇帝是按照上天的旨意在人间办事的，所以应当用礼乐道德教化百姓，不能滥用刑罚。刑罚是不可能用来治理天下的。”又接着说：“教化如果不力行的话，老百姓就不能受到教育，他们就会不正直、不老实；如果实行了教化，那么奸诈邪恶的人或许就会没有了。”

对于董仲舒的对策，汉武帝很满意，于是又问道：“听说虞舜之时，游玩于走廊之中，拱手无为，天下太平。周文王忙到太阳偏西之时都没有时间吃饭，国家治理得也不错。那帝王之道，为什么不是一样的？为什么劳逸有如此区别？”

董仲舒回答说：“尧在位七十多年，逊位给虞舜。尧死，天下之人不顺从尧的儿子丹，却归附于舜。舜知道这种形势难以扭转，乃即天子之位，提拔禹作相，依靠禹的辅佐，继承了大业，因此垂拱无为而天下大治。殷纣王杀戮贤良，残害百姓，文王顺应天命，以圣贤为师，把仁爱施于百姓，天下归心。但此时纣仍然为君王，尊卑混乱，百姓逃亡。所以文王感到悲伤，要安抚他们，因此直到太阳偏西仍没有时间吃饭。由此看来，帝王的传承相同，而劳逸有别，是由于时代不同的缘故。”

董仲舒（前179～前104）

广川（今河北景县西南）人。博学多才，熟悉各种哲学文献，尤其对《公羊春秋》非常入迷，是远近闻名的《公羊春秋》学的大师，后被汉景帝征召为博士，成为朝廷的顾问。据说，董仲舒曾把自己整天关在书房里，三年都不到园子里活动，留下了“三年不窥园”的故事。

前140年

公孙弘学《春秋》，又以孝谨闻名，被征为博士。

前136年

汉武帝设置“五经”博士。

前134年

汉武帝抑黄老而倡儒学，董仲舒对武帝策问。

《春秋繁露》

《春秋繁露》是董仲舒的政治哲学著作。《春秋繁露》推崇公羊学，发挥“春秋大一统”之旨，阐述了以阴阳五行为骨架、以天人感应为核心的哲学——神学理论，宣扬“性三品”的人性论、“王道之三纲可求于天”的伦理思想及赤黑白三统循环的历史观，为汉代中央集权的封建统治制度奠定了理论基础。

武帝听后点头称是，再一次发问道：“朕想寻求昌明或渐渐灭亡的道理，以便虚心变革。”

董仲舒回答说：“臣听说，天是万物之祖，通过阴阳寒暑来使万物生长，所以圣人效法天而创立道。仁是人君用来爱护人民的；德是人君用来养育人民的；刑罚是人君用来惩罚人民的。道的根本来自天，天不变，道也就不变。所以禹继承舜的道，舜继承尧的道，三圣相传而遵守一个道。”

董仲舒主张在不变的天道之下，让君臣、父子、夫妇、兄弟之间遵守严格有序的上下尊卑关系，使富贵贫贱有等级、衣服有分别、地位有不同，保持永恒的封建秩序。董仲舒还提出“罢黜百家，独尊儒术”的建议，试图用儒家学说统一全国思想。

董仲舒的这三个对策，被称为《天人三策》，为汉武帝设计和描绘了一幅天人合一、阴阳调和、君民和乐的社会均衡图及统治方案，把汉武帝心中的施政大纲和远景规划神圣化、理论化、具体化，同时也可以说是伦理道德化了，因此深得汉武帝的赏识，董仲舒也因此成为了儒家的领袖。

相关链接

罢黜百家，独尊儒术

“罢黜百家，独尊儒术”，是指在政权和国家上层建筑中完全使用儒家思想。春秋战国时期，各国思想家都提出了自己的策略方针，影响了各自国家的政策。汉朝初期各君主主要奉行“与民休息，无为而治”的道家思想，但“七国之乱”平定后，汉朝中央政府权威空前强大，为了巩固自己的地位，急需大一统的思想标准。

建元六年(前135)，窦太后去世，支持儒家的官员重新得势。汉武帝于元光元年(前134)征召天下著名儒生入长安策问时，著名儒生董仲舒提出：“诸不在六艺之科、孔子之术者，皆绝其道，勿使并进”，应“罢黜百家，表彰六经”，得到汉武帝的赞同。此后，汉武帝大量任用儒生为官，同时张汤、杜周等人主张以《春秋》决狱，通晓儒家经典遂成为任命官吏的必要条件之一，儒家逐渐成为中国社会的统治思想。但是，汉武帝尊崇的儒术，与孔子的思想已经出现了很大的区别，这时的儒术已经成为以原儒家思想为主体，大量吸纳其他诸子百家思想的一种新的思想体系。以后历代一直将儒家思想作为政权的核心思想。

刘安与《淮南子》

刘安是西汉皇室贵族，他曾召集一班门客，发挥先秦道家思想，同时兼采儒、墨、名、法等各家之长，总结成败事例，由天到地，从古到今，凡是执政者需要知道的东西，都搜集起来，编写出《淮南子》一书，将道家思想推向了一个新的高度，在中国哲学史上产生了重大影响。

《淮南子》当初叫《淮南鸿烈》，"鸿"的意思就是大，"烈"的意思是明，书名就为这部书定位：一部大明道的书。后代，这部书被列为"子书"中的一部，称为《淮南子》。

据《汉书·艺文志》记载，《淮南子》分内、外篇，内篇二十一篇，外篇三十三篇，只有内篇流传至今，即现存《淮南子》二十一篇。它第一次将"宇"和"宙"二字连用，提出了宇宙的概念，对后世产生了深远的影响。

关于宇宙的形成，《淮南子·天文训》中说，太昭是天地尚未形成的情况，那时只有混沌未分的气。后来发生变化，元气中清轻的部分上浮为天，重浊的部分下沉为地。天地的精气相合，形成阴阳二气。阴阳二气的精华形成四时，散为万物、水火、日月、星辰等。在天人关系上，它批判了消极无为的思想，主张按照自然的特性和客观规律积极作为。

《淮南子》在认识论方面也是有所创见的，认为世界可知，天地人皆有规律可循，承认真理的客观性，提倡虚心好学，不断积累知识和技能，强调认识事物要有正确的思想方法，表现出较强的辩证因素和理性主义。从利用和改造世界的角度提出，事物的性质具有多样性，任何事物都有可贵可用之处，《齐俗训》说"物无贵贱"、"物无不贵"。还要人们注意事物的依存和转化，从"性"（个人品质）、"命"（环境遭遇）两方面把握转化的条件。

《淮南子》还提出了形、神、气为生命三要素的学说。《原道训》说："夫形者，生之所也；气者，生之元也；神者，生之制也。一失位则三者伤矣。"也就是说，"形"是指人的躯体，它是生命的居所；"气"是指支持人的生命活动的无形而细微的物质；"神"是指人的精神，它支配人的生命活动。这种学说为后来的无神论者所继承。

刘安（前179～前122）

汉高祖刘邦的孙子，汉文帝时被封为淮南王。他不爱骑射、打猎，喜欢读书、弹琴，并利用诸侯王的身份，呼唤全国的文人骚客来淮南国施展才华。当时的淮南国国都寿春成为文人汇集地和学术的研究中心。

前127年

汉武帝颁布推恩令，允许诸侯分其地给各子弟，以此削弱诸侯。

前124年

公孙弘封侯拜相，得汉武帝重用。

前122年

淮南王刘安谋反不成，自杀。

《淮南子》在社会历史观方面，还提出了历史进化和复古改制的思想。在《俶真训》、《览冥训》中把秦汉以前的历史分为五个阶段，肯定了物质文明的进步。同时还论证了变古改制的必要性和必然性。

《淮南子》这部书是“牢笼天地，博极古今”的划时代的作品，把宇宙、天地、四时、社会、人生、形神、政治、军事、经济、察辩……全部都包容了进去，观天地之象，通古今之变，它成了汉初一部名副其实的百科全书。

刘安编撰《淮南子》的初衷是其可以作为皇帝的治国之道。可惜献书以后不久，汉武帝“罢黜百家，独尊儒术”的新国策很快粉碎了他的理想，他自已也在政治漩涡中惨遭灭顶之灾，这是他当时所预料不到的。

相关链接

帝王之道

《淮南子·要略》中说：“天地之理究矣，人间之事接矣，帝王之道备矣。”就是说究天地之理、接人间之事，最终目的在于备帝王之道。这清楚地说明《淮南子》就是刘安为帝王设计的一个治国方案，当然这个方案是借用道家思想设计而成的。它由二十个子系统构成，每个子系统即书中的一篇，计二十篇：“有原道，有俶真，有天文，有坠形，有时则，有览冥，有精神，有本经，有主术，有缪称，有齐俗，有道应，有氾论，有诠言，有兵略，有说山，有说林，有人间，有修务，有泰族也。”

这二十篇“训”所述，就是告诉帝王治国应该做什么和不应该做什么。当然，从不同的视角去看，对这二十篇“训”，似都可做出相应的诠释：可以理解成君主治国理民应该准确把握的二十个方面，也可以理解为需要正确处理的二十种关系，甚至也可理解为国君应该具备的二十项素质。这二十篇“训”从“道”开始，最终又回到“道德之意”，明显兜了一个大圆圈。这一如此富于哲理的现象，应该反映了作者的寓意：由二十篇“训”构成的圆乃是一个完美、理想而圆满的治国方案，也就是所谓的“帝王之道”。而这正是道家思想世俗化的又一具体体现。

司马迁论《春秋》

前110年
汉武帝封禅泰山。

前108年
司马迁继父职为太史令。

围绕《春秋》经，司马迁与壶遂展开过一场辩论。这场辩论并非是偶然发生的，而是历史发展的结果。《史记·太史公自序》记载了这段反映司马迁观念的故事。

壶遂首先发问说："从前孔子为什么要作《春秋》呢？"司马迁说："我听董仲舒说：'周朝治道衰微荒废，孔子做了鲁国的司寇，推行王道，诸侯害怕他，大夫阻挠他。孔子知道他的话没人听信，政治主张无法实现，因此评论二百四十二年之中发生的大事，作为天下行事的标准，讥评天子、斥责诸侯、声讨大夫，都是用来阐明王道罢了。'孔子说：'我想，与其把是非褒贬挂在口头上，不如表现在具体的事件中更为深刻明显。'《春秋》这部书上则阐明三王的治道，下则分辨人世各种事情的准则，解释疑惑难明的事理，判明正确和错误，确定犹豫不决的事情，表扬善良，谴责邪恶，尊敬贤人，鄙视不肖，恢复已经灭亡的国家，延续已经断绝的世系，修补弊端，振兴已荒废的事业，这都是王道重大的内容啊！"阐明王道是孔子作《春秋》的根本原因。

同时，司马迁强调说："《礼》用来节制百姓，《乐》用来抒发平和的情感，《书》用来指导政事，《诗》用来表达思想，《易》用来说明变化，《春秋》用来阐明仁义。治理乱世，使它归于正常安定，再没有比《春秋》更切近的了。"阐明仁义是孔子作《春秋》的重要原因。

最后，司马迁说："做人的君主、父亲，却不通晓《春秋》的要义，必然蒙受首恶的名声。做人的臣下、儿子，却不通晓《春秋》的要义，必然陷入篡位弑君的极刑，得死罪的名声。其实他们都是把这些当作'善'来做的，由于不懂得《春秋》要义，受到凭空加给的罪名也不敢推辞。由于不通晓礼义的要旨，以至于做君的不像个君，做臣的不像

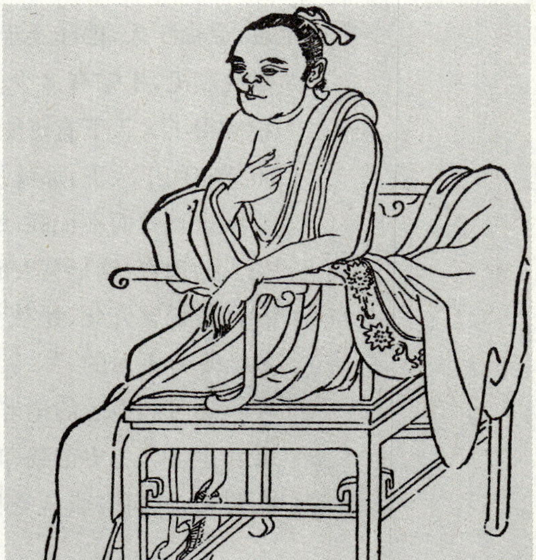
司马迁像

个臣，做父的不像个父，做儿子的不像个儿子。这样，君不像君，就会被触犯；臣不像臣，就会被诛杀；父不像父，就没有道德规范；儿子不像儿子，就会不孝。这四种行为，是天下最大的过失了。把天下最大的过失给他们，只好接受而不敢推辞。所以《春秋》是礼义的本原啊。礼是在坏事发生之前加以防范，法是在坏事发生后加以惩处；法的作用很容易被人看见，而礼的防禁作用则较难被人了解。"说明制订礼义规范是孔子作《春秋》的基本原因。

壶遂又冷静地反问说："孔子当日不遇明君，到处碰壁不被任用，最后没有办法才作《春秋》，从文辞记事中表明礼义，以垂后世，作为一个新王的王法。至于现在你已经遇到圣明天子，得到一定的官职，天下万事都有条有理，各得其当，足见已有王法了。你要继作《春秋》，究欲论明何事?"

司马迁以谦虚的态度说："你的话很对，但是也还没有完全了解我的意思。我记得先父曾说过，伏羲那样纯朴，也作过《易》八卦；尧舜的盛德明载于《尚书》；汤武的兴隆有诗人歌颂。孔子作《春秋》，本来有两方面的作用，采善贬恶，推求三代之德以褒扬周室，并非仅仅是刺讥。汉兴以来，至当今天子，出现了符瑞，举行了封禅，改换了制度，受命于天，德泽及于无穷，海外那些不同习俗、不同语言的人请求献礼朝见，不知有多少。朝廷臣下百官，即使竭力称颂圣德，也无法称颂得了。天下有贤能而不被任用，是当权者的耻辱；主上有圣德而不能布闻于天下，那就是一些官吏的过失了。而且我是现任史官，废弃明圣盛德而不记载，绝灭功臣、世家、贤大夫的事业而不论述，忘记先人的遗言，这是莫大的罪过！我的计划不过是叙述故事，把杂乱的异闻传说整齐化、系统化而已，并不是什么创作，而你比之于作《春秋》，那是不对的。"

通过和壶遂的论辩，司马迁强调在儒家"六经"中，《春秋》更贴近政治生活。历史记载和历史撰述是极其严肃的事业，治世和乱世都很需要，《春秋》兼具褒贬两方面的社会功能，是可以全面继承的。

相关链接

先黄老而后六经

班固在《汉书·司马迁传》中说司马迁“论大道则先黄老而后六经”，是说儒、道两家对司马迁都有影响。

司马迁由“道”法自然而引出人事、政治也要贵因，从而以“无为”的方式实现“有为”的目的，显然是站在黄老道家的立场上，与《淮南子》及他父亲的《论六家之要指》的思想是一致的。而《论六家之要指》收录于《史记·太史公自序》，论述了阴阳、儒、墨、名、法、道六个学派的要旨、特点和学术上的优缺点，明确把诸子分为六个学派，这一点对中国哲学史产生了重要的影响，其中关于道家的评述最为精深详尽。认为道家因依着阴阳的顺序，博采儒家、墨家的精华，吸取名家、法家的要旨，随时光而流转，适应着事物的变化而变化，设立风俗，经办事情，没有不相宜的。道家的思想并不复杂，要旨简约而容易操作，费事虽少而功效很大。

当然，司马迁也饱受儒家的影响。他年轻的时候，从董仲舒学《公羊春秋》，从孔安国学《古文尚书》。他非常敬仰孔子，在《孔子世家》的最后说：“孔子虽是布衣平民，但传至今已十几代了，学者们以他为宗师。上自天子王侯，中国研习‘六艺’的人无不尊崇孔子，孔子真称得上至圣了。”由此可见，司马迁实现了儒与黄老的融通——也就是儒、道、法三家的融会。

石渠阁会议

前81年
汉武帝召开盐铁会议，讨论盐铁官营问题。

前53年
汉宣帝召大儒议《公羊》、《穀梁》异同。

前51年
石渠阁会议召开。

石渠阁，位于长安未央宫北，相传为萧何所建。有汉一代，石渠阁都是国家收藏典章图籍的重要场所。宣帝甘露三年（前51），在此召开了一次讨论五经异同的重要会议。

汉武帝时，采纳董仲舒的建议，罢黜百家，独尊儒术，阴阳五行化的儒学即今文经学成为汉代的统治思想。但是在今文经学内部，在传授诠释的过程中，也各立门户，形成很多派别。如今文经学的《诗》有齐、鲁、韩三家解释；《书》有欧阳和大、小夏侯；《礼》有大、小戴；《春秋》有公羊、穀梁；《易》有施、孟、梁丘，后来又有京氏《易》。这些门派之间，由于对经学解释不同，经常互相争论，各不相让，其中以《春秋》的公羊、穀梁两个学派争论最为激烈。

公羊春秋一派强调大一统的思想和大义灭亲，贯穿着严法的精神。公羊学的三统说认为，每个新朝代在开国时，君王都受天命而为新王，但经过一个时期以后，天就要重新任命一位新王，开始一个新的朝代。穀梁春秋学比较强调礼制教化和以血缘情谊来维系民族。形势的发展和穀梁学自身的特点，使其地位日渐上升。

本始元年（前73），汉宣帝即位。他听说自己的祖父卫太子好穀梁春秋学，便向韦贤、夏侯胜、史高等人询问穀梁学的教义。韦贤等人都是鲁人，都说穀梁学本是鲁学、公羊学是齐学，根据时代的发展，应兴正宗的穀梁学。宣帝听后，随之由他们传授穀梁学。为了解决双方学派的纷争，汉甘露元年（前53年），宣帝在大殿中召五经名儒、太子太傅萧望之主持会议，详论穀梁、公羊学的相同或不同之处，命令双方本着各自的经义进行辩论。参加讨论的两派，每派五人。萧望之等多数人认为，应该遵从穀梁学。从此，穀梁春秋学大为盛行。这次会议是石渠阁会议的前奏。

两年以后，即汉甘露三年（前51），汉宣帝又召集名儒萧望之等人，在未央宫北的石渠阁召开会议，任务是讨论五经的异同，评论公羊、穀梁二家的得失。参加会议的有学《礼》的通汉，学《诗》的张生、薛广德，治《书》的周堪、林尊、欧阳长宾，治《易》的梁丘临、施雠等约二十三人。大会依旧由太子太傅萧望之主持，汉宣帝亲临会场裁决。

会议发扬了两年前会议上尊崇穀梁学的观点，增设大、小夏侯《尚书》、《穀梁》等博士。会议留下的文件有：《五经杂议》十八篇，《书议奏》四十二篇，《礼议奏》六十八篇，《春秋议奏》三十九篇，《论语议奏》十八篇等，包括了五经的全部内容。根据史料，这次讲论五经同异的会议，有议论（议），有争辩（同异），有裁决（平），按照经的门类问题，分条上奏（条奏），然后由皇帝亲临会议以制诏的形式宣布决定。可见石渠阁会议是二千年前的一次规模相当大、气氛十分严肃、仪式颇为隆重的学术会议。

石渠阁会议的文件现已散佚，只在唐人杜佑所撰《通典》里保存有若干片段。从残存的篇籍来看，会议内容主要是宗法礼制的问题。经宣帝总裁决后，在全国推行。

石渠阁会议使皇帝不仅成为政治上的最高权威，也成了最高的经学权威，它把不同派别的儒家经说都立为官学，经学的学术观点也成为政治的最高法典。其结果不仅极大地提高了经学的地位，而且也扩大和加强了儒家礼仪制度对社会的控制力量。

相关链接

《公羊》与《穀梁》

《春秋》指经过孔子删定的鲁国的编年体史书。《公羊传》亦称《春秋公羊传》、《公羊春秋》，是专门解释《春秋》的一部典籍。其释史十分简略，而着重阐释《春秋》所谓的“微言大义”，用问答的方式解经。公羊学派始自战国时的齐人公羊高，他是子夏的学生，后长期在公羊家族中传承。开始是口说流传，到西汉景帝时胡毋生“著于竹帛”，才使《公羊传》成书。

《穀梁传》亦称《春秋穀梁传》、《穀梁春秋》，是专门解释《春秋》的又一部典籍。以解《春秋》为主，其文简而骇，旨在发明孔子的大义。穀梁学派始自战国时的鲁人穀梁赤，他也是子夏的学生。后传到荀卿，荀卿传鲁申公，申公传瑕丘江公，瑕丘江公与董仲舒同为汉武帝时人。

《公羊》与《穀梁》最早都是师徒用讲课的方式口头传授，到西汉初才用当时流行的隶书写成，称为今文。按照当时的规定，都是立为官学的，也就是在中央国立大学作为正式课程，由博士向生徒传授的。《公羊》着重强调尊王攘夷、大一统的思想，与现实政治配合较密切；《穀梁》则着重强调礼乐教化、宗法情谊、成人之美而不成人之恶。汉武帝偏袒今文，喜好《公羊》；汉宣帝则喜欢《穀梁》，亲自主持石渠阁会议，《穀梁》家与《公羊》家辩论，大获全胜。

父子哲学家

刘向、刘歆

刘向（约前77～前6），本名更生，字子政，是汉高祖之弟楚元王刘交的后人。十二岁时即跟在汉宣帝辇车后面服务，二十岁时被任命为谏议大夫。是当时有名的《公羊春秋》哲学家。一生著作很多，有目录学著作《别录》，有哲学著作《洪范五行传论》，还有《烈女传》、《新序》、《说苑》等。

刘歆（前50～23）是刘向的儿子，子承父业，参与校书，著有《七略》。与其父不同，他特别钟情《左传》，是古文经学派的一大宗师。

前26年

汉成帝好经术，下诏搜求遗书。令刘向等人校理官藏书籍。

前6年

刘歆继承父业而校理群书，将《别录》删简成《七略》。

中国哲学史上有一对出色的父子，博学多才，同为经学大师，又是中国目录学的开创者，这就是西汉时的刘向和刘歆。

刘向本名刘更生，他任谏议大夫时，宣帝相信神仙方术。有一次他问刘更生："你知道点金术是怎么回事吗？"刘更生说："淮南王曾让人写过《鸿宝苑》、《秘书》等著作，讲到过神仙使鬼物变成黄金的方法。"宣帝说："这些书还有吗？"刘更生说："我父亲办淮南王的案子时，正好把这些书搜寻起来，放在我家里，我看过。"宣帝很高兴，说："爱卿家里既然有这样的奇书，赶快拿来给寡人看。"

刘更生不敢怠慢，立即拿了过来，并说："我看可以照着书上说的方法试试看。"宣帝满口答应。但刘更生依照书上的指示，做了很多试验，都不成功，花费却很多。这件事引起朝中大臣不满，汉宣帝下旨把刘更生打入天牢，经过其兄多次奔走营救才幸免于难。出狱后，更生不敢多言，奉命专心研习《穀梁传》，并参加石渠阁会议，讨论制定五经标准，后又被起用。

元帝时，刘更生因与宦官斗争再度入狱，被贬为平民，成帝时才东山再起，改名刘向，开始负责整理宫内所藏文献，兼管校对经传、诗赋和诸子之作。每部书校完，刘向就作一篇叙录，介绍其作者、篇目、内容、校正情况等，后合编为《别录》，成为中国第一部目录提要。

刘向的三个儿子都继承家学，博识多文，特别是小儿子刘歆，在刘向逝世后子承父业，在《别录》的基础上写成《七略》一书，是我国历史上第一部分类目录学，也是一部精炼的学术史。

有一天，刘歆在皇家书库里浏览书籍，在墙角的书架上发现有几卷竹简落满了灰尘，便简单清理了一下，发现"左丘明书"几个字。他如获至宝，抱回家中，立即翻看起来，高兴地连吃饭都忘了。经过反复学习和琢磨，刘歆把左氏书分成若干章节段落，附到《春秋》相应的经文上，编成了《春秋左氏传》。

刘歆觉得《春秋左氏传》比《公羊传》、《穀梁传》准确得多，便上书哀帝，请求建立《春秋左氏传》这一学科，并相应地设置博士官。哀帝要刘歆与五经博士共同商议这件事，博士们却拒不参加。刘歆大为恼火，写了一封公开信责备他们，认为博士们阻挠古文经学立于学官，是出于嫉妒和保守，学风不正。这就是有名的《移让太常博士书》。刘歆的上书在朝廷引起轩然大波，太学博士们群起而攻之。刘歆害怕了，便请求皇帝将他外放到河内、五原、汤郡担任太守，后托病免官，不久起复为安定属国都尉。

哀帝死后，王莽篡权建国。出于政治需要，他大力提倡学习周公制礼作乐，并大力襄助古文经学，立了《周礼》、《左传》、《毛诗》和《古文尚书》等五个博士学官，使得古文经学与今文经学并立为官学。王莽年轻时曾与刘歆同为黄门侍郎，私交很好，便以刘歆为"国师"。但深受儒家思想熏陶的刘歆，对王莽的篡汉在感情上无法接受，于公元23年参与谋杀王莽的计划，事情败露后自杀身亡。

相关链接

经今古文之争

西汉武帝时虽有今文经、古文经的客观存在，但当时并无经今、古文之争，被立为学官的多为今文经学。

经今古文之争始于西汉哀帝统治时期，刘歆认为今文经乃秦焚书的残余，古文经则比较完整可靠，试图将《左传》等古文经书列于学官。他称道古文经，抨击今文经，引起已立于学官的今文经博士的激烈反对，并触犯了执政大臣，结果古文经学失败。

到了汉平帝时，王莽当政，将《古文尚书》、《毛诗》、《逸礼》、《左氏春秋》等古文经皆设博士。建立新朝后，又以刘歆为国师，古文经学有了发展。东汉光武帝时，今文经学再次获胜，立官学十四博士(都属今文经)。

东汉年间，今文经学在流行兴盛的过程中，越来越繁琐，并且与天人感应、谶纬之说结合起来，高深莫测，遂渐趋没落。而古文经学讲考证，重事实，明制度，赢得人们的支持。

到了东汉后期，陆续涌现出一批著名的古文经学家，如郑兴、贾逵、马融、许慎、郑玄等。郑玄是最卓越的代表，他既学习今文经，又学习古文经，注释群经，兼采今古文之说，以统一今古文经学，使汉代经今古文之争逐渐平息。

蜀中大儒扬雄

扬雄(前53～18)

一作杨雄，字子云，蜀郡成都(今属四川)人，西汉著名的文学家、哲学家。

扬雄宗孔孟，倡儒学，反迷信，纯道统，从本体论上丰富了儒学思想，成为蜀中一位独步儒林的思想家。

扬雄生来口吃，不善言谈，却有经世济民的雄伟抱负。听说成都有位道家严君平，扬雄从郫县来到成都，决心拜他为师。

在成都的一条小街上，摆着一个小小的算命摊，这就是严君平的居住地。地方虽小，每天来算命的人却不少，但严君平每天挣够了饭钱，就关起门来读《老子》，研究《易经》。

扬雄投到严君平门下，谦虚好学，广泛学习了《易》、《老》及其他各种知识。他也仰慕屈原和司马相如的才华，仿照骚赋写出了许多华丽的文章，流传全国。

前2年

扬雄仿《周易》而作《太玄》。

扬雄四十多岁离开成都，到长安游学。汉成帝时他经人推荐作了给事黄门(皇帝侍从)，同王莽、刘歆等人成为同事。王莽当皇帝后，扬雄以年老封为大夫，后因别人犯罪，误受牵连，吓得他从天禄阁跳楼自杀，幸好未被摔死。王莽知道后说："他与此事不相干，为什么还要跳楼呢?"后来扬雄因病免官。他在长安一直过着比较贫困的生活，免官以后，生活更加困难，又加上好喝酒，所以当时不少人带着酒来向他请教。

作为一位哲学家，扬雄仿照《周易》作《太玄》，专门讨论宇宙本体的问题。该书运用阴阳、五行思想和当时的天文历法知识，以占卜的形式，描绘了一个世界图式。《周易》用二分法，《太玄》用三分法。在空间上，《太玄》分为三方，再分为九州、二十七部、八十一家。在时间上，综合方、州、部、家，叠为八十一首，相当于《周易》的六十四卦。《太玄》每首有九赞，共计七百二十九赞，相当于《周易》的三百八十四爻。赞辞相当于爻辞。《周易》有彖传、象传等"十翼"作补充说明，《太玄》也有《玄冲》、《玄摛(chī)》等十篇作补充说明。它是汉代象数学的新发展。

《太玄》中的"玄"，是玄奥之意。《太玄》包含了一些辩证观点，对于祸福、动静、寒暑、因革等对立统一关系及其相互转化有所阐述，认为事物都是按一至九的阶段发展的。《太玄》每首的九赞都力求把事物描绘成由萌芽、发展、旺盛到衰弱以至消亡的过程。但它编造天有"九天"、地有"九地"、人有"九等"、家族有"九属"等等,到处都用九硬套,反映了机械呆板的特征。

作为一位思想家,扬雄援道入儒,重建儒家道统,仿照《论语》,创作《法言》。《法言》尊崇儒学,推崇孔子,认为离开"五经"而好读"诸子",那就不能"识道"。它批评老子"搥提仁义,绝灭礼学";庄周、杨朱"荡而不法";墨翟、晏婴"俭而废礼";申不害、韩非"险而无化"。但对老子"言道德"、庄周提倡"少欲"、邹衍主张"自持"持赞赏态度。

《法言》重视智,强调知识的重要;肯定"学"的作用,反对老庄"学无益"的观点;在人性论上,综合荀子和孟子的观点提出人性的有善有恶的观点,宣扬儒家的仁义道德思想;承认历史是进化的,肯定改革的必要;批判了关于神仙的迷信观念。这些思想对桓谭、王充发生过积极的影响。

相关链接

性善恶混

这是扬雄提出的关于人性的命题。他在《法言·修身》中提出:"人之性也,善恶混。修其善则为善人,修其恶则为恶人。气也者,所以适善恶之马欤!"就是说人性是由善和恶两种成分混在一起的。发展善的成分,就可以成为善人,发展恶的成分,就会变成恶人。气是善恶成分的载体,像马驮着善的成分到达善的境界,也可以驮着恶到达恶的领域。如何驾驭"气"这匹性马则是关键的。修身就是导气趋善。

扬雄又在同篇中说:"天下有三门:由于情欲,入自禽门;由于礼义,入自人门;由于独智,入自圣门。"也就是说顺从放纵情欲,就会同于禽兽;如果遵循礼义行事,就会成为君子;如果坚持自觉修性,就会成为圣贤。他认为"修性"就是后天的学习、修养。在他看来,视、听、言、貌、思,是人性的五个方面,都要努力学习,加强修养,以正压邪,以是胜非,扬善去恶。

烛火之喻

桓谭(前23~56)

字君山,东汉哲学家、经学家。沛国相(今安徽宿县符离集西北)人。他以反对谶纬迷信而著称于史。

6年

王莽篡汉之心已明,群臣多阿谀逢迎,桓谭洁身自好。

26年

桓谭作为议郎给事中上疏讨论时政得失。

《新论》

桓谭的政治、哲学著作。《新论》反映了桓谭的社会政治思想和反神学迷信的观点。它主张王霸并重,反对谶纬之学和神仙方士。哲学上,它运用烛火之喻,认为精神不能离开形体而存在。《新论》不仅影响了王充,对杨泉、范缜等都有直接影响。

桓谭的《新论·形神》篇,以烛火之喻,进一步发挥了荀子"形具而神生"的命题,是中国哲学史上第一篇关于形神问题的专论。

桓谭善于深思熟虑,常结合自己的体会对社会上的各种现象发表独到的见解。一次他去探访曾做过县令的老乡杜房,杜房正在读《老子》,闲聊中杜房问桓谭:"老子恬淡无为,活了几百岁。我们照他的办法养生,是否也能延年益寿呢?"桓谭回答说:"这要随每个人的体质而定,保养得法,可以稍微好些。"他环顾四周,看到桌上有根烧剩的麻烛,便以此为喻说:"人的精神与形体的关系,就像这火与麻烛的关系一样,如果及时护理,顺着火势转动麻烛,就可以使它燃烧到头而不至于熄灭。等到麻烛熄灭,火也不能独存于虚空,或者使死灰复燃。这麻烛烧剩的部分,就像人到了老年,牙齿掉了,头发白了,肌肉干枯了。靠人的精神是不能使它重新润泽起来的,最终必然是气绝而死。人们有时遭遇邪气侵蚀得了疾病,得不到及时的治疗和护理,中年而丧,当时肌肉筋骨还没有干枯,就像烛火受到强风的袭击中途熄灭,烛干还留有很长的一段。我曾在家里观察麻烛,一次烛火半压欲灭,仔细一看,其皮有剥落,于是把它倾斜过来,调整了角度,火又燃烧了起来。由此联想到:人的身体或有亏损,及时地加以护理,也许可以得到恢复。"杜房点头称是。

按照桓谭的说法,就是先有蜡烛而后有其火,是蜡烛生其火,而不是火生其蜡烛。这种比喻,使"形具而神生"的道理变得形象、具体。人们知道,蜡烛之生火光,是靠烛体的油脂,那么人的形体是依靠什么产生精神呢?桓谭说靠"血气"、"神气"。如果烛体的油脂完了,火光也就随之灭亡;如果人体的"血气"尽了,精神也就随之消失。桓谭承认,一支蜡烛,要是人们善于扶持,经常转动,那就会燃尽而灭;一个人,要是善于养性,也可以避免中年夭亡,直到寿终正寝。但是,蜡烛燃完了,它的灰烬不能再燃烧发光;人体寿极而死,精神也无法再死而复生。

然而,他的解释还是留下了疑问。一次桓谭与刘伯师说到此喻,刘伯师不以为然,反问说:"如果添一次灯油,换一下麻烛,那么火不就可以重新燃烧了吗？同样的道理，人的精神也可以通过换个形体延续下去。”桓谭答辩说：“灯烛不能自行更换，形体也不能死而复生。”但是由于他所用以比喻的烛火两种东西都是物质，还是未能彻底揭明精神依赖于形体而存在的属性。以后佛教徒就利用桓谭的这个比喻，来宣扬神不灭论。说就像火可以从这个薪传到另一个薪一样，灵魂也可以从这一身躯传到另一个身躯。

不过，桓谭以烛火之喻所解释的形神关系，为当时社会无神论思想制造了舆论。由此而延伸的“人死如灯灭”的命题，一直是后来反对迷信灵魂不灭的有力武器。

相关链接

形神关系

形神关系指的是人的形体和精神的关系，它和天人关系、心物关系等范畴有着密切的联系，并随着人们对自身构造认识的逐步深化而向前发展，是我国古代无神论和有神论思想斗争的集中体现。

先秦时期，儒家承认人格神的存在，墨子则相信人死变鬼，但他们都认为精神可以不死。庄子则认为精神、形体都是由道产生的，主张精神由道产生、形体则产生于精神，万物以形体而存在。荀子在形神关系上提出“形具而神生”的著名命题，认为人的形体是精神产生的物质基础，精神则是形体的功能、作用，首先要有形体，之后才谈得上有精神。

《淮南子》一书也认为形体和精神是可以结合和分离的。人的生命包含形、神、气，形指形体，是生命的物质基础；气是气态、血气，起到为生命充实能量的作用；神即精神，是生命的统治者。三者在人体内必须保持一定的秩序，精神比形体更重要，形体要受精神的约束。

桓谭以烛火喻形神的思想，是对形神关系的唯物主义的解释，认为形体是精神的物质依据，形死神灭。

知识就是力量

王充(27~约97)

出生在一个贫苦的家庭,勤奋好学,十八岁左右便到京城洛阳求学,不久考进太学,师从班彪。王充读书不拘泥于老师和前人的成说,还特别喜欢那些正宗儒学之外的杂书,以便进行比较研究,开拓思想。

王充哲学的思想基础是他的科学精神,而其科学精神又集中表现在"知为力"上。

王充非常重视知识的作用,认为"人有知学,则有力矣",翻译成现代的话,即"知识就是力量"。他指出,人如果没有学问,就好比谷和生米,不能食用,价值不大;有学问的人,就好比谷已成粟,生米已成熟饭,有直接利用的价值。他认为环境对教育影响相当大,并用染丝做比喻,说用蓝色染则丝变蓝,用红色染则丝变红。也就是我们常说的"近朱者赤,近墨者黑"。

在王充看来,知识水平的高低决定了人才层次的差别。他认为最高层次是"鸿儒",即深谋远虑,有系统思想和综合能力,能奋意纵笔,兴论立说,富于创新精神,是国家急需的"栋梁"之才;第二层次是"文人",即学问娴熟,博通古今,是人中之杰;第三层次是"通人",即读书万卷,为人师表,教诲众生,能言善辩;第四层次是"儒生",即知识有限,不能实际应用,仅强于普通的俗人。

29年

光武帝复兴太学,立经学十四博士。

44年

王充入太学,师事班彪,通百家言。

王充认为知识是通过学习获得的,坚决反对"生而知之"的观点。有一天,他在太学里和同学争论"圣人是否生而知之"的问题。王充认为从来就没有什么"生而知之"的人,他的同学不以为然,认为圣人就是一些"生而知之"的人。

"你自己想一想,难道你从小就什么都知道吗?"王充问道。

"我虽然并不是生而知之,但这并不等于圣人就一定不能生而知之。因为圣人既然能成为圣人,他当然是和我们平常的人不一样的。"他的同学提出了自己的逻辑。

王充反驳说:"事实是这样的,连孔圣人自己都不敢说他是先知先觉的人,后辈学儒的人怎么就敢说圣人是生而知之的呢?"紧接着,王充又说:"孔子曰:'吾尝终日不食,终夜不寝,以思,无益,不如学也。'孔圣人的这段话难道你在太学里没有学过吗?"

他的同学无言以对。

最后,王充总结说:"智能之士,不学不成,不问不知,人才之所以可以分出高低来,就是因为知物由学,学之乃知,不问不识。所以在天地之间，只要是有血肉的人，都不存在生而知之的问题。即便是圣贤，也不能生而知之，他也必须要通过耳目感觉从外界获得知识。假如让圣人安坐独思，不给他任何的信息，不给他任何经验性的东西，那他是绝对想像不出世界万事万物那种丰富多彩的情景的。让一个人站在墙的东面，让圣人站在墙的西面，圣人能知道墙东面的那个人的黑白短长吗？能说出他的名字和所有的履历情况吗？如果在旷野里有一堆枯骨，肌体面容全都已经腐烂而不可辨认，即使是圣人，也不能说出死者的年龄特征，从事什么职业，回答死者是因为什么才死去的种种问题。”充分论证了圣人也是凡人，要通过知识获取力量才能成为圣人。

《论衡》

王充著。全书三十卷，八十五篇，缺《招致》篇，实八十四篇，二十余万言。是一部“疾虚妄”的具有战斗性的作品。该书讨论了哲学、政治、宗教、文化等各方面的问题，对保守思想和迷信天命予以有力的批判。

相关链接

虚实之辨

王充哲学的主旨是“疾虚妄”，“疾”是反对批评的意思；“虚”指虚假，与实（真实）相对，是指说的话不真实；“妄”指谬妄，与诚（合理）相对，是指说的话不符合道理，或没有道理 。我们现在讲“摆事实，讲道理”，反过来，不摆事实，不讲道理，就是虚妄。与“疾虚妄”相对的叫做“归实诚”。王充自己说《论衡》归纳起来一句话：“疾虚妄。”又说，“疾虚妄”是要“归实诚”。这就是王充写作《论衡》的宗旨。

《论衡》中有“九虚三增”。“虚”是虚假的虚，他认为“书虚”，书里面有不对的地方，还有福虚、祸虚、变虚、异虚、感虚、雷虚、龙虚、道虚。“三增”，增是增加的意思，是说有些书描写比较夸张。比如说孔子喝酒能喝百觚，头大十围，这都是不可能的。共有语增、儒增、艺增三篇。王充说人类从现在往前存在几千万年了，如果死的人都会变成鬼的话，那么鬼应该很多，为什么很多人只看到一个两个鬼呢？所以他认为是无鬼的。在他看来，圣人和普通人一样，只是学的东西多一点，记忆力好一点，思考能力强一点，没什么神力。同时，王充还讨论了“知识就是力量”的话题，并举了许多例子。这充分体现了王充从实际出发，务求解决实际问题的哲学风格。

白马驮经

64年
明帝得梦，群臣以为佛，于是派遣使者到天竺国求佛经。

67年
迦叶摩腾与竺法兰应明帝之邀到洛阳，译出《四十二章经》。

在中国佛教史上，明确记载佛教传入中国的时间大约是在东汉时期，“白马驮经”的故事广为流传。

光武帝刘秀去世后，太子刘庄继位，就是汉明帝。据说永平七年(64)的一天夜里，刘庄做了一个梦，梦见一位金人，身材高大魁梧，头顶上光芒四射，明亮生辉。第二天，他会集群臣，问：“这是什么神?”当时学识渊博的大臣傅毅回答说：“听说西方有号称‘佛’的得道者，能飞行于虚空，神通广大，陛下所梦见的想必就是佛。”

刘庄听后暗想：自朕登基以来，天下臣服，四海归心，多得神灵庇佑，而今又梦见佛，实乃大吉大利之兆。既如此，朕理当遣使西行，取真经，以永保大汉江山。于是汉明帝派大臣蔡愔(yīn)、秦景等十余人出使西域拜求佛经、佛法。蔡愔等人于公元65年告别帝都，踏上了“西天取经”的万里征途。历经千辛万苦，他们几个月后到了大月氏国。当地百姓僧侣久闻东方大汉王朝的神威，见到大汉使臣，招待得殷勤备至。蔡愔、秦景等人深知盛情难却，便暂住下来，学习了当地的语言文字和佛教经书。一晃两年过去，汉使们不敢再留，准备继续西行。

正好有两位天竺(今印度)高僧来大月氏传教，一位叫迦叶摩腾，一位叫竺法兰。蔡愔、秦景等人得知后欣喜若狂，执意邀请两位高僧到大汉讲经传教。迦叶摩腾、竺法兰被他们的诚心感动，答应了他们的请求。永平十年(67)，二位印度高僧应邀和东汉使者一道，用白马驮载佛经、佛像同达国都洛阳。汉明帝见到佛经、佛像，十分高兴，对二位高僧极为礼遇，亲自予以接待，并安排他们在当时负责外交事务的官署鸿胪寺

《白马驮经图》(局部)

暂住。

公元68年，汉明帝下令在洛阳西雍门外三里御道北兴建僧院，为纪念白马驮经之功，取名为“白马寺”。

可见，大约早在两汉交替之际，即公元1世纪前后，印度佛教已开始通过西域地区，逐渐传入中国内地。

佛教传入中国之时，宫廷里和社会上正流行着黄老之学和各种宗教迷信、神仙方术。因此，佛教的教义很容易被理解为“清虚无为”，与黄老之学没有矛盾冲突；释迦牟尼佛则被时人视为大神；而佛教的斋忏仪式则被看做汉人的祠堂祭祖活动。汉桓帝曾在宫中铸黄金佛像，与老子的像并立供奉，以祈求长寿多福。楚王刘英也将佛依附于黄老，一起予以祭祀。而佛教为了宣传的需要，也往往迎合神仙方术之士，兼采占验、治病、预卜吉凶等手法。

佛教是外来宗教，它在中国的传播，是与佛经的译介紧密地联系在一起的。印度佛经只有译成汉文才能为汉人阅读和接受。为此，初期来华的僧人都十分重视译经事业。《四十二章经》是现存最早的汉文佛经，相传为迦叶摩腾、竺法兰抵达洛阳后译出。

佛经的传入和两位高僧的到来，为中国的佛教传播拉开了序幕。佛教在当时的上层社会中非常盛行，佛经在翻译和整理过程中被加上中国本土文化的色彩，因此很快被人们接受。

据说在永平十四年(71)，各地道士联名上书刘庄，指责佛教乃异端邪说，要与胡僧明辩真伪。刘庄同意后，双方便在白马寺南门外斗法，皇帝也赶来观战。诸信徒要求焚烧各自经书，不燃者为真，不料道教经典顷刻化为乌有，而佛教经典却遇火不燃，佛教从此威震四方。

《四十二章经》

《四十二章经》(一卷)是中国现存最早的佛教经典。相传东汉时由迦叶摩腾和竺法兰共译。内容乃撮取小乘群经而成，共四十二段，故名。主要阐述早期佛教的基本教义，认为人的生命非常短促，世界上一切事物都无常变迁，因此要抓紧修道，争取解脱。经中特别强调要抛弃各种爱欲，认为只有这样，才能得到阿罗汉道。

传本有多种，文字颇有出入，且经后人窜改，增加大乘新义，而以现行本为尤甚，有人疑为两晋人伪作。

相关链接

佛法东渐

佛教，就是指佛的言教，或者也可称为佛法，它包括佛、法、僧“三宝”。佛即指释迦牟尼佛，是佛教的教主；法指佛所教导的教义，即佛法；僧即信奉佛教的信徒。“三宝”具备，才构成完整的佛教。

佛教起源于公元前6至前5世纪的古印度。创始人名乔达摩·悉达多，是迦毗罗卫国净饭王的太子。佛陀寂灭后数百年,佛教在印度孔雀王朝阿育王(约前273～前232)统治时期,从恒河中下游地区传播到印度各地,并不断向周边国家传播。在公元纪元前后两汉之际传入中国。佛教传入中国是逐渐地而且是从不同的方向、通过不同的方式传来的。传入的主要路线大致有三条:由印度,通过丝绸之路,经中亚传来;通过海上丝绸之路,经中南半岛传来;通过西南丝绸之路,经缅甸传来。传播方式有二:一是用记录教义和宣传教义的文字材料——佛经、佛律、佛论;二是用帮助和加深理解教义的形象材料——佛像、佛塔与佛教故事图画。

佛法东传中国,最早见于文献记载的是西汉哀帝元寿元年(前2),博士弟子景卢接受大月氏王使臣伊存口授《浮屠经》的记录。较可信的史实是东汉初明帝永平年间派人西行求法。佛教初传时期重要的活动是译经,著名僧人都来自印度和西域各国,宣讲的教义尚较粗浅,多为灵魂不灭、地狱受报、祭祀得福之类,佛教被人们看成是社会上流行的神仙道术的一种。少数寺庙也主要供从印度或西域各国来的僧侣和商人参拜使用,汉人出家为僧者很少。

白虎观会议

白虎观，是东汉皇帝与儒家学者们在洛阳北宫讲学的地方。公元79年，汉章帝刘炟(dá)曾在这里召开了一次盛大的儒家经典注释讨论会，这就是历史上著名的白虎观会议。

西汉末年，古文经学渐渐抬头。刘歆请立古文经博士，引起了今、古文经学第一次重大的冲突。同时，西汉后期谶纬之学也泛滥成灾，为统治者所利用。光武称帝时用的"赤伏符"就是"图谶"的一种。他因为称帝得助于图谶，便于中元元年(56)"宣布图谶于天下"，把它确定为当时的统治思想。图谶之学把经学过分神学化，遭到正统经学的抵制和反对，引起尖锐的冲突。而西汉以来的今文经学本身，经过二百年的发展衍生，日益流于繁琐支离，一经之说至百余万言，学者皓首不能穷一经，连统治者也感到太繁难，需要减省。

为了调和谶纬之学与正统经学的矛盾，调和今文经学与古文经学的矛盾，提高谶纬之学的地位，东汉章帝亲自主持，于建初四年(79)十一月，于北宫白虎观会集群儒，仿照西汉石渠阁会议的办法，讨论"五经"异同，"共正经义"。五官中郎将魏应根据皇帝的旨意提出讨论问题，与会官员、诸儒提出自己的看法，做出回答，而后由侍中淳于恭条奏呈送章帝，由章帝定夺，做出定论。

《后汉书》上可查考到的会议代表有十二位：《鲁诗》学者魏应、鲁恭，《韩诗》学者召驯，《尚书》学者张酺(pú)、丁鸿、桓郁，《公羊春秋》学者李育，《严氏春秋》学者楼望，《春秋》学者杨终，以上九位，均为今文学者；古文学者两位：班固、贾逵，此外，还有一位名叫成封，习何经不详。

会议期间，李育曾以《公羊传》义理质难贾逵，贾逵则多次加以反驳。这是东汉今古文学者之间的一次争论。但是，会议主题是关于今文"五经"经义同异的讨论。因此，白虎观会议仍是今文经学发展史上的重要学术会议。

会议的记录文献，叫做《白虎议奏》，可惜原件连片段都没有保留下来。不久，章帝特命史臣班固，将《白虎议奏》改写成一部体系严整、文风一致的著作，即《白虎通德论》，后世称之为《白虎通义》。

79年

章帝好古文，召集儒臣在白虎观讨论"五经"异同。

96年

贾逵为侍中，奉诏校订古文。

100年

许慎著成《说文解字》，成为文字学史上的不朽之作。

班固像

《白虎通义》记下的第一个问题是，什么叫“天子”？回答是：皇帝把天作为父亲，把地作为母亲，所以称为天子。又问：历代的帝王，德行有好有坏，为什么都称为天子？回答是：因为他们都是由天所任命的。爵位有五等，为什么？回答是：效法五行。也有爵位只有三等的，又是为什么？回答是：效法三光，即日月星。这显然是董仲舒的官制效法天意的思想。

问：妇女为什么没有爵位？回答是：因为妇女是阴类，不和外人打交道，所以她们有“三从”的义务，即出嫁前服从父亲，出嫁后服从丈夫，丈夫死后服从儿子。

讨论完人间的官制，开始讨论神灵和祭祀。问：什么是五祀？就是祭祀门、户（窗）、井、灶和中霤（liú）。什么人可以祭祀？只有大夫以上级别的人才可能祭祀。问：王者为什么有社稷？答：为天下求福报功。

董仲舒提出的灾异问题、阴阳五行问题、人的本性问题、自然物的性质以及婚丧的礼仪等，白虎观会议都进行了讨论。这次会议的记录《白虎通义》，是汉代儒学的纲领性文件，也是以后儒学的纲领性文件。

相关链接

以名为教

“以名为教”即“名教”，是一种以正名定分为主的封建礼教。具体地说，就是把符合封建统治利益的政治观念、道德规范等立为名分，定为名目，号为名节；制为功名，用以进行“教化”，来达到辅助政治统治和实施思想统治的目的。在先秦时，孔子曾提出“正名”说，规定人们的名位和应守的职分，可说是开了“名教”的先河。“以名为教”是董仲舒系统提出来的。他认为，社会上的每一等人的行动，都由他们的“名”规定好的，谁也不会也不应该逾越“名号”的规定。这样，就达到了“至治”、“善教”的境地，天下也就太平了。所谓“名教”的核心内容，就是“三纲”、“五常”。

“名教”在东汉得到了进一步发展。东汉光武帝刘秀特别重视“名教”，提倡名节，被他列为四科取士的头一科，就是“德行高妙，志节清白”。后来，汉章帝又召集了规模盛大的白虎观会议，更是把三纲六纪用国家法典的形式予以钦定。在统治者的大力提倡下，知识分子的队伍中曾出现不少所谓“名士”。这种“名士”既是一种社会声誉，也是做官的阶梯。就这样，“名教”观念在帝王的大力提倡和利禄的诱惑下，在东汉一代达到了登峰造极的地步。东汉末年，社会动荡不安，政治腐朽黑暗，一些读书人为了追求利禄功名，不惜矫情作伪，严重败坏了“名教”的声誉，因此出现了危机。

张衡论宇宙

张衡(78~139)

字平子,南阳西鄂(今河南南召县南)人。十七岁那年,他离开家乡,先后到了长安和洛阳,在太学里用功读书。张衡最感兴趣的是研究机械、天文、历法和数学。公元115年,他被朝廷任命为太史令,观察天文,制定历法,记录各种自然灾害和异常现象。

124年

张衡为太史令,作浑天仪。

132年

张衡造成候风地动仪,成为当时测试地震最先进的仪器。

134年

张衡上书反对图谶。

张衡一生集中精力于哲学的探讨、科学的钻研、文化的创造。他深入地研究了扬雄的著作,作《太玄经注》,后又写成《灵宪》一书,对宇宙进行了独到的探索。

天文历算是我国发展最早的学问。关于宇宙的构造,我们的祖先大致创造了三种理论,即盖天说、浑天说和宣夜说。盖天说认为地像方的象棋盘,天是圆的,像张开的大伞盖着地,日月星辰都附在天盖上。由于天盖不停地转动,所以日月星辰也转动了。扬雄对此提出了质疑,认为依盖天说,太阳在天上运转,总是高出地面之上,但为什么在高山上看日出,太阳总是从地平线下升起呢?说明盖天说与实际观测不符。

浑天说认为,天地结构像一个蛋,天像蛋壳包裹于外,地像蛋黄,居于蛋壳之中,日月星辰都在蛋壳上不停地转动。这种说法把地比作类似蛋黄的球体,尽管不十分恰当,但毕竟向科学迈进了一大步。张衡经过潜心观察、研究,认定浑天说是正确的,并以浑天说为基础,写下了天文学名著《灵宪》,全面阐述了天地的生成、宇宙的演化、天地的结构、日月星辰的本质及其运动等诸多重大课题,将我国古代的天文学水平提升到了一个前所未有的新阶段,对后世产生了深远的影响。

宣夜说认为,天是无形无体、无色、无边无际的广袤空间。人眼看到的浑圆蓝天,仅是一种视觉上的错觉。日月星辰的运动不依附在任何东西上面,而是按照各自的特性,在气的作用下,于空中悬浮和运动。这些论述打破了盖天说和浑天说关于天壳的概念。只是它没有对天体运动的规律进行具体的论述,只停留在思辨性讨论的水平上,它的影响不如浑天说。

张衡认为宇宙是在演化着的,其过程可以分为三个阶段:第一阶段为“溟涬”期。在这一时期,无所谓天,也无所谓地,整个空间幽暗清静,寂寞无声,无法形容。第二阶段为“庞鸿”期。这一时期已经萌生了物质的元气,但还混沌不分。第三阶段为“太元”期。这一时期元气已分成了阴、阳两气,又由于刚柔、清浊、动静等物理因素的作用，逐渐形成了天地万物。在《灵宪》中，张衡已接触宇宙这一概念，他说："宇之表无极，宙之端无穷"，认识到了宇宙的无限性，这在中国哲学史上是一个天才的创见。

公元117年，张衡根据他的浑天说，制造了比以前更精确全面的"浑天仪"。它是用铜铸成的，是一个可以转动的空心铜球，外圈的周围约有一丈四尺六寸一分，铜球的外表刻有二十八宿和其他一些恒星的位置。球体内有一根铁轴贯穿球心，轴的两端象征北极和南极，球体的各层铜卷分别代表地平线、子午线、赤道和黄道，赤道和黄道上各刻有二十四个节气。凡是当时所知道的重要天文现象都刻在浑天仪上了。他又制造了一组滴漏壶，和浑天仪联在一起，作为使浑天仪自转的动力。滴漏壶是测知时刻的仪器，张衡经过设计，使壶中的滴水推动齿轮，齿轮再带动浑天仪。浑天仪一天一转，自动呈现着日月星辰出没的天文现象。只可惜后来下落不明了。

地动仪模型

张衡是我国古代一位杰出的科学家，他对宇宙的探索可以和西方同时期的托勒密相比。国际天文学界为了纪念他，现在月球上有用他的名字命名的环形山，太阳系中有用他的名字命名的小行星，他成为中华民族的骄傲。

相关链接

谶纬之学

张衡生活的时代，正是谶纬神学盛行之际。在《灵宪》中，张衡所阐述的宇宙模式论，从自然科学的角度批判否定了谶纬神学的"灾异"说，这不仅在中国科技史上有着重要的地位，而且在中国哲学史上有着同样重要的地位。"谶"是一种隐秘的语言，假托神仙圣人，预决吉凶，告人政事。"纬"是相对于"经"而言的。谶纬以阴阳、五行为骨架，是数术迷信与经学的结合，内容庞杂，其中有解经的文字，有古代的神话传说，有天文、地理及历法等自然科学知识，但它的核心是神学。在谶纬中，孔子被塑造成一个能知过去和未来的伟大的“神圣”，并说孔子是“为汉制法”的神人。谶纬神学的理论基础是天人感应论。谶纬中的“天”即上帝，是最高的神，有意志、思想、感情，能赏罚。天的意志通过阴阳五行和天象的变化表现出来。按照阴阳五行和天象的变化，可以占验吉凶祸福，了解天意。谶纬在东汉时，号为“内学”，尊为“秘经”，成为统治思想的组成部分。张衡则上书反对图谶，说刘向父子整理古籍时并没有这类书；而且图谶之书自相矛盾，肯定不是圣人的言论，主张应该禁绝。

五斗米道与道教的形成

142 年
张陵入蜀，于鹤鸣山创五斗米道。

144 年
宫崇上《太平清领书》。

五斗米道的创立者张陵据传为汉代的开国功臣张良的后代，少年时精研儒学，又精通《道德经》，所学非常广博。后来他改学长生之道，掌握了炼丹技法。因为家贫买不起炼丹草药，听说四川有很多名山是修道的好去处，就到蜀中鹤鸣山专门修道，闭门著述。

传说鹤鸣山上的洞穴中有一石鹤，千年一鸣，十分灵验。一千年前，西周的马成子曾在这里修炼，得道以后，石鹤长鸣，声音响彻山谷，马成子跨鹤飞升而去。张陵在此得道后，石鹤第二次鸣叫。后来，张三丰也在鹤鸣山修炼，成仙时石鹤第三次鸣叫，时间正好又过了一千年。

张陵在鹤鸣山潜心修炼，每天坚持重温《道德经》，同时结合自己多年修行的心得体会，编成一本《老子想尔注》，对《道德经》进行了新的阐释。他认为老子就是太上老君，而太上老君就是道的化身，是道教最尊崇的神灵。此外，他还撰写了《天官章本》、《灵宝》等二十四篇道书，并自称“太清玄元”。

张天师祈禳瘟疫图

据说，顺帝汉安元年(142)元宵之夜，张陵在鹤鸣山一觉醒来，只听得仙乐之声自天际传来，举目望去，紫云满室，五条白龙拉着一乘素车，踩着紫云飞驰而来，素车周围的旌旗仪卫十分壮观，车中端坐着一位神人，手执五明宝扇，项负八景圆光，身长大约一丈六尺开外，容若冰玉，神光四射，仪态万方，简直使人不敢正视。这时，车前的一位使者来到张陵跟前，对他说：“你不必惊慌，我主太上老君来也。”张陵急忙向老君礼拜，老君说：“近来蜀中有六大魔王、八部鬼帅在兴妖作怪，残害生民，十分可恶，你且替

《老子想尔注》

全名是《老君道德经想尔注》，两卷。它早已散失，后在敦煌文书中发现了残本，饶宗颐进行考证，著《老子想尔注校证》。《老子想尔注》用增字、删字、改字的方法，对《老子》的原文进行一些有意修改，以树立自己的思想；另外通过注释，将哲学著作改造成真正的道教经典。

我好好整治他们。”太上老君命侍从把《正一盟威秘录》一部，《三清众经》九百三十卷，《符录丹灶秘诀》七十二卷，雌雄剑一对，都功印一枚，冠衣、方裙、朱履各一副，授给了张陵。张陵叩头领讫，老君一行顿时杳无踪迹。于是他昼夜默诵，参悟老君所赐经卷符录，了然于心。

当时八部鬼帅各领鬼兵，总数不下亿万，在人间到处流窜，散布各种疾疫。张陵奉太上老君诰命，佩《盟威秘录》，来到鬼帅的大本营青城山，和他们正面对垒。结果八鬼帅大败，于是便向六魔王求援。然而鬼帅加魔王仍不是张陵的对手，不得不求张陵饶命，答应从此人鬼分途、阴阳两隔，不再危害人间。

张陵不仅降伏了鬼帅魔王，还顺势为百姓除掉了阳山毒龙，化龙潭为咸泉。自此，蜀中的百姓才能开凿盐井，熬制食盐。此后青城山重新成为道教名山，名列第五洞天。

江西龙虎山天师府天师神像

张陵降伏妖魔后，名声大振，远近百姓纷纷前来归附，尊称他为张道陵、“张天师”，徒众多达数万户。于是张陵创立“正一盟威之道”，简称“正一道”，又称“天师道”，因入教者需交纳五斗米，又俗称“五斗米道”。教义教规可归纳为：诵习《道德经》，不妄祀；有罪首过；符水治病；用章表与鬼神为誓约；修路；行黄赤之道（即男女和合之法）；立二十四治，置祭酒；收信米五斗。这些，统称为三天正法。

张陵所创“二十四治”，实际上是二十四个教区。所谓“治”，或称“庐”，或称“靖”，或称“静室”，即教徒诚心祈祷的场所。“祭酒”就是教区中心的头目。张陵自称“天师”，为最高教主，在每个教区设治头大祭酒、祭酒、奸令、鬼吏等，统帅教徒“鬼卒”、“鬼兵”。凡入教者，交五斗米，参加其活动，即可受到正一道组织的保护。张陵死后，其子张衡、孙张鲁继承其衣钵继续传教，甚至北传中原，遍及全国。

五斗米道成为中国历史上第一个道教组织，标志着中国道教的基本形成。鹤鸣山则一直被公认为道教的发源地，至今仍为道教圣迹。

相关链接

道教的形成

道教是发源于古代中国的传统宗教。以“道”为最高信仰，认为“道”是化生宇宙万物的本原。在中华传统文化中，道教被认为是与儒学和佛教并列的一种占据着主导地位的理论学说和实践方法。道教的称呼在形成初期有所不同，先秦时期的诸子百家中许多人都曾经以“道”来称呼自己的理论和方法。儒家、墨家、道家、阴阳家，甚至佛教都曾经由于各种原因自称或被认为是“道教”。儒家最早使用“道教”一词，将先王之道和孔子的理论称为“道教”。佛教刚刚传入中国时，把“菩提”翻译成“道”，因此也被称为“道教”。而到了东汉末年，出现了五斗米道（天师道），自称为“道教”，取“以善道教化”之意。自此，其他各家为了以示区别，也就不再以“道教”自称，道教成为五斗米道（天师道）的专称。南北朝时道教的宗教形式逐渐完善。

现在所说的道教，是指在中国古代宗教信仰的基础上，承袭了方仙道、黄老道等一些宗教观念和修持方法，逐步形成的以“道”作为最高信仰，奉老子、元始天尊为教主，以老子的《道德经》等为主要经典，追求修炼成仙的一种宗教。道教成仙或成神的主要方法大致可以归纳为五种：服食（仙药、外丹等）、炼气与导引、内丹修炼、法术仪式、功德成神，常见的后天神仙多为内丹修炼和功德成神者。

“经神”与“学海”

郑玄、何休

郑玄(127～200),字康成,北海高密(今山东高密)人。

何休(129～182),字邵公,任城樊(今山东滋阳)人。

152年

郑玄、卢植从马融受业。

157年

郑玄游学有成,而东归故里。

“经神”、“学海”分别是东汉京师学者对当时大经学家郑玄与何休的尊称,表示对他们学问的推重。他们之间的辩论也成为中国经学史上一段佳话。

郑玄聪明颖悟,二十一岁时已博览群书,精通历数,并擅长算术。他曾跟随张恭祖学习《古文尚书》、《周礼》、《左传》等,又拜师学通了《公羊春秋》、《京氏易》及《九章算术》等,最后拜当时声名极大的经学大师马融为师。郑玄在他的门下,三年不得相见。据说有一次马融与他的高徒测算浑天仪数据,久算不得其解,有人提及郑玄或许能解。于是,马融请郑玄参予测算,果然一算得解,四座震惊。从此郑玄得以与马融相见。郑玄趁机把学习中遇到的一些疑难问题向马融请教,马融一一作了答复。待郑玄学成归家时,马融道:“郑玄东去,吾道东矣!”从此郑玄便成为古文经学的后起之秀。

何休颖悟多智,三坟、五典、阴阳、算术、河洛、谶纬及远年古谚,历代图籍,捧起书来诵背如流,论起意来头头是道。由于有些木讷,他面对提问,从不口头回答,唰唰几笔,如行云流水,答案早已跃然纸上,经义简洁,论证准确,解题从未出过一次差讹,名满天下,京城称之为“学海”。

何休是今文经学大家,他申说《公羊》,作《公羊墨守》,驳难《左氏》、《穀梁》,又作《左氏膏肓》、《穀梁废疾》,时人称为“三阙”。郑玄针对何休的“三阙”,作《发墨守》、《针膏肓》、《起废疾》,对何休的观点和主张进行了批评。在何休看来,公羊学的体系如同墨子守城一样,牢不可破;左氏学的体系如同病危之人,已病入膏肓;穀梁学的疾病已不可治,如同废人。而郑玄则主张攻破公羊学的城池;用针药救治左氏学体系所谓的病症;救治穀梁学的痼疾而使之复起。如此带有戏剧性的论题,以及辩论之激烈,意义之重大,使这场笔战成为当时学人注视的焦点。

何休的三部著作,今已亡佚,但留下了一部《春秋公羊解诂》,这部书发挥了董仲舒的“三世说”,影响较大。何休将《春秋经》中所记鲁国国君十二代,分为三个阶段,离孔子最远的时代称为“所传闻世”，是乱世；较远的时代称为“所闻世”，是平安时代；孔子所在的时代称为“所见世”，是天下大治的时代。其意图在于讴歌现实的合理性，建立以历史进化为特征的“三世说”。

郑玄的三部著作也已亡佚，后人辑佚成书。我们从中可以看出一些论战的蛛丝马迹。郑玄对何休的公羊义理进行批驳，对何休曲解《左传》、《穀梁传》的条目进行辩争。在他们的论战中，宋襄公和楚国的泓水之战是争论的热点话题。

齐桓公死后，宋襄公企图称霸中原。宋襄公十三年（前 638），宋国讨伐郑国，楚国发兵救郑，宋楚两军夹泓水列阵，宋襄公以“不鼓不成列”的君子风度指挥作战，结果宋军大败，宋襄公也身受重伤，于次年死去。

162 年
王符见皇甫规，著《潜夫论》。

何休拼命赞扬宋襄公，认为他守礼偏战而不诈战，是一种高贵的品质，受到《公羊春秋》的肯定。郑玄则不以为然，认为宋襄公不自量力，一再贻误战机，违背了作战原则，又一意孤行，造成了最后的失败，给公羊学以迎头痛击。

郑玄还利用公羊家所阐述的《春秋》微言大义直接攻击何休。针对何休对不称使者的祭叔的质疑，郑玄认为正是《春秋》尊王之结果，祭叔和天子异心，不尊王命，擅自前来，所以不称使者。郑玄的批驳，何休看后内心受到很大震动，说：“您这是入我室操我戈攻击我啊！”从此，何休所代表的公羊派一蹶不振而让位于郑学，郑玄也被当时的学者们颂为“经神”了。

张角与“太平道”

张角(?　~184)
冀州钜鹿(今河北平乡)人,创立了太平道,领导了黄巾起义。

东汉末年,张角领导“太平道”教徒举行了规模巨大的武装暴动,即历史上的“黄巾起义”,从根本上动摇了东汉的政权。

张角多年来一直信奉黄老道,并收了些门徒。有一天,一个弟子偶然得到一部《太平经》,请老师鉴别。张角如获至宝,手不释卷,读了整整一个通宵,连声感叹是天下奇书。《太平经》很庞杂,上至宇宙,下至人生,以及书符念咒、趋吉避凶之类,无所不谈,对张角创立“太平道”提供了很大的帮助。

181 年
张角宣扬太平道教,为民治病。

188 年
汉族僧侣严佛调翻译佛经。

190 年
牟子《理惑论》大致成书。

197 年
西域人竺大力翻译佛经。

东汉末年,天灾不断,战乱频繁,各地瘟疫流行。针对这种情况,张角就着重学习《太平经》中有关针灸、符祝、草药等治病方法。他用念过咒语的符水治病,仪式中让病人跪着忏悔自己的过错,不时有病人因此而痊愈,人们都觉得他很神奇。

那时,冀州恰恰是全国灾情最重的地方。张角依照《太平经》的提法,自称为“大贤良师”,在冀州各地行医布道。同时分别派遣他的弟子,到四方行走,招收信徒,口耳相传。十几年后,他的信徒多达几十万,青、徐、幽、冀、荆、扬、兖、豫八州,到处都有人响应。由于信奉《太平经》的缘故,世人称之为“太平道”。

郡县官员不明白张角的真实意图,反而向上报告说,张角教人行善,因而民心向着他。太尉杨赐当时担任司徒,看到其中的危害,建议清查流民,孤立张角,以免发生动乱。但由于他很快离职,建议被搁置。后司徒掾刘陶再次上书,重提杨赐的建议,并要求捉拿张角,结果汉灵帝很不当回事,拒不采纳。

张角的势力很快发展起来,设置了三十六方。方,有点像将军,大方率领一万多人,小方率领六七千人,各自任命他们下面的各级头领。

当时中原一带流传着“汉行气尽,黄家当立”的谶语。张角看太平道日趋壮大,时机成熟,决定起义。这一年是公元 184 年,属甲子年。他规定信徒的服装一律为黄色,因为黄色属土,是大吉之色,而《太平经》又信奉“中黄太一”。后来道士被称为“黄冠”,就由此而来。

张角准备三月五日起义,派出弟子到各地宣传:“苍天已死,黄天当立。岁在甲子,天下大吉”;还用白土在各州郡官府大门上写上“甲子”二字;他们还联络京城官吏作为内应。汉灵帝十分昏庸,以为张角和他一样信奉黄老道,未加防范,起义筹备得十分顺利。

这时却突然发生了意外,一个叫唐周的弟子叛变告密,朝廷立即警觉起来,开始在全国范围内捕杀太平道徒。

时局危急,张角不得不提前起义。张角自称天公将军,他弟弟张宝称地公将军,张梁称人公将军。义军以头戴黄巾为标志,历史上称作“黄巾起义”。他们焚烧当地官府,天下民众纷纷响应,朝廷为之震动。汉灵帝派出大将皇甫嵩、曹操等人进行血腥镇压。张角中途病死,手下大将也先后战死,起义最终失败。

黄巾起义失败后,太平道从此销声匿迹,史书中有关其宗教活动的记载又十分零碎且语焉不详,所以人们对太平道的教义所知甚少。虽然太平道得名于《太平经》,但很难说太平道的教义都在《太平经》中。无论如何,如果没有太平道,就没有黄巾军,也就没有说不尽、道不完的三国英雄。此后,太平道转入民间传播,一部分人融合于五斗米道中。

《太平经》

《太平经》自称是天师代天传言,授予“真人”的天书。实际是从西汉末年到东汉顺帝时逐步形成的一部著作。它主要继承了老子之道和传统的天神信仰,吸收阴阳五行学说和仙家方术,建立起庞杂的理论体系。书中讨论了“治国太平、修炼长生”等问题。

魏晋南北朝

——儒释道鼎立

220 年至 589 年，是我国历史上的魏晋南北朝时期。这一阶段，中国哲学出现了多元并存、多途发展的新格局。儒家经学一度衰落，玄学风行，佛教得到广泛的传播，道教逐渐成熟。儒、释、道三教鼎立，相互激荡成为中国哲学的主要特色。汉魏之际，品评人物的风气演变为辨名析理的名理学，刘劭的《人物志》是其代表性的作品。魏晋时期，这种名理学逐渐演变为以追求抽象玄理为特征的玄学思潮，主要包括有无之辨、言意之辨、自然与名教之辨几个论题，代表人物有何晏、王弼、裴頠、郭象等。经学方面，王肃结束了郑学时代，开一代新风。经学的玄学化，解构了汉代经学，然而即使在玄学盛行的魏晋，儒学仍为统治者正面提倡。南北朝时期，南方经学辨析义理，北方经学讲明章句，表现出不同的特点。三国时期，佛教最兴盛的是般若学，西晋时佛教有了长足的发展。东晋、十六国时期名僧辈出，翻译经典增多。南北朝时期，佛教寺庙众多，僧尼人数剧增，进入了兴盛时期。汉魏之际，民间出现道教组织，东晋南北朝时期，发展成为成熟的宗教教团。儒、释、道之间就儒、佛、道本末异同之辩，夷夏之辩，佛法与礼法之争，神灭与神不灭之争等问题展开了激烈的论辩，三教鼎立的态势逐步形成。

北魏太和年间铜鎏金释迦说法像

此佛像保存完好、体量巨大、造型古雅、鎏金厚重、工艺精湛。佛像为波浪状发髻，但脸相已经基本与国人无异，面露古风式微笑。坐佛内着僧支，外罩半袒右式袈裟，右手结施无畏印，左手抓持衣袂，指间有蹼，裸右足结跏趺座，富有装饰意趣的大衣下摆于膝间自然下垂于佛座之上，构成"裳悬座"的特征，堪称典型的"太和式佛装"。佛座系犍陀罗典型的狮子方座，形制规整。舟形大光背有大幅充满活力的火焰纹。

傅嘏与荀粲论才性

魏明帝太和年间(227～232),傅嘏(gǔ)善言名理,荀粲崇尚玄远,两人围绕才性等问题展开了激烈的争辩。

太和初年,十八岁左右的荀粲来到京师洛阳,和傅嘏、裴徽、夏侯玄、何晏、邓飏交上了朋友。

有一天,何晏、邓飏、夏侯玄一起去见傅嘏,想与他交朋友,傅嘏却始终不同意。他们就请荀粲前去说情。

荀粲对傅嘏说:"夏侯玄等人是当今的豪杰,他们诚心诚意,而你却不理睬,这未免太有点让人失望了吧? 交朋友这件事,合得来就会好事成双,合不来就会产生隔阂。二贤如能和睦相处,那也是国家的洪福啊! 这正是当年蔺相如愿意对廉颇礼让的原因。"

傅嘏驳斥说:"你说的固然不错。但是,夏侯玄志大才疏,徒有虚名,实在是那种摇唇鼓舌、颠覆国家的小人。而何晏、邓飏虽然有才干却性情急躁,博学多识却不得要领,追求名利,对自己却不加检点约束;他们喜欢结交观点相同的人,排斥异己分子,喜欢说闲话,并嫉妒能力比他们强的人。好说闲话的人常常挑起事端,好嫉妒者就不可能有亲近的朋友。在我看来,这三个所谓的贤者都是道德败坏的小人,远远躲开他们还恐怕遭到连累,我怎么还可能去亲近他们呢?"果然,这三个人的下场,正如傅嘏所分析的那样。

何劭的《荀粲传》还记载了荀粲和傅嘏对功名和见识关系的论辩。荀粲说:"你在社会上的功名虽然超过我,但见识比我差!"傅嘏反驳说:"能成就功名的是见识,天下哪有见识不足而功名有余的呢?"荀粲辩解说:"功名由志局获得,即要有猎取功名野心之手段,因此,功名非独依赖学识而得。我以为你们虽能获取富贵,但获取富贵的手段和行为是不足取的。"傅嘏理解的"识"比较具体,有识就有才,也即有能。而荀粲所讨论的"识"与"志局"不同,是一种心境、一种心灵的自由。

对于个人来说,才德和情色哪个重要也是争论不休的问题。荀粲认为:"妇人才德姿色能够同时具备的极少,所以才德不足,便应以姿色为主。"他是这样说的,也是这样做的。他娶妻曹氏,十分美丽,

傅嘏、荀粲

傅嘏(209～255),字兰石,北地泥阳(今陕西耀县)人。家世显赫,以才学知名,后被司空陈群选为属吏。他思虑精微,好论才性,颇能识人析事,有先见之明。在他看来,贤与能(德与才)是密不可分的。

荀粲(209～238),字奉倩,颍川颍阴县(今河南许昌)人。东汉名臣荀彧的幼子,聪颖过人。兄弟们好言儒术,他却钟情于道家,认为六经是圣人通往大道过程中遗留下来的糟粕;并对才性问题提出了自己的观点。

220年

曹丕接受陈群的建议,开始推行九品官人之法。

227年

荀粲与傅嘏二人到京师讨论才性问题。

232年

魏明帝在董昭的建议下,再次颁布禁绝"浮华交会"的严辞禁令。

清谈

清谈，又称“清言”，流行于魏晋时期。汉末黄巾之乱，中央政权瓦解，地方势力抬头，儒家经典随之衰落。乱世之中，老庄思想逐渐抬头，一般文人不谈俗事，不谈民生，祖述老庄立论，大振玄风，最常谈的是《周易》、《老子》、《庄子》，称为“三玄”。

两人如胶似漆。有一年冬天，曹氏得了热病，身子烧得厉害，荀粲便到院中把身体冻凉，回来抱住妻子使她体温下降，但曹氏最终没有获救。荀粲无法接受这一现实，精神恍惚，一天比一天消瘦。傅嘏就劝他说：“女人才色并茂的不多，而你择偶的标准只要漂亮即可。天下美貌的女人有的是，何必如此哀伤？”荀粲回答说：“佳人难再得。尽管我逝去的妻子难说有倾城倾国之貌，但也不是很容易能遇到的。”此后不久，由于忧伤过度，二十九岁的荀粲追随爱妻奔赴黄泉，成为令人感佩不已的情种。

傅嘏所谈的“虚胜”，主要是才性的“合”、“同”。荀粲的“玄远”强调的是“性与天道”。这都是基于“综核名实”的名理学而来的玄学命题，而裴徽“能释玄虚”，具有了沟通两家的能力。

相关链接

才性之学

才性之学是汉魏之际评论人物的标准和原则的学说，其代表人物有刘劭、钟会、傅嘏、王广、李丰等。所谓“才”一般是指人的才能，而“性”大体指人的内在品质。汉魏之际讨论人才标准问题的著作，现仅存刘劭的《人物志》一种。

刘劭是把才性问题提高到理论高度，从哲学层面进行讨论的少数思想家之一。他认为人禀阴阳以立性。他对人物的品评重在把握人的内在精神，强调观察人物不仅要听其言，而且要观其行。《人物志》把人分为“圣人”、“兼材”、“偏材”，又分为十二个流品，即“有清节家，有法家，有术家，有国体，有器能，有臧否，有伎俩，有智意，有文章，有儒家，有口辩，有雄杰”。

刘劭提出的品评人物的原则和标准，在社会上产生了广泛的讨论。傅嘏主张才性同，钟会主张才性合，李丰主张才性异，王广主张才性离。关于才性问题的讨论，持不同意见的各方，一般对“才”没有不同看法，对“性”的看法则有很大的分歧，因此对“性”的认识也成为玄学家讨论的问题。才性问题的讨论，标志着中国哲学史一个新的历史时期的到来。

王弼说无谈玄

王弼是魏晋玄学的开创人物，他继承老庄哲学，说无谈玄，虽英年早逝，但在中国哲学史上产生了重要的影响。

王弼出生于书香世家，他的祖父王凯与建安七子之一的王粲是亲兄弟。王粲从蔡邕那里得书数车，这些书后来为王弼的父亲王业所得。王弼饱览群书，苦读儒家经典，但最喜欢读的还是《老子》和《庄子》，很快就成为才华出众的少年名士。

有一天，他随父亲王业去拜访吏部郎裴徽，裴徽学问渊博，是一位著名的学者，和王弼非常投缘，于是就有了一段影响深远的对话。裴徽问他："'无'是万物的根源，但是圣人却不说，而老子反而阐述'无'，这是为什么呢？"王弼想了想，然后回答说："圣人做事虽然以'无'为原则，但是因为'无'很难解释，所以索性就不说；老子呢，他实际是信奉'有'的，所以常常说'无'。"他用道家学说来解释儒家学说，提出了自己独到的见解。

王弼回答的巧妙之处在于：其一，借用老子"道本无言"的学说维护了圣人的神圣地位，认为孔子体会"无"但不谈"无"，老子大谈"无"，反倒证明其执著于"有"。其二，由于提出"圣人体无"的观点，那么关于"无"的话题就有了被主流意识形态认可的合理性，从而道家的思想可以打着儒家的旗号，进入经典诠释的领域。其三，正因为圣人体验到"无"而不说，所以如何揭示圣人之体验，就成为儒家经典阐释学所面临的首要任务。王弼之注《周易》、《论语》，无不以此为出发点。

这件事很快在学术界传开了。首倡玄学的吏部尚书何晏，对于王弼极为赏识，由衷地赞叹说："仲尼称后生可畏，若斯人者，可与言天人之际乎！"意思是说，这位不到二十岁的小伙子，已经具备了谈论天道和人事的资格，这就是孔子所说的后生可畏啊！在多人谈玄的座谈会上，王弼才思敏捷，在答辩中驳倒了众多谈客，最后自问自答，破解了玄学中的很多难题。

何晏有意提拔王弼，想起用他为黄门侍郎（皇帝的侍从），但这个职位被曹爽的亲信王黎夺走，使王弼不得已在王黎手下当补台郎。

王弼(226～249)
字辅嗣，魏国山阳郡高平（今山东金乡）人。

243 年
王弼喜好老子，拜见吏部郎裴徽，讨论圣人与老子的关系。

245 年
何晏等人上《论语集解》。

王弼认为大材小用，怏怏不乐，于是便潜心学术，深入钻研《老子》、《庄子》、《周易》。他在注《周易》和著《老子指略》、《道略论》中阐发自己的玄学观点，使何晏、刘陶、钟会、荀融等人折服。可是他恃才傲物，不善交际，还常常以自己所长取笑他人，和很多人的关系搞得很僵；最后把自己的小官也弄丢了。

正始十年(249)，司马懿掌权，把曹氏集团的骨干何晏杀害。王弼与何晏虽然关系密切，但仅限于哲学讨论，政治上没有多少瓜葛，并没有受到株连，只是兔死狐悲，心境凄凉。同年秋天，年仅二十四岁的王弼，被瘟疫夺去了生命。一颗智慧之星从此陨灭了。

王弼人虽死，但在他有限的时间内，写了很多著作，包括《周易注》、《周易略例》、《老子注》、《老子指略》、《论语释疑》等，其中《周易注》在唐孔颖达编《五经正义》时定为标准注本。这些著作大部分保存下来了，现有《王弼集校释》(楼宇烈整理)。

王弼是我国哲学史上第一次系统论证本末、体用等哲学范畴的哲学家。他注《老子》和《周易》，一反汉代经学家的繁琐之风和谶纬神学的迷信思想，运用抽象思辨，注重义理分析，在学术上开创新风。王弼着重论述本末、体用、有无、动静、自然和名教等关系，强调“有”(现象、存在)以“无”为本、为体，“凡有皆始于无”，进而肯定名教(“有”)也出于自然(“无”)，为封建伦理纲常做哲学辩护。

正始之音

“正始”年间(240～249)，贵无派何晏、王弼把老庄思想与儒家经义糅合在一起，用以解经、注经，论证“名教”必须符合“自然”才能发挥作用。在这个玄谈思潮中，傅嘏、钟会、李丰、王广等人关于才性异同的辩论，形成玄学的一个重要流派。

“正始之音”开魏晋玄学之风，是经学向玄学过渡的转折，也是宋明理学的思想源头之一，在古代思想史上居于承上启下的重要地位，影响很大。

相关链接

贵无与崇有

有、无，才、性，本、末，言、意等问题是魏晋清谈的主要议题，贵无和崇有是其中形成的两大流派。贵无派以何晏、王弼为代表。他们认为“天地皆以无为本”。就是说，抽象的、超感觉的“无”是万物的本体，世界上一切具体的事物都是由它生成的。政治教化是从最高的“道”、“无”派生出来的。崇有派以裴頠等人为代表，他们批判了贵无派的理论主张。

首先，王弼认为，世界以无为本。而裴頠认为，有之所以发生，它是自生自有的。有的存在就是其本体，无不过是有的一种消失了的状况。

其次，在王弼看来，个体事物总有其局限性，不能自存，万有必须以无为本体，才能存在。针对于此，裴頠认为，作为世界根本的道，就是万有自身，道无非是万有的总和，离开万有也就没有道。这就从世界的统一性问题否定了王弼以无为本的观点。

再次，王弼把事物的规律和事物本身割裂开来，从而把规律看成是本体无的产物。裴颜则认为规律是表现在事物的变化和相互作用之中。

最后，王弼认为万有都有本身质的规定，每个具体事物都是全体的一部分，都有其规定性，因而不能自足，需要依靠别的东西作为其存在的根据。裴颜则认为：事物的存在要根据条件，条件合适于某一事物的存在，对于某一事物而言就是“宜”；事物选择其适合存在的条件，就叫合乎实际。也就是说，每个事物存在的原因，总是同其他事物联系在一起的，万物之间互相资助、互相依靠，就是自己存在和发展的根据。

阮籍不拘礼法

阮籍(210～263)

字嗣中,陈留尉氏(今河南尉氏县)人。"竹林七贤"之一。

248 年

阮籍作《达庄论》,阐明儒道相通的主张。

250 年

嵇康寓居山阳,与阮籍、山涛、向秀、阮咸、王戎、刘伶相友善,游于竹林,时人号为"竹林七贤"。

阮籍看人时能分别以青眼和白眼对之。对于他所尊敬的人,他以"青眼"相加;对于为他所鄙视的人,便以"白眼"相对。他反对"名教",崇尚"自然",以酒为伴,不拘礼法。

据说阮籍平生嗜酒,听说步兵营里有位厨师善于酿酒,便请求去做步兵校尉,所以后世又称之为"阮步兵"。

当然,酒还是阮籍最好的护身符,他借酒保身,常喝得酩酊大醉。司马昭想要他的女儿为儿媳,阮籍不愿同司马氏结亲,又不好公开拒绝,就连续饮酒,醉一两个月不醒,司马昭没有机会提亲,只好作罢。

儒家礼教讲究男女授受不亲,阮籍对此不予理会。他的嫂子回娘家,他就去和嫂子告别。人们讥笑这事不符合礼仪,他却理直气壮地说:"礼,岂是为我这样的人而设的呢?"

邻家有个酒铺,女主人年轻貌美。阮籍经常到这家酒铺喝酒,喝醉了就躺在女主人旁边睡觉。因为他为人真诚坦荡,女主人的丈夫看见了,也不起疑心。

竹林七贤与荣启期

邻家有位少女长得很美，也很有才华，可惜没嫁人就去世了。阮籍与她家非亲非故，和那少女也素不相识，但是听说少女死了，阮籍却自说自话跑到人家府上，痛哭流涕，痛悼造物主无情，让如此美好的尤物陨落！

儒家礼教还特别讲究孝敬父母，生侍之以礼，死葬之以礼，阮籍对此却有自己的理解。

他的母亲病故了，亲朋好友都去吊唁。裴楷与阮籍是朋友，早早闻讯，早早去祭奠。一进灵堂，只见阮籍披头散发地坐在母亲灵前，不哭不语，如呆如痴，一阵酒气扑面而来。阮籍又醉了！裴楷心想，但他没有去打扰阮籍，而是按照礼仪，下跪、叩头、哭悼，礼毕起身而回。路上随从问他："凡是吊丧，主人哭，吊客才能为礼。阮籍都不哭，君为何哭？"裴楷说："阮籍是方外之人，所以不崇尚礼法。你我都是凡人，所以只能按礼节进退。"

守灵多日，该埋葬母亲了，阮籍蒸了一头小肥猪，取来两斗酒，在灵前又吃又喝。吃完喝完，他跪在母亲床前"举声一号，吐血数升"，差点昏死过去。

对于恪守封建礼法的君子，阮籍也进行了挖苦和讽刺，他作了《大人先生传》，其中说："世上的人所说的君子，只知道修好礼法、恪守伦理，手里总是拿着正规场合才派上用场的圭璧，迈步行走都不离礼教的规矩。举止要成为人们效仿的典范，言论要当作后世流传的格言，幼时要被乡里的民众称道，长大后要使邻国也知道他的名声。往上要力争担任尊崇的三公，在下也不失为地方的州牧。他们唯独不了解那些在裤裆中成群的虱子，钻入裤子深缝里，躲避在破旧的棉絮中，还自以为住在吉祥美好的地方；行动不敢离开裤缝，不敢钻出裤裆，却自认为这样符合礼法。但是，突然有一天棉裤被烧，大火把它们的吉宅烧成了一堆灰的时候，裤裆里的虱子们就再也逃不出去了。那些君子所处的地方，跟那虱子处于裤裆中又有什么区别呢？"

阮籍就是这样一个人，他外表坦荡而内涵至淳。有时，他独自一人驾着马车，信马由缰，也不选择道路，没有目的地往前跑，跑着跑着，前面无路可走了，他便停下来，失声痛哭一场，然后往回走。这充分体现了他厌弃世俗、任性率真的品格。

竹林七贤

竹林七贤是指魏末晋初的七位名士，活动区域在当时的山阳县（今河南辉县西北）一带。嵇康、阮籍、刘伶、阮咸始终主张老庄之学，"越名教而任自然"，山涛、王戎则好老庄而杂以儒术，向秀则主张名教与自然合一。他们在生活上不拘礼法，清静无为，聚众在竹林喝酒、纵歌。

260年

朱士行西行到于阗，成为我国史籍所载第一位西行求法之人。

相关链接

越名教而任自然

王弼认为名教是由自然产生的，名教之存在不仅是合理的，而且是必然的。阮籍和嵇康等人则主张“越名教而任自然”，构成了名教与自然之辩中的重要一环。

嵇康出于对社会现实的愤激，把自然与名教对立起来。他认为保养人的自然本性至为重要；六经、礼教束缚人性，不符合“全性之本”。他认为仁义来自虚伪的做作，廉洁谦让源自你争我夺。人的本性不乐意接受仁义束缚，这是“越名教而任自然”的人性论依据。他认为君子与小人不同，君子排除了私心而有与自然相符的公心，君子不以人们的是非、毁誉为意，能逾越名教而顺着人的自然本性行事。而小人人格低下，私心极重，小人的通病是口是心非而贪得无厌。

阮籍早年倾向于儒家，中年致力于折衷儒道，到了晚年，则明确表示鄙弃礼法，推崇庄子，主张无君论。他认为，有君的社会充满险恶欺诈，礼法之士愚弄群众，以强凌弱；他设想，在无君的理想社会里，没有贫富之争、贵贱之怨，最根本的是没有君臣关系。君臣关系被否定，以“君为臣纲”为核心的名教也就荡然无存。

郭象论独化

郭象涉身处世的西晋，建都在中原地区的古城洛阳。东晋南朝时，踯躅江左的士人仰望故都，常怀恋恨，所以习惯称西晋洛阳为中朝，当时游弋洛阳有声望的士人，则被称为中朝名士。郭象就是其中之一，由于提出独化论，而被当时人称为“王弼之亚”。

据说郭象原籍是河南，但后来有不同的记载。河南即今河南洛阳，而洛阳正是玄风大倡的地方。他才思卓越，善于清谈。《晋书·郭像传》说他：“少有才理，好老庄，能清言。”魏晋特重才性，他的名气自然就大了。

入晋后，清谈的热点从清议人物才性转向清谈三玄(《老子》、《庄子》、《周易》)理旨。当时对郭象才思表示赞赏的，有王衍等人。王衍是当时士林的领袖人物，是相对贵无派的代表。而当时的郭象正热心于理论探索，提出了自己的独化说。

郭象认为，天地万物既不生于无，也不生于有，而是自己产生了自己，第一个提出和使用了“独化”的哲学概念。具体来讲，其一，自然界和万物的生成、变化是一个自然而然的过程，没有什么造物主来创造和支配它们。其二，天地万物之间，并不发生任何联系，每一事物生成和变化是自己独立地突然发生，没有原因，也没有条件。其三，天地万物的存在与变化决定于一种不可抗拒的趋势或必然的决定性，即“命”或“理”。

郭象生活的时代(252～312)，是中国历史上少有的黑暗时代。“八王之乱”使洛阳的文明繁荣，像秋后一点嫣红横遭严霜，还没有机会绽开便被兵马踏入泥泞。生活在这个时代的人们，陷入现实与理想日益分裂的深刻矛盾之中。贵无和崇有既是清谈场上的两种观点，也是实际生活中的两种态度。

一些人沉沦了、颓废了，将人的动物性奉为自然真性情，纵情酒色，成为玄学末流，以谢鲲、阮修、胡毋辅等人为代表。一些人如王衍、乐广等身居要职却不忠于职守，逢人便谈虚无，认为“名教中自有乐地”，却不能改造现实。面对这一社会现实，郭象被东海王司马越任为太傅主簿，掌理太傅府事务，参与机要决策，并试图调和名教与

278 年
晋武帝开始建立国子学，设置祭酒、博士教授子弟。

279 年
汲郡(今河南汲县)战国时魏襄王墓出土竹书，晋武帝命中书监荀勖、和峤进行整理。

301 年
“八王之乱”开始。

自然之间的矛盾。

郭象认为，万事万物，都是本来如此，不可或缺，各各独立，自我满足的，它们自生、自尔、自为、自得；而这就是“自然”，就是“性”，就是“天”。他笔下的自然是指万物现存的状态，正是它应有的状态；一切现实的，都是合理的。

用这种自然观来观察名教，名教也是自然的。他认为凡君臣上下，尊卑贵贱，仁义礼法，一切现存的政治制度和道德规范，都是理应如此的自然状态，是“无措于当”的“自当”，不应恐其非人情而多忧，而应任其为自然以居之，如此方能和衷共济，“天下无患”！

与独化论相联系，郭象还强调了“玄冥”这一概念。“玄冥”原是《庄子》中的一个术语，“玄”指深远，“冥”指幽寂，“玄冥”描述的是一种昏暗幽深、混沌不分的状态。郭象所言“独化于玄冥之境”，是指万物在无差别的统一体中各自独化，同时，各自独化的万物又彼此相因，联系成为一个“玄冥之境”，实是有与无的统一。同时，他强调“玄冥”还指一种泯“死生”、齐“是非”的精神上自我解脱的逍遥境界。他津津乐道要“玄同内外、弥贯古今”，“无是无非、混而为一”。至于如何达到这一境界，郭象认为要顺应自然变化，随遇而安，安分守己，听从命运的安排。

郭象的独化论高于王弼的“无”论和裴頠的“有”论。它从现象的视角论证事物都是自我显示、自然显现、自我打开、自我敞露的。至于名教与自然的关系，他的见解也是独到的。与王弼的名教出于自然论和竹林七贤的越名教而任自然论相比，郭象看到了社会的独化，提出了名教即自然论，从而达到名教与自然的统一，外王与内圣的统一，认识与境界的统一，善与美的统一，实现社会的整体和谐。

葛洪炼丹

葛洪博览经史百家，形成了儒道结合的思想风格。

太安年间(302～303)，石冰作乱，葛洪担任带兵的都尉，攻打石冰的别部，取胜后升为伏波将军。对于当时鲍敬言的无君无臣论，葛洪给予了批评。在他看来，君主是救民于争乱、拯民于蒙昧、导民至文明的救世主，是无论如何也不能少的。当然他认为君主也必须注重自身的道德修养，以身作则，公平无私，刑德并用，虚己礼下，恤民爱民，严于责己，慎动兵革，赏罚分明而有度，才能天下安宁。这些主张充分显示出儒家思想的气息。

葛洪有一个堂祖父名叫葛玄，吴国时学习道术成了神仙，号称葛仙公。他曾把炼丹秘术传授给弟子郑隐。葛洪跟从郑隐学习，学到了郑隐的全部道术。后来又拜师于南海太守上党鲍玄。鲍玄也是擅长道术的人，能用占法推知未来之事。鲍玄十分器重葛洪，还把女儿嫁给了他。葛洪传承了鲍玄的道业，并且广泛地了解医术，凡是他所撰述的著作，都很精审、准确，而且文辞优美，富于才华。

葛洪认为儒家礼教显而明，道学意境幽而远，他改造原始道教，建立金丹道教。在他看来，“玄”是先于天地万物的，是宇宙世界的本源，它神乎其神，奥妙莫测；进而认为“一”产生了道，所以只要守一存真，就无所不能、无所不达和无所不胜。

在葛洪看来，要想长生，关键在于保护人的形体不受损伤，还必须加强道德修养，积德行善，同时还强调服食金丹的重要性。

葛洪晚年和妻子鲍姑选中广东的罗浮山，在山中修建了都墟(后称冲虚)庵，用石块砌成一座高三米六的丹灶，一心炼丹，以至终老。

在葛洪看来，人的身体就像一个国家，神犹如它的君主，气犹如它的人民。如爱其民则能安其国，善养其气则能全其身。

他还提倡食补和药补。他采念珠藻为食，据今人测定，它含有蛋白质、藻类淀粉、各种糖分等，不但味道鲜美，还有药用价值，可清热收敛，益气明目。这种藻后来被誉为“葛仙米”。他还经常炼些丹药服食，用以祛病健身。

葛洪还提出“养气以不伤为本”，要不被外物诱惑。健身运动，有

葛洪(283～363)

丹阳句容(今江苏句容)人，字稚川，号抱朴子。

299年

帛法祖在长安宣讲佛经，楼观派道士王浮作《老子化胡经》证明道在佛先。

鲍敬言的“无君论”

鲍敬言的“无君论”，首先驳斥了儒家的“君权神授”说。认为在自然界中，人和万物都是阴阳二气所生，本来没有尊卑之分。尊卑之分是人压迫人、人欺骗人的结果，并不是有什么天意。在原始社会还没有君的时候，人是很快乐的。可是，有了君以后，统治者和被统治者之间矛盾越来越尖锐，斗争越来越激烈。

鲍敬言的“无君论”歌颂原始社会没有阶级，没有人剥削人、人压迫人的制度，但同时把原始社会的生产力低下的情况也歌颂了。这是其弱点。

动有静,宜动静结合。

303 年
葛洪为避“八王之乱”,南下广州。

总之,葛洪相信君权神授和炼丹成仙;他把民间道教改造成代表上层社会追求长生不死成为神仙的道教;他一生刻苦钻研,博览群书,亲自炼丹,积累了很多矿物、动植物和医药学知识,写成许多著作留传后世,其中的《抱朴子》后来被作为道教经典。《抱朴子》分为内外两篇,外篇主要是对葛洪生平的自述和谈论社会上的各种事情,而内篇是葛洪对道家思想和丹道修炼方法的阐述。《抱朴子》主张在现实社会生活中获得精神解脱和炼得肉体飞升,既做到立时济世,又得以超凡入圣。

相关链接

神仙道教

在魏晋时期形成的神仙道教,具有明显的时代特征。葛洪是魏晋时期鼓吹神仙道教、反对民间道教的典型人物,他的代表作《抱朴子内篇》就是这个时期应运而出的神仙道教的理论典籍,从中我们看出魏晋时期神仙道教的特点。

首先,神仙道教坚信神仙实有、仙人可学、长生能致、方术有效,因而以长生修仙为宗旨。

其次,神仙道教的教团带有士族家庭的特色,这些教团一般是由布道者独立经营的。同时在传教方式上,神仙道教在魏晋时采取师徒秘授制,传经前要对弟子严加考验,弟子接受道经要履行宗教仪式并交纳财礼作信物。

再次,神仙道教在魏晋时期虽然也具备了一般宗教应有的特征,比如在传授道经和仙术时有立坛盟誓等庄严的宗教仪式,而且还有不少道规、道戒,但道士的修行方式比较自由,道士可以参政做官,更可以娶妻生子,具有士族社会的时代特点。

最后,神仙道教受佛教的影响不大,反而给佛教以影响,社会上将僧道泛称道人、道士。

在神学理论体系和宗教素质上,神仙道教比民间道教高出一个层次,同淫祀和巫祝活动根本对立,极力排斥民间道教。当然,《抱朴子内篇》公开宣传仙学理论和方术,也有向民众扩大神仙道教影响的意图。

“大和尚”佛图澄

佛教东传，首先进入中国汉地佛文化圈的是一大批从西域而来的高僧大德。其中早期影响较大的莫过于佛图澄和鸠摩罗什。而被后赵石勒尊为“大和尚”的佛图澄，更是打开了北方佛教大兴的局面。

佛图澄的出身，一种说法是西域人，本姓帛；一种说法是天竺人，本姓湿。不管怎样，他是一个外来的胡僧是无疑的。他早年曾在敦煌长期停留，西晋怀帝永嘉四年(310)来到洛阳，自称年龄已百余岁，本想建寺传教，正赶上匈奴人刘曜攻打洛阳，只好潜隐草野，以观世变。

不久，刘曜的部下、鲜卑族的石勒、石虎父子在河北兴建了赵国。佛图澄经石勒部下郭黑略将军的介绍，见到了石勒。他本想弘扬佛法，但石勒对此却不感兴趣，刚一见面便问佛图澄：“佛道有无灵验？”佛图澄一惊，看着面露凶光的石勒，心里凉了半截，但既然开口问话了，便不得不应付一下。佛图澄取出随身携带的食器铁钵，又叫人打来清水，然后焚香念咒，不一会儿，水中居然冉冉升起一朵光彩夺目的青莲花。这种类似于魔术之类的玩艺儿，自然谈不上什么“佛法”，但石勒见了却信以为真，认为这位外来和尚已经得道了，是西来的活佛。当即便把他留下来，而且还要委以国事，尊称他为“大和尚”。

不久，石勒翻脸不认人，根本不信佛教，甚至要杀尽和尚，而且首先要杀的就是佛图澄。郭黑略得知凶讯后，赶快把佛图澄藏在自己家里，好歹才躲过这一劫难。

待石勒心情平静之后，佛图澄才去见他，说自己会“他心通”，事先就知道石勒的心事和行动，所以便先躲起来了。石勒问他，那你现在就不怕我杀了你？佛图澄说，公有怒心，故权且暂避；现在你已自悔，改恶从善，是以人见，谅公不会杀我也。

后来，佛图澄又借助自己高明的医术，打着“起死回生”的旗号，救活了石虎的儿子石斌；又利用自己对天文地理情况的了解，帮助石氏父子打败了敌兵，连连获胜。这样才终于取得王权的信任和支持，得以弘扬佛法，打开了北方佛教大兴的局面。

石虎即位后，面对内忧外患，成为一个杀人不眨眼的魔王。佛图

310年
佛图澄至洛阳，传译佛经。

314年
竺法护自敦煌到长安、洛阳，传译佛经。

鸠摩罗什(344～413)
简称罗什。东晋时后秦高僧，著名佛经翻译家。原籍天竺，生于西域龟兹国(今新疆库车县)。初学小乘，后遍习大乘，尤善般若，并精通汉语。401年，姚兴派人迎至长安从事译经。率弟子僧肇等八百余人，译出《摩诃般若经》、《妙法莲华经》、《阿弥陀经》、《中论》、《百论》、《大智度论》等。著名弟子有道生、僧肇、道融、僧叡，时称“四圣”。

佛教壁画(魏晋时期)

澄多次劝告,说人死了不可复生,哪有国王亲手杀人的道理呢?大和尚的劝说,客观上拯救了不少人的生命。

一天,石虎问佛图澄说:"佛法主张无杀,然而朕为天下之主,不用刑杀就不能肃清海内。我既已违背了杀生的戒律,虽然奉佛,还能得福吗?"佛图澄回答说:"帝王奉佛,自然与老百姓不同,只要能体恭心顺,提倡佛教,不为暴虐,不害无辜,就算是对佛诚心了。对于那些凶愚无赖、不可教化的人,有罪不能不杀,有恶也不能不刑,但是一定要该杀的才杀,该判刑的才判刑。如果滥用天子之威,恣意暴虐,杀害无辜,虽然倾其家财奉佛,也不能消除灾祸。希望陛下要节欲兴慈,将恩惠普施于天下所有的人,则佛教便将永远兴盛,陛下的佛祚也将得到佛的保佑,绵延万世。"对于佛图澄的话,石虎虽不能全部听从,但他的凶残之性多少有些收敛。

由于佛图澄很博学,既精通佛教经典,又会神异功能,使后赵朝野看到了一个神秘幽远的佛国世界,一时间后赵俨然成了佛教之国,他所住的邺宫寺也成为江北佛教中心。不少信徒不远万里投奔他的门下受业,门生达万人之多。弟子中有声望的当推道安、僧朗、法雅、法汰、法和等,他们奔赴全国各地,成为传播佛教的高僧。总之,佛图澄对推动佛教在中国的立足、传播和发展,做出了卓越的贡献。

相关链接

格义佛教

在佛教的早期传播时期,一些学僧在向一般知识分子或民众讲述佛法时,经常借用儒、道典籍中的词语、概念和思想来比附和解释佛教的教义。这在佛教史上被称为"格义"。

据《高僧传》卷四《竺法雅传》记载,佛图澄的弟子竺法雅年轻时精读儒道经史,出家后精通佛教教义，有不少“衣冠士子”(儒者、士大夫)前来听他讲解佛法。他“以经中事数，拟配外书”，即将佛经中的词语(佛教概念前常冠以数字，如四谛、八正道等，称“事数”)用儒、道经史(“外书”)中的词语、概念加以比附与解释，取得很好的效果。在当时有不少僧人用这种方法向门人、信徒讲述佛法。例如东晋时在北方的道安，在南方的竺法汰、慧远等人，也常用这种格义方法讲授佛经。采取格义方式，其最初的出发点是为了使佛教教义易被中国人所了解，但这样做的同时也就强化了佛学与中国文化的共同性，增强了它与中国文化之间的“求同倾向”和人们对它的认同感，削弱了排拒心理，这是佛教能够在中国立足生根的心理基础，也是外来文化进入本土的必要过程。这种格义佛教，实际是会通佛教与中国传统文化的一种形式，对佛教的中国化起了促进作用。

道安创立本无宗

道安(312～385)

俗姓卫,常山扶柳(今河北冀县)人。十二岁出家。曾师事佛图澄,广泛诵习佛教经典。后又以襄阳和长安为中心,译经弘法,成为佛教本无宗的创始人。

345年

前燕立龙翔佛寺,佛教始入东北。

366年

晋沙门支遁卒。乐僔僧始建敦煌莫高窟。

379年

释道安入长安。

381年

晋翔迁初奉佛法,立精舍于内殿,引沙门居之。

东晋时有个顺口溜:"漆僧人,惊四邻。"所谓漆僧人,就是指又黑又瘦的道安。道安到邺(今河北临漳县)后拜佛图澄为师。佛图澄很是看重他,有时和他整天交谈。寺中僧众见他相貌丑陋,都瞧不起他而且取笑他。佛图澄说:"道安这人其貌不扬,但很有见识,不是你们这帮人所能比的。"以后佛图澄讲经,总是由道安复述,但众僧不以为然,都说他是偶然碰上的。道安经过多次复述,并先后解答了僧众的疑难诘问,这才使大家口服心服。

佛图澄死后,道安辗转河北、山西、河南等地,和佛图澄的其他弟子一道翻译佛经,弘扬佛法。到了后燕统治时期,统治者慕容儁不太信佛,加上北方战乱不息,习凿齿从襄阳给道安写信,让他南下弘法。于是道安率慧远等弟子四百余人来到襄阳。

道安到襄阳后,一天习凿齿前来拜望。当时道安正与徒众进食,众人见他进来,赶忙放下食钵,恭立迎接,只有释道安持钵进食,并不理睬。习不愧为名士,从容落座,说道:"四海习凿齿。"出口不凡。"弥天释道安。"机锋更健。"四海习凿齿,故故来看尔。"咄咄逼人。"弥天释道安,无瑕得相看。"从容不迫。"头上钵有色,钵无头上毛。"近乎技穷。"面有匙上色,匙无面上坳。"以牙还牙。"大鹏从南来,众鸟皆戢翼。何物冻老鸱,腩腩低头食?"老羞成怒。"微风入幽谷,安能动大材。猛虎当道食,不觉蚤虻来。"游刃有余。习凿齿再无话说。见面礼毕,两人开始谈学论道,从此,时常往还,成为至交。

道安在襄阳一住就是十五年,他一方面注经,一方面讲经,同时还制订新的僧尼规范,包括讲经说法的仪式和方法、昼夜六时的修行吃住规则、每半月一次的说戒忏悔仪式、夏安居期满之日的检举忏悔集会仪式。他认为佛门中再没有比释迦尊贵的,决定以"释"作为僧人的统一姓氏,这增强了僧人间的凝聚力和认同感。

苻坚统一北方后,把道安请到长安。道安住在五重寺中,有徒众数千名,随之弘扬大法。同时又主持翻译佛经,他先后注释了《道行品经》、《安般守意经》、《阴持入经》、《人本欲生经》等,他的注释,解说渊富、妙尽深旨、条理清晰、文义会通。另外,自汉魏以来,佛经典籍日益增多，但翻译者的名姓、时代等都不得而知，道安有鉴于此，便着手搜集汇总资料，编纂出了汉译佛经典籍目录，这在我国佛教史上也是首创。

道安认为世界的本性就是空无所有，事物的本末是没有差别的，有无都是没有寄托的，据此理论，他创建了佛教的本无宗。他生前对鸠摩罗什推崇备至，罗什对他也十分敬重，称其为“东方圣人”。遗憾的是两人无缘见面，道安去世十六年后，鸠摩罗什才来到长安，为不能与他相会而无限感慨。

相关链接

玄佛合流

两晋时期，汉末由支娄迦谶等译介传入的大乘般若学在玄学的刺激下得以大兴，出现了玄学化的佛教般若学派“六家七宗”。而当玄学发展到它的极致后，也从佛教般若学中汲取养料来提高自己，形成玄佛合流的时代思潮。

所谓“六家”，指道安的“本无”、支愍度的“心无”、支道林的“即色”、于法开的“识含”、道壹的“幻化”、于道邃的“缘会”等六个派别，其中“本无”又分出竺法深、竺法汰的“本无异宗”，故称“六家七宗”。大致有三派：其一“心无”派，认为只要“心中无物”即是“空”，至于外境外法的“空”与“不空”，可以不去管它。其二“即色”派，包括识含、幻化、缘会、即色四宗。认为“色”（客观事物）不是靠自性而成其为有，所以是空。其三“本无”派，以“本无”谈“空”。“本无”派与王弼的“贵无”派相似，“心无”派与裴颜的“崇有”论相通，“即色”派与郭象的“独化论”有联系。

玄佛合流以僧肇批判玄学化的六家七宗，从而把佛教般若学从玄学中解脱出来，进而以般若学取代玄学而终结，创立了中国佛教史上第一个比较完整的中国化的佛教哲学思想体系。

慧远弘佛

慧远(334～416)

俗姓贾，雁门楼烦(今山西代县)人。

340 年

庾冰向皇帝上奏，僧人应遵从礼教，敬拜王者，引起争议。

354 年

慧远远赴恒山，跟随道安出家，宣扬佛教。

慧远是道安的学生，与他的老师一样，也是中国佛教史上一位举足轻重的人物。他在庐山探讨中国佛教发展之路，使庐山成为与长安齐名的东晋佛学中心。

二十多岁时，慧远听说道安在太行恒山造寺传教，他就北上投奔道安。在道安门下，他听道安讲《般若经》后，豁然开悟，再反观儒道诸教，都不过糟粕而已。自此，他随道安习佛达三十年之久，其间也跟随道安避难各地，深得道安赞许，道安曾说："能使佛教流行中国的，只有慧远了。"

太远四年(379)，前秦攻打襄阳，道安分散徒众，遣慧远南下。慧远拟往广东罗浮山，途径浔阳(今江西九江市)时，他应邀前往庐山，发现此山很清静，可以息心修道，便留住庐山，从此以后，"影不出山，迹不入俗"，直到圆寂谢世。

在庐山的三十年中，慧远虽不出山，但聚徒讲经，撰著文章，联系南北各僧，周旋名士权贵，进行了大量的佛教活动。庐山由此成为中国南方佛教的中心，慧远也成为当时的南方佛教界领袖。

慧远为了弘扬佛教，首先提出了"神不灭论"。在他看来，人有衰老病死，形体终会消灭，而精神却是永远长存的。他和桓谭、王充等人同样以薪火喻形神，并肯定薪经过燃烧后成为灰烬，但慧远却将火能从这一木柴传到另一木柴的特性，说成为火是永远不会熄灭的。于是，再转而运用到形神关系上，得出了这样的结论：人的形体是要消灭的，而人的精神却从此一形体传到另一形体，是永恒不灭的。

其次，慧远把神不灭论运用到佛教轮回观，提出了报应论。他认为决定报应的不是有一个高高在上的天帝，而是由于每个人自己的行为(包括身、口、意三个方面，行动是行为，言论及思想意识活动也是行为)。慧远把赏善罚恶的外因说成是每个人自己行为造成的内因。受报的主体，不再是祖宗与子孙之间的关系，而只限于作者自身，也就是中国流行的"自作自受"。

慧远为了弘扬佛教，还利用敏锐的洞察力，调和儒、释、道三教之间的矛盾。他身在庐山专心修行，足不出山，送客绝不过虎溪桥。相传当时的著名诗人陶渊明、山南道士陆修静与慧远相知相交，经常来东林寺谈儒论道。一次，慧远送两人出山，边谈边走，兴致很高，无意之中越过了虎溪桥，于是山中神虎大声吼叫不止，三人相视，不觉大笑。这就是著名的文坛佳话——“虎溪三笑”。同时他还专门著《沙门不敬王者论》，目的在于调和佛教义理和儒家名教的矛盾。

慧远是位博学的佛教领袖，不但深通佛学，还擅长儒学和玄学，所以他能使佛学、儒学、玄学相互调和，相互渗透，相互补充，从而使佛教与政治相结合，维护了封建统治者的利益，推动了佛教的发展。在佛学方面，慧远积极传播鸠摩罗什翻译的“三论”，使大乘中观学说在南方广泛流传，这对隋唐三论宗的创立起了重要作用。慧远又首倡弥陀净土信仰，并提倡念佛三昧与禅智并重，这对后世净土宗、天台宗和禅宗的形成都有很大的影响。

相关链接

沙门应礼王者议

佛教初传入内地时，沙门对帝王双手合十致敬，与中国礼制不符。到东晋、南北朝时，多次出现沙门是否应向帝王跪拜的争论。

东晋咸康六年(340)，车骑将军庾冰提出沙门应礼敬王者，尚书令何充等认为沙门不应礼敬王者。安帝时，桓玄(369～404)专权，后来篡位称帝，不久失败被杀。桓玄称帝前曾提出沙门礼敬王者的问题，认为王与道、天、地处于同等地位，是辅助天地化育生灵、治国理民的，理应受到臣民的礼敬；沙门生活在现实国土，受到王者的恩惠，也应当礼敬王者。慧远为此写《答桓太尉书》表示反对。在桓玄失败后，又写出《沙门不敬王者论》，系统地论证了沙门不应当礼敬帝王的观点。他认为佛教有“在家奉法”的男女居士和“出家修道”的男女僧尼两种人。前者必须孝养亲人，效忠帝王，遵守名教；后者严格按照佛教的教义修行，以超脱生死为目的，所持的道理与世俗社会不同，于是便剃发穿僧衣以区别于俗人，在礼仪上也与世俗社会通行的礼仪不一样。但是他们通过传教，教化民众行善积德，引导他们寻求解脱，从而使社会达到安定。这样对在家信徒的要求消除了统治者的戒心，对出家信徒教化众生的要求，也有利于取得统治者的信任。

寇谦之改造天师道

寇谦之(365～448)

字辅真,原名谦,北魏上谷昌平(属今北京市)人。南雍州刺史寇赞的胞弟。

365年

杨羲创立道教上清派,标志着民间道教向士族道教转化。

383年

寇谦之始修道教,后成为北方天师道的改革者。

大约在葛洪死后两年,即前秦建元元年(365),中国北方有一位道教著名人物出现,他就是后来成为十六国北魏之际北方天师道领袖的寇谦之。他死于北魏太平真君九年(448),活了八十四岁。

寇谦之很早就开始和道教结缘,史称他有绝俗之心,好仙道。他学习张鲁的道术,服食饵药,但是效果很不明显。由于他虔信执著于道教,后来遇上仙人成公兴。他便跟随其入华山、嵩山修行,隐居石室,采药服食。

据说寇谦之在嵩山修道七年,其间神瑞二年(415)太上老君降临嵩山,授天师之位给寇谦之,并赐给《云中音诵新科之诫》二十卷,并让人授予服气导引口诀。泰常八年(423),又有自称是老子玄孙的李谱文来到嵩山,授予寇谦之《天中三真太文录》,使其能劾召百神,教授弟子。同时还授予《录图真经》六十多卷,讲述坛位、礼拜及衣冠、仪式。

寇谦之把自己所得到天君赐予的经籍一概献给了北魏太武帝,大受赏识,太武帝在京城为他建起天师道场,重坛五层,还改元太平真君元年(440),道教成了北魏的国教。

聪明的寇谦之,一方面从自己虚造的老君手上接过了"天师"的尊号,又把《云中音诵新科之诫》、《录图真经》等伪托作改革道教的思想武器,另一方面又请出现实中的皇帝魏太武帝为其正名授权,扫清了改革道路上一切可能出现的障碍,然后在组织上和行动上展开了工作。

在组织上,取消了"三张"的宗教行政单位"治",而新的道教组织直接依附于各级地方政权,不再设"天师"。对于三张道教中的叩头思过、画符驱邪、跪拜科仪等不很强调,而更加重视"内功"修行,制订了新的教规和教义。废除收取教徒租米钱税的做法,废除了男女合气之术,强调通过诵经礼拜和修功德,慢慢去体会长生成仙的秘诀,改道教经"直诵"为"音诵"。

寇谦之的改革,简化了信徒修炼的形式,认为男女信徒只要虔信道教,不一定要出家修行,也可以在家设立神坛,朝夕礼拜,其效果是一样的。这样更加赢得了广大劳苦大众的拥戴，极大地推动了道教的发展壮大。

在道教被定为北魏国教后，寇谦之趁热打铁，太平真君三年(442)，他又上奏说："如今陛下以'真君'身份统治天下，又建'静轮天宫'之法，这是自古以来从未有过的事情，应正式登坛，领受上天的符箓，以表彰陛下的圣德。"

按道士的说法，"符"是无神的印信，"箓"是天神的花名册，只要有了这两个东西，便有了代天神役使三界(天、地、人)官属的权威。所以太武帝欣然接受。

受符箓的仪式盛大而隆重。玄都坛外，万民攒动，瞩目高坛；云都坛上，三香献罢，威仪既备。只见"天师"精神抖擞，大展"仙术"：忽而灵咒降神，忽而"八音"迎驾，忽而步虚赞颂，忽而祈请符箓，一番折腾之后，终于功德圆满，言功送神，仰空存慕，恩贶(kuàng)尽获，一册老君的符箓，就到了"英明圣武"的太武帝手中。从此，一个"真君皇帝"，一个"教主国师"，算是精诚合作了。

道教造像。发愿人是一名女性信徒。

经寇谦之改造后的天师道，原始性减少了，成熟度增加了，特别是在性质上发生了很大的变化，即由一个民间宗教变成符合封建统治阶级需要的宗教。为了同以前的旧天师道相区别，经他改革后的天师道被称为新天师道或北天师道。

相关链接

以礼度为首

寇谦之援儒入道，提出"以礼度为首，而加以服食闭炼"的道教新的规范，用儒家思想改造道教，促进道教的发展。也就是以封建统治的礼法制度为准则，凡符合的就保留，不符合的就革除。

寇谦之倡导的道术主要就是他撰写的《老君音诵戒经》中所说的修善事、洁己身、尊礼法、奉朋同、诵新经、建香火、服气辟谷等。对于斋醮、禁忌、咒语、符箓、炼丹等仪式和方法，寇谦之主张进行简化，强调节约，实际上是不怎么重视。他反对人们“称官设号，蚁聚人众，坏乱土地”，“叛逆君主，谋害国家”，主张道徒遵守修道戒律，即臣忠子孝、夫信妇贞、兄敬弟顺、安贫乐贱、信守五常等封建伦理纲常。寇谦之受佛教的影响，认为单修服饵、辟谷、导引，不能长生；要得长生，必须诵经礼拜。为此，他对道教斋仪作了增订。从《老君音诵戒经》中可以看出，有道官受箓的斋仪，道官道民求愿的斋仪，道民犯律解度的斋仪，为人治病的斋仪，为亡人超度的斋仪，为先祖亡灵解厄的斋仪等。如求愿斋仪规定：“入靖东向，恳三；上香讫，八拜，便脱巾帽，九叩头，三挎颊，满三讫，启言……上香。”在斋仪上奏乐，也为寇谦之首创。他援儒入道，将道教与封建礼教紧密结合，使民间道教改造成适应封建统治需要的官方道教。

僧肇"解空"

东晋十六国时期,北方后秦的佛教达到了鼎盛。鸠摩罗什被请到长安,译出大量佛经,门徒八百余人,前来听讲的达五千余人。在罗什的众多高足中,影响最大、声望最高、对罗什所传的般若三论之学领会最深刻、从而被誉为中土"解空第一"的,是年轻的才子释僧肇。

僧肇年轻时对《老子》、《庄子》两书很感兴趣,认为是在思想上追求玄微境界的重要引路书,但又觉得算不上尽善尽美。后来,僧肇读了大乘佛教经典《维摩诘经》,十分喜爱,认为该书指出了精神解脱的方向,于是出家当了和尚。从此,他深入研究大乘佛教经籍,通晓经、律、论三类佛教经典,二十岁时已是颇有名气的佛教理论家。当时佛教和儒教、道教以及佛教内部论争激烈,有的人竟千里迢迢背着干粮前来和僧肇抗辩,据说长安的老学者和关外的英才都敌不过他。

当时佛经翻译权威鸠摩罗什来到姑藏(今甘肃武威县)。僧肇不远千里,前去拜师受学,深得赏识,成为"什门四哲"之一。从此他协助鸠摩罗什翻译、注释佛经,并撰写了《般若无知论》、《物不迁论》、《不真空论》等重要论文。这些文章思想深刻,生动而准确地表达了佛教的奥义。他的老师看完《般若无知论》后,十分赞赏;隐士刘遗民也感叹地说:"没想到会有像何晏一样的和尚。"可惜这样一位天才英年早逝,留下了遗憾。

僧肇认为,从现象上看,事物是运动变化的,"生死交谢,寒暑迭迁,有物流动",但若把这些现象放入时间的非连续性中考察,事物的流动、变迁便是不真实的,不真实故不能成立。

在僧肇看来,如果过去中有现在和未来,则现在与未来便不能成立,因二者已蕴涵于过去之中;同理,现在中也没有过去和未来,未来中更没有过去和现在。所以动是假象,"物不迁"是真实。

同时,僧肇还强调事物无自性,事物亦无他性。因为物本身并非真物,而是人心所生之念,既然不真,物就没有自性;然而,说物非真物,并不意味着无物,而是说只有不真之物,这种不真之物既无他性。所以,有和无都是虚妄的,虚妄的不真便是空。

僧肇(384～414)

原姓张,京北长安(今陕西西安)人。

399 年

释法显西行求法。

401 年

鸠摩罗什到长安,开始大规模翻译佛经。

法显西行

法显(334～420),俗姓龚,平阳武阳(今山西沁县东南)人。二十岁时受大戒。399年,法显和慧景等四人从长安出发,经张掖西进,遇上智严、宝云等五人。402年,越过葱岭,进入北印度境内,只剩下法显和道整两人。法显在摩羯提国巴连弗邑住了三年,求得经律论六部,并学习印度文字,抄写律文。

法显历时十五年,经二十九国,取回了《长阿含》、《杂阿含》、《弥沙塞律》等大小乘三藏基本要籍十余部,并巡礼佛迹,参偈圣地。回国后,还译出经书多部。

僧肇特别强调人的认识应依赖自心,以人心对时空的神会意合来认识世界。因为万物是虽有而无,故无"知"的对象,知也就是无知;但万物又是虽无而有,故无知也就是有知,这个知便是对"物我俱一"的人心之神会意合。

僧肇还认为,就虚幻相而言,世界上万物纷杂而异;就实在相而言,则万物同为不真之空、无异可言。因为人们探究有的结果却发现有是从无而有,万物便是因缘而生,因此,无是心无之"无"。总之,僧肇的主旨并不在于从形式上否定有无,而是要从内容上阐明主观与客观的合一、"物我俱一",从认识论上说明人心的作用是非有非无,即有即无,非动非寂,即动即寂。

从古及今,不少人在人生问题上,抱着"不即不离"的处世哲学而活得优哉游哉的,这多少受到僧肇这种"非有非无"的佛教哲学思想的启示。

相关链接

般若性空学

宇宙间的事物非有非空,即有即空,不落两边,圆融无碍,名为中道,此乃佛教般若性空学之基本哲理。般若,梵文 prajna 的音译,亦称"波若"、"钵罗若"等,意译为"智慧"、"智"、"慧"、"明"等。全称为"般若婆罗蜜多"(prainaparamita)或"般若波罗蜜",意译为"智度"、"明度"、"无级"等,是成佛的特殊认识。"般若"即"空观"。

般若学是印度佛学大师龙树菩萨开创的大乘空宗理论,其宗旨是通过体证世间诸法的虚幻不实,来引导人摆脱俗世种种假象的诱惑,出假入真,亲证实相,得到解脱。般若学的中心内容是讲万物(诸法)无不是依靠各种条件的组合而成(缘合或叫缘起),所以没有独立的自性,是"性空"。东汉末年支娄迦谶译出《般若道行品经》,般若学理论传入中国。后来又出现了许多不同的般若经译本。姚秦时期,鸠摩罗什在长安译经,系统地译出印度佛学大师龙树、提婆的中观学说。此前在阐发般若思想方面,已经形成所谓"六家七宗"学派,出现了般若学研究的高潮。后来僧肇的《肇论》问世,较为忠实地介绍了龙树、提婆的般若宗旨,但当时中国学术界理解的人仍很少。影响最大的,如道安、慧远诸人,都是按照中国玄学的思路来解释般若宗旨的。般若学影响深远,后来的三论宗直接以此为立宗的宗旨,并影响到天台、华严诸宗。

“生公说法，顽石点头”

鸠摩罗什的著名弟子竺道生，倡导“一阐提人，皆得成佛”，引起当时守旧人士的排挤，于是退隐山间，每天对着顽石讲经说法，留下了“生公说法，顽石点头”的传说。

竺道生受业于高僧竺法汰，深得竺法汰器重，给他起法名“道生”。竺法汰死后，竺道生开始游学，先是到庐山向慧远问学，一住就是七年。他认为入道之要，应以慧解为本，所以特别在解悟上下工夫。鸠摩罗什到长安后，他又远赴长安，从罗什受学。他学问渊博，尤其以悟解高明而受到罗什的赏识，关中僧众给他送上“神悟”的美名。

经过长期思考，竺道生认为应该摆脱经典的束缚，应从语言文字之外体悟深层意蕴，即所谓“言外之旨”。一天他叹息道：“物象，是用以表达意思的，只要明白了意思，就可以抛弃物象；语言，是用来解释道理的，只要弄清了道理，就再也用不着语言了。自从佛教经典传入中国，翻译者由于受语言的限制，多拘泥于原文，就不能完整准确地表达它的意义。必须达到得鱼而后忘掉打鱼工具的程度，才谈得上对道的认识。”

鉴于这种认识，他对所谓“佛性”问题提出了自己的看法。根据当时在建康翻译出来的《泥洹经》（法显带回的）的说法，一切众生都有佛性，将来都有成佛的可能，唯独“一阐提”人是例外的。一阐提就是断绝善根的极恶众生，没有成佛的菩提种子。道生对于这种说法很不满意，仔细分析经文，认为一阐提固然极恶，但也是众生，并非草木瓦石，因此主张“一阐提皆得成佛”。这种说法在当时引起拘泥经文的守旧僧众的排斥，一致认为他违背佛经原旨，邪说惑众，从而将他逐出僧团。

被开除僧籍后，竺道生来到东吴（今江苏苏州）的虎丘。据说他怀着悲伤的心情，一个人孤独地退隐山间，每天对着顽石讲经说法。山里的樵夫经常路过，偶尔会跑过来看看这个对着石头讲经的出家人。大家都以为他疯了。一传十，十传百，经常有人来偷看竺道生对石头说法，但没有一个人愿意坐下来听他讲经。有一天，竺道生对着

竺道生（355～434）

俗姓魏，钜鹿人，寓于彭城（今江苏徐州）。

431 年

谢灵运编成《四部目录》，使经、史、子、集四部分类法得以确认。

438 年

宋文帝立四学馆，儒、玄、文、史四学并列。

446 年

北魏太武帝诏令灭佛。

《弘明集》

梁僧祐撰，今本十四卷，原本为十卷。记载汉末至魏晋六朝的三百年佛教流传的情况，详于江南的佛教，而略于北方佛教。僧祐表示他著书的宗旨："夫道以人弘，教以文明，弘道明教，故谓之《弘明集》。"《弘明集》中保留许多原籍，如牟子《理惑论》原本已佚，今本则自《弘明集》辑出。

山里的群石说："一阐提也有佛性，如我所说，契于佛心否?"群石听了，一致猛烈地点头。那些在旁边偷看的樵夫大吃一惊，原来这个疯和尚是个得道的人，否则怎么会使顽石点头呢？于是大家恭请竺道生下山传道弘法。这一传说反映了广大僧徒对道生的敬仰和同情，也是对建康佛教界的一种反对。

不久，来华印度高僧昙无谶翻译的四十卷本《大般涅槃经》传到京师。该经果然称一阐提也有佛性，也能成佛，与道生所说完全相符。道生看了经文后，喜出望外，立即建座开讲。受经中关于佛性问题论述的启发，他进一步发展了顿悟成佛说。

竺道生去世后，宋文帝还在御前开会，讨论发扬竺道生的顿悟学说和佛性学说。对老百姓来说，天堂的大门对所有的人敞开，是受欢迎的。对统治者来说，只要改恶向善，就能成佛，也是很有吸引力的。这种主张对后世的禅宗产生了重大的影响。

相关链接

涅槃学

早期佛教借用婆罗门教的涅槃概念来标明佛教的最高理想境界。涅槃是梵文 Nirvana 的音译，也译为"泥曰"、"泥洹"；其意译，鸠摩罗什译为"灭"或"灭度"，唐玄奘则译为"圆寂"。所谓灭、灭度，指灭烦恼、灭生死因果。所谓圆寂，圆者圆满，不可增减；寂者寂静，不可变坏。圆寂是说涅槃体周遍一切，真性湛然。涅槃学主要是阐发佛性学说，南朝是由般若学转到涅槃学，由谈"空"转到讲"有"的转折时刻。

竺道生早年精于般若，后来盛倡涅槃，"真空"、"妙有"契合无间，上接般若下开涅槃，成为宣扬佛性说最著名的代表人物。晋宋期间一些佛教学者往往以般若的"空"否定涅槃的"有"，以"人无我"否定"佛性我"。道生强调众生都有"佛性我"，众生都有佛性，众生都能成佛。他把佛性真我和般若无我统一起来，强调涅槃和生死不二，众生都能成佛，反映了中国佛教哲学的重大变化。

在中国佛学界，对于成佛的步骤和方法问题一直存在分歧。安世高一派的小乘禅学主张渐悟，而支谶、支谦一派的般若学则接近于顿悟。道生认为在渐悟中不能获得彻悟，只有真正悟解佛理、体认本体的时刻才能成佛。这种神秘主义的直观理论、直觉思维，对于其后的佛教思想和宋明理学都有深刻的影响。

陆修静总括三洞

陆修静婚后不久，便遗弃妻子，离家入山修道。最初他隐居在云梦山，因患气疾，有时到城里去买药，也回家住上几天。有一次，他回家正遇上女儿生了急病，危在旦夕。家人一再请求他为女儿治病。陆修静却说："我早已与妻子儿女情断义绝，投入了玄门。今日到家，不过像旅客住店一样，怎能再产生骨肉相怜之心！"说完就拂袖而去，不肯回头再看一眼。隔了几天，女儿的病竟然不治而愈了。

陆修静(406～477)

字元德，吴兴东迁(今浙江吴兴县)人，是三国吴丞相陆凯的后裔。

相比之下，陆修静对修道却矢志不移。为了搜集道书，他走遍了名山大川，南边到过衡山、九岳山、罗浮山，西边到过峨眉山。只要听说有异人名士，不管路途多么遥远，他都要登门拜访。经过多年的修道、访仙、集书，陆修静闻名遐迩。兴安二年(453)，陆修静到京城建康(今南京)卖药，就被宋文帝刘义隆请到宫中讲经说法，深得宋文帝的尊重，就连太后王氏也向他执弟子之礼，可见他的威望之高。

460年

释昙曜复兴佛教，并主持开凿云冈石窟。

465年

陶弘景得葛洪《神仙传》。

好景不长，刘宋王朝内部上演了争权夺利骨肉相残的丑剧，陆修静于是离开京师，来到风景幽深秀静的庐山，再次隐居修道。他在山中静坐、静修，一住就是十五年。

刘宋政权重新稳定后，当政的宋明帝又对道教产生了兴趣。在他的反复聘请下，陆修静于泰始三年(467)再次赴建康。明帝亲自询问道法，并以很高的礼节来接待他，又在北郊的天印山建筑了崇虚馆供他居住。他在那里大力发展道教，宣讲教理，名震朝野，在道俗中赢得极高的声望。道教自此又复兴起来。

《真诰》

陶弘景编，为道教上清派要典，意为"真人口授之诰"。"真人"是道教对神仙人物的尊称，"诰"是上对下的一种诫勉。书中内容庞杂，介绍了道教上清派的历史、传记和方术等，对道教其他派别也有所涉及。该书崇道，劝人修仙，宣扬善恶报应，是研究上清派及陶弘景的重要资料。

陆修静在崇虚馆住了十年之久。在此期间，宋明帝交给他一个任务，就是"总括三洞"，也就是清整道教经典。陆修静在广集道书的基础上，辨别各种道书的真伪，加以核查，最后整理出道教经诫、方药、符图等书共一千一百二十八卷，并按"三洞"进行分类，奠定了《道藏》分类编撰目录的基础。陆修静撰写的《三洞经书目录》，是我国最早的一部道教经书总目。

同时，陆修静还广制斋醮仪范，建立并完善了经典教义及科戒仪式。例如"三会日"的确立，规定每年的正月初五、七月初七、十月初五召开元会，每个道民都必须参加。道民申报人口，道官宣令科戒。

471年
陆修静撰成《三洞经书目录》。

485年
北魏孝文帝下令禁图谶秘纬之书《孔子闭房记》。

他还严格整顿了道教中的等级制度，建立起完善的道官晋升制度。这些规定使道教组织日益严密。陆修静还将斋醮仪式中的祝香、奏启、请事、礼谢、愿念等统一起来，并制订种种戒律；他还开创了道教供奉神像的先河，结束了道教不奉神像的历史。他所创立的道教灵宝派（即斋戒仪范派）是道教仪式完善成熟的标志；南朝的天师道经陆修静改造后，成为南天师道，与寇谦之的北天师道相对。

陆修静整顿改造道教组织，搜集整理道教经典，建立完善的道教斋醮仪式，成为南朝道教的一代宗师。

相关链接

三洞四辅十二类

三洞四辅十二类是南北朝时期经陆修静、孟智周努力而形成的道书分类方法。从神学意义上说，道教的三个天尊在三清境中各说了十二类书，分别放在称为“真”、“玄”、“神”的三个洞中，而元始天尊、灵宝天尊、道德天尊便分别称为洞真教主、洞玄教主、洞神教主。“三洞”便成了道书的总称。十二类书是指十二个系列的书。“四辅”是指十二类道书之外非常重要的早期道书，成为“三洞”的辅助书，于是称为“四辅”。

“三洞”系列道书，“洞真”是指《上清太洞真经》系列；“洞玄”是指《灵宝五篇真文》；“洞神”是指《三皇经》系列。“四辅”系列道书，太玄部指《太玄经》系列，包括《道德经》及有关对《道德经》的批注本，辅“洞真”的。太平部指《太平经》系列，包括《太平经》系列的所有道书，辅“洞玄”的。太清部指《太清经》系列，包括所有炼丹服食类道书，辅“洞神”的。正一部指《正一法文》系列，是天师道所有经戒法箓、科仪、祭醮等规程的道书，辅“三洞”所有道书。十二类包括本文类、神符类、玉诀类、灵图类、谱录类、戒律类、威仪类、方法类、众术类、记传类、赞颂类、表奏类。

三洞四辅十二类的分类方法是相对科学合理的，一直流传到今天。

范缜辟佛

南朝齐、梁时期，很多大官僚都崇信佛。他们提倡信佛，到处宣扬因果报应。但是也有人并不这样，他们自己不信佛，而且敢于同佛教作坚决的斗争，其中最著名的代表人物就是范缜。

南齐的宰相竟陵王萧子良是一个笃信佛教的信徒，他邀请了一些僧人在建康郊外的鸡笼山别墅讲经论道，宣扬灵魂不死、因果报应的歪理邪说。范缜认为这些说法十分荒谬，叫人们不要相信它。

范缜的哥哥范云经常到萧子良家里去。萧子良听说范缜竟敢藐视佛教，十分恼火，他让范云把范缜叫到他的家里。

萧子良很严厉地问范缜："既然你不相信转世轮回的因果报应，那你说说，为什么有的人生下来就富贵，有的人生下来就贫贱呢？"

范缜从容地回答说："很简单，人好比树上的花瓣，经风一吹，有的掠过窗帘，落在坐席上面，有的吹到篱笆外，落在了茅坑里。"

萧子良一下子没明白是什么意思。范缜接着又说："落在坐席上的就像您，落在茅坑里的就像我。富贵、贫贱本来是这么一回事，哪里有什么因果报应呢？"

范缜针对佛教的"神不灭论"，专门写了一篇《神灭论》，认为形神不可分，形是神之质，神是形之用。文章里说："形体是精神存在的根本，精神依赖于形体而存在。形体和精神的关系，好比刀刃和锋利的关系，没有刀刃就谈不上锋利；同样，没有形体，哪里能谈得上所谓精神呢？"范缜还认为，人死后灵魂就消失了，什么因果报应、轮回转世，都是骗人的鬼话。文章采取一问一答的形式展开对主题的论述，比喻生动，说服力颇强。《神灭论》在当时引起轰动，是中国哲学史上一部里程碑式的重要作品。

这篇文章一传开，那些佛教信徒都对范缜恨得咬牙切齿。他们气急败坏地找来了一些高僧和范缜辩论。范缜坚持真理，据理力争，那些高僧一个个都败下阵来。

有个佛教徒王琰见实在无计可施，便讽刺范缜说："唉！范先生啊，您不信神灵，那您就连祖先的神灵在哪儿也不知道了。"

范缜针锋相对地嘲笑王琰说："可惜啊，王先生，您既然知道祖先

范缜（约450～515）

字子真，南乡舞阳（今河南泌阳县）人。

489年

萧子良及宾客与范缜辩因果与神灭。

495年

北魏孝文帝亲祠孔子庙。

《洛阳伽蓝记》

南北朝时期东魏杨衒之著。共五卷。

书中以"伽蓝"为主题，详细地记述北魏时期洛阳城内和城外佛教寺院的兴废沿革，以及有关的史事、景物、掌故和传闻，大多为作者亲见亲闻之洛阳佛寺的景色及其有关掌故。内容涉及北魏时期的政治、经济、社会、文学、艺术、思想、宗教等方面，史料价值极高。其中，第五卷收录的宋云《家纪》、慧生《行记》、《道荣传》，详细记载了宋云去天竺的情况，成为现今研究中印交通史的珍贵史料。

此书叙述委婉有致，文辞秾丽秀逸，文学价值也很高。

的神灵在哪儿，为什么还不早点去找他们呢?”王琰被气得目瞪口呆。

519 年
梁武帝敕令裴子野撰《众僧传》。

萧子良怕范缜的影响过大，会动摇佛教徒的信仰，于是派了一个亲信去劝说范缜道：“宰相十分赏识有才能的人，如果您肯收回违背潮流的言论，凭您的才能，肯定能做个中书郎。”

547 年
杨衒之撰《洛阳伽蓝记》，佛寺是其记述的纲目。

范缜听了哈哈大笑，说：“如果我肯放弃自己的观点去求官，做个比中书郎大得多的官也不在话下，更何况是一个小小的中书郎呢?”萧子良实在拿范缜没有办法，只好装聋作哑，不再理会这件事了。

后来梁武帝萧衍夺取了齐朝的政权，宣布佛教为国教，并亲自写了一篇《敕答臣下神灭论》的诏书，指责范缜“离经叛道”，还组织王公贵族高僧等六十多人写文章批驳《无神论》，但都没能够驳倒范缜的理论。他恼羞成怒，下诏书不许范缜再发表议论，并把他流放到广州。

千百年过去了，反驳范缜的文章早已被人遗忘，但范缜的《神灭论》却一直保存到今天，真理是永远抹杀不了的。

相关链接

神灭与神不灭之争

人的形体死亡后，精神消失还是继续存在，即“神灭”还是“神不灭”，这本是先秦以来一直讨论的关于形体与精神关系问题的一个重要论题，佛教传入中国后，又成为信佛者和排佛者之间争论的焦点问题。

在这场争论中，东晋的慧远作《明报应论》，将神不灭和因果报应论结合起来，提出不灭的神是承受果报的主体。南朝宋僧人慧琳作《白黑论》，设白学先生和黑学道士辩论，抨击佛教幽灵神验之说，提倡废鬼神。当时的史学家、天文学家何承天著《达性论》支持慧琳，认为生必有死，形亡而神散。居士宗炳著《明佛论》、《难白黑论》，主张神不灭论，并赢得罗含、郑鲜之、范泰、谢灵运等人的支持。南朝齐梁之际，范缜著《神灭论》，提出形质神用之说，从根本上批驳佛教的神不灭论。他认为人的形体和精神之间，是质和用的关系，形体是精神的主体、本体，精神是形体的作用，如同刀刃和刀刃的锋利的关系一样，有刀刃这个主体，就有锋利这一作用；没有刀刃就没有锋利。离开形体独立的精神是不可能存在的。当时的崇佛皇帝梁武帝怂恿沈约等与其辩难，组织佛教徒对其围攻，范缜始终坚持自己的观点。佛教在理论上受到了挫折，但其因果报应、轮回转生、修行成佛等观念对中国人的心理造成巨大的冲击。

颜之推著《颜氏家训》

颜之推一生颠沛流离，遭遇坎坷，但博览群书，通晓古今。晚年所著《颜氏家训》，以儒家观念为核心，吸收佛道思想，为后来各家树立了榜样。

《颜氏家训》是我国历史上第一部内容丰富、体系宏大的家训，也是一部学术史著作。其内容涉及许多领域，强调教育体系应以儒学为核心，尤其注重对孩子的早期教育，并对儒学、文学、佛学等方面提出了自己独到的见解。后世称《颜氏家训》为“家教规范”，称此书作者颜之推为“家训大师”。

颜之推一生历经战乱，多次被俘，颠沛流离于江南、关中、山东、河北诸地，先后在南朝梁、北齐、北周、隋朝担任官职。这种经历，使他有了儒、佛、道三教合一的思想倾向。他在《颜氏家训·归心》篇中，认为儒教为内教，佛教为外教，本来是一体的，仅仅是在对人的教化方面分工不同。并用佛教的“五戒”比附儒教的“五常”，认为：“仁者，不杀之禁也；义者，不盗之禁也；礼者，不邪之禁也；智者，不酒之禁也；信者，不妄之禁也。”还把儒家的克己复礼、修身治国和佛教一人修道、普度众生结合起来。

此外，他还在《颜氏家训·养生》篇中接受了道家的神仙之术，认为“神仙之术，未可全诬”，提出“若其爱养神明，调护气息，慎节起卧，均适暄寒，禁忌饮食，将饵药物，遂其所禀”的主张，将儒家和道家结合起来。

《颜氏家训》以传统的儒学道德观念结合古今事例，阐述教子治家、立身扬名的道理，告诫后代守道尊德、治学修业、养生归心，成为于国于家有用之人。强调环境对人成长的重要性，强调幼年教育对人一生的重大影响，强调个人立志发愤是成才的重要因素。主张改革士大夫教育，培养专精一职、“应世经务”、利于国家的人才，并提出“德艺周厚”的要求。同时认为，父母是家教的关键，要把爱子和教子结合起来。还要重视子女技艺的教育，要教育子女有远大志向，勤奋努力。

《颜氏家训》“务先王之道，绍家世之业”，“明六经之旨，涉百家之

颜之推(531～约590)

字介，琅玡(今山东临沂)人。颜回第三十五代嫡孙。

570年

甄鸾向北周武帝上《笑道论》，讥笑道教“三洞”之名。

574年

北周武帝下令禁断佛、道二教。

579年

北周宣帝复兴佛教。

书”的殷切训导及全新理念的家庭教育，大大提高了颜氏子孙的素质，家族中人才辈出，孙子颜师古成为唐代最著名的音韵学家、训诂学家和文学家，六世孙颜真卿成为盛唐时期最为著名的书法家。

相关链接

南北儒学风尚

南北朝时期，南北儒学风尚是完全不同的。《北史·儒林传序》说：“大抵南北所为章句好尚，互有不同。……南人约简，得其英华；北学深芜，穷其枝叶。”《世说新语·文学篇》载有褚裒、孙盛一段对话，虽不是专论儒学，也反映南北学术风尚的不同：“褚季野（裒）语孙安国（盛）云：北人学问，渊综广博。孙答曰：南人学问，清通简要。”渊综广博，就是穷其枝叶；清通简要，就是得其英华。

这种风尚的不同，渊源可以上溯到魏晋乃至两汉。永嘉之乱，北方洛阳世家大族的南迁，又是其关键。永嘉之乱后，北方汉人多逃往江南。这种逃迁实以世家大族为中心。洛阳的上层世家大族，更是大多逃往南方。魏晋玄学之盛，也实在只是盛在洛阳，更只是盛在上流世家大族阶层。洛阳世家大族的南逃，装在他们脑子里的玄学自然也随之过江，而玄学之风自然也会影响江南的儒学。北朝的儒学，是继承十六国的儒学的。而十六国的儒学又是继承东汉的儒学。北魏、十六国、东汉是一脉相承的。“北学深芜，穷其枝叶”的学风，就是从这里传下来的。总之，北人所承的是汉学正统，是章句之学，枝叶蕃滋；南人所承的是正始之统，儒学受有玄学的影响，故约简而得其英华。

隋唐五代

——三教合一

公元581年，隋朝建立，但很快灭亡了。618年，唐朝建立，到907年灭亡。以后“五代十国”分裂割据，直至960年北宋建立。这期间是中国儒、道、佛三家并行发展，佛教内部宗派空前发达的时代。儒学重新恢复了正统地位。隋代就出现刘焯、刘玄两位大儒，他们学贯南北，博古通今。隋末又有大儒王通提出“三教可一”的主张，回应佛、道的挑战。唐初，孔颖达奉诏编撰《五经正义》，以儒为主，兼容道家。中唐以后，舍传求经，在经学里注入新思想。柳宗元、刘禹锡关心儒家的人本理念，韩愈、李翱则排斥佛、老，提出“道统”说，试图重建中国的人文价值体系。道教也进入了发展的兴盛时期，上清派、楼观派、正一派、灵宝派都有不同程度的相互融合。重玄理论逐步兴盛，成为主流学说，以成玄英、李荣、唐玄宗、杜光庭为代表。道教心性学有了进步，无论是司马承祯、吴筠、王玄览，还是《常清静经》等新道经，都将心性的炼养作为得道的关键，炼丹术也走向鼎盛。佛教文化出现繁荣，形成了具有中国特色的佛教。佛教哲学有四个主要宗派，即以智𫖮(yǐ)为代表的天台宗，以玄奘及其弟子窥基为代表的法相唯识宗，以法藏为代表的华严宗，以慧能为代表的禅宗。这一时期的哲学，上承魏晋玄学，下启宋明理学，是中国古代哲学史上一个重要的环节。

《夜半逾城》

此图是敦煌397号窟西壁龛顶南侧壁画。《夜半逾城》是佛教故事中的一个情节，表现释迦牟尼为求“解脱”之道，意欲离家出走。其父母为阻止其出家，故紧闭城门。释迦牟尼半夜离家，天神捧其马足飞越城墙，使之得以进山修行，最后成佛。这幅画在龛顶的三角形平面内，太子骑马，伎乐随后，天神托马蹄，前后有飞天护卫。

智顗创立天台宗

天台宗，是中国佛教史上第一个正式的佛教派别，其影响长达千年，并且超越了国界，流传到日本。它的创始人是谁？又经过了怎样的创立过程？

天台宗的创始人是智顗。智顗小时候就十分亲近佛法，见到佛像即顶礼，见到僧人就膜拜。十八岁那年，因战乱与家人离散，在荆州长沙寺的佛像前发愿为僧。次年在潭州（今湖南长沙市）果愿寺从法绪法师出家，随慧旷律师学律。二十岁时受具足戒（梵文 upasampanna 的意译，简称“具”、“具戒”，别称“大戒”。佛教戒律。为佛教比丘和比丘尼所受的戒律。因与沙弥、沙弥尼所受“十戒”相比，戒品具足，故称）。

智顗出家后，经过几年的学习，精通了几部重要的佛典，但对于得到佛法的至道仍心存迷惑。有一天，他听人说光州大苏山（今河南光山县）有一个慧思禅师，博学厚思、定慧双修，便决定前往拜师。天嘉元年（560），智顗慕名来到大苏山。慧思一见到他，就激动地说：“你不就是过去和我一同在灵鹫山听释迦佛演说《法华经》的那个人么？你我的缘分是前世所定的！”智顗一听，感动万分：“弟子确实曾和法师一起在灵鹫山上听佛说法，难怪今日一见法师就觉得心旷神怡、精神振奋呢！”

慧思见北方战乱频频，预见佛门将有法难，于是嘱咐智顗往南方暂避，并随缘传法。陈朝光大元年（567），慧思南下去南岳修道，智顗则与法喜等二十七人一同东下，到达陈朝的都城金陵（今南京）传播佛法。过了两年，智顗受邀在瓦官寺主持开讲《法华经》题，树立新的宗义，判释经教，奠定了天台宗教观的基础。他在瓦官寺停留了八年，除了讲说《法华经》题，还讲说《大智度论》、《次第禅门》等，并且撰写了对后学影响巨大的《六妙门》。当时的许多高官显要和著名僧人都十分敬重他。当然，也引起一些高僧的不满。庄严寺慧荣，不仅善辩，而且凶如老虎，人称“义虎”。有一天，他来到瓦官寺，几句寒暄后，傲慢地摇着扇子，正要开口挑战，扇子忽然落在智顗的脚下，他只得弯腰低头拾起，这无意中给智顗行了大礼，在场的众僧和沙弥不禁

智顗（538～597）

俗姓陈，字德安，颍川（今河南许昌）人。

583 年

隋文帝召集儒、佛、道三教学者，辩论《老子化胡经》真伪。

《法华经》

又称《妙法莲华经》，后秦鸠摩罗什译，七卷二十八品，六万九千余字。以莲花（莲华）为喻，比喻佛法之洁白、清净、完美。《法华经》是佛陀释迦牟尼晚年所说教法，显示人人皆可成佛之一乘了义。因经中宣讲内容至高无上，明示不分贫富贵贱，人人皆可成佛，所以《法华经》也誉为“经中之王”。

天台山万年寺

哄堂大笑。

陈朝太建七年(575),智𫖮离开金陵,深入天台山。此前,天台山十分闭塞,人迹罕至。智𫖮在此习禅多年,不仅营建佛殿十余处,更重要的是开创了中国佛教史上的第一个宗派——天台宗。

陈朝至德二年(585)三月,智𫖮回到金陵,住灵曜寺。陈少主请他在太极殿讲《大智度论》题,又讲《仁王般若经》题,慧恒、慧旷、慧辩等名僧都奉命参加讨论。后来他移居光宅寺,与众弟子讲《法华经》。弟子灌顶随听随记,录成《法华文句》。陈朝灭亡后,智𫖮又登庐山隐居。

591年
扬州总管晋王杨广迎智𫖮到扬州,举行千僧会。

隋开皇十一年(591),晋王杨广仰慕智𫖮,派使者三番礼请。智𫖮见其恳切,便于这年的十一月前往扬州设无遮大会,并为杨广授菩萨戒,取法名为"总持"。杨广也谦恭礼敬,说:"大师禅慧内融,道之法泽,辄奉名为智者。"从此,智𫖮被尊称为"智者大师"。两年后,他回到故乡,在当阳县玉泉山创立玉泉寺,开讲《法华玄义》,次年说《摩诃止观》,天台三大部经典至此完成。

开皇十六年(596),智𫖮返回天台山,重整山寺,弘传天台禅法,在病中还对弟子口授《观心论》,次年病逝。

智𫖮在其著述中建立天台宗行解的规范,力倡定慧双修、止观相成、教向与观心并行,化解南北偏废之争,形成独特的天台宗教观,成为中国天台宗的祖师。

相关链接

止观并重

止观并重或定慧双修是佛教普遍的修持方法。南北朝时期,北方重禅法,南方重义理,使这一原则未能很好贯彻。智𫖮正式提出"止观并重"作为最高的修养原则。"止"也称作"定",指通过坐禅以求得"心"的寂静。"观"也称作"慧",是指一种对"心"的内省功夫，以求得神秘的“般若”(即佛教专有的智慧)。智𫖮这一法号，就是“观”和“止”的代称。智就是慧的意思，指“观”；𫖮是静的意思，指“止”。智𫖮在《小止观》中形象地比喻：定慧二法，好像一辆车有两个轮子，一只鸟有一双翅膀那样，要同时修习，而不能偏废。

智𫖮关于修习止观的著述，早期有《六妙门》和《小止观》。“六妙门”的意思是介绍六种由浅入深的修禅方法，以达到“妙”的境界——涅槃境界。这六法是一数、二随、三止、四观、五还、六静。这六个环节依次渐进，从调和气息，不涩不滑，摄心在数，不令驰散，以至摄心缘息，静寂其心，无有我人，身受心法。这其实是一种佛教心理上的自我修养。《小止观》则是对《六妙门》进行了进一步的阐发。除坚持“止观并重”外，更重要的是强调以“度众生”作为目标，“自利利人”，以进入泥洹(即涅槃)作为归宿。

止观并重的提出标志着佛教的南北学风得到了融合与统一。

王通倡“三教合一”

王通(?　~617)

字仲淹,谥号文中子,外号王孔子,河东郡龙门县(今山西万荣县)人。其父是当时著名的儒学教师。他参加“秀才”考试,荣登榜首。二十岁时,来到长安,向隋文帝面陈十二条致太平之策,但未受重用,而被派作蜀王侍读。隋炀帝大业三年(607)他再次来到长安,又遭冷遇后,回乡聚徒讲学。

594年

文帝敕释法经等撰成《众经目录》。

602年

文帝诏令杨素、苏威、牛弘等人,修订《五礼》。

隋朝时儒、释、道三教各行其是,一盘散沙,急需加以整合。对此,王通提出“三教合一”的主张,认为佛、道、儒三教可以融合在一起。

王通年轻时未受重用,觉得仕途渺茫,便回乡聚徒讲学了。此后隋炀帝多次征召他都不出来。杨素对王通不计名利十分钦佩,劝他出来做官。王通回答说:“我有祖先留下的旧宅足以遮风挡雨,薄田足以提供餐粥。读书讲道,足以自得其乐。希望明公先端正自身,以便治理好天下,愿年年丰收,岁岁太平,这样我也就受惠颇多了。不瞒您说,我打心眼里不愿做官。”

有人在杨素面前说王通的坏话:“王通对您这样怠慢,实在是太过分了,您为什么还那么敬重他呢?”杨素去问王通,王通说:“假如你可以怠慢的话,那我就有所收获了;如不能怠慢,那就是我的损失。无论是得还是失都在于我,您何必参与其间呢?”杨素听了并不介意,还像先前那样善待王通。

王通认为天下多事是由于圣人之道不行,因此决心弘扬儒学,明周、孔之道。他先用九年的时间对儒家六经细细钻研,并作《续六经》,被人誉为当世孔子,故有“王孔子”之称。王通认为自己有责任把周公、孔子之道复兴起来,而其关键在于正礼乐、兴儒学。所以一方面要抛开汉代的经说,从头理解周、孔之道;另一方面要致力于类似周、孔的事业,摹仿他们的政治实践。

王通认为,治理民众的人不能认为天下很大就轻视民众的性命,民众是国家的根本,如果统治者不重视民众的利益,就会失去民众的支持。统治者应做到“遗身”,意思是不计较个人得失,做到无私、至公,以天下为己任;还应该做到“推诚”,意思是君臣上下都要讲求信用。在这两条原则下,如果君主有仁德,做了好事,臣下必须竭力歌功颂德,使天下的人都知晓;君主有了过失,臣下要极力劝谏,就是为此招来杀身之祸也在所不惜。

要让君主独尊儒学也是不现实的,所以王通提出“三教合一”的主张,意思是佛、道、儒三教可以融合在一起。他认为儒家的仁、义、礼、智、信(五常)和佛教的五戒是相通的,道家的成仙也可借鉴,三教都有可以辅政的内容。当然,三教也都有缺陷:佛教是外来的宗教,如果不加变通就难以实行,犹如大车无法在水泽地区行驶一样;道教不讲仁义孝悌,专讲神仙之道,是某些人贪得无厌的一种表现。但把佛教统一到儒学的轨道上来,要讲究方法,像北魏太武帝、北周武帝企图用行政手段排除佛教,只能起到推波助澜、纵风止潦的效果。

王通只活了三十多岁,他的一生和整个隋朝相始终,既经历了隋文帝的统一,又看到了隋炀帝时的暴政。他的著述很多,可惜大部分都散失了。他与弟子们的一些谈话,由他儿子记录下来,仿照《论语》编录成书,名为《中说》,又名《文中子》,共有王道、天地、事君、周公、问易、礼乐、述史、魏相、立命、关朗十篇,篇末附序文一篇及杜淹所撰《文中子世家》一篇。因为书中提出"千变万化,吾常守中焉"的人生哲学,并认为如能做到执其不动不静的"中者",便谓之"圣人",因名其书为《中说》。此书对后世有一定的影响。

603 年

王通西游长安,见隋文帝,献"太平十二策"。

606 年

始设进士科,标志科举制之创立。

相关链接

周孔之道

"周孔之道"在唐代以前是儒学教育的别称,周公与孔子被合称"周孔"。周公,西周时期卓越的政治家、军事家、思想家、教育家、儒学先驱,被后世尊为"元圣"。孔子,春秋时期卓越的思想家、教育家,儒家学派的创始人,被后世尊为"至圣"。周公创制礼乐,是华夏文明的人文始祖。孔子是周公之后华夏优秀文明传统的集大成者。周公之道与孔子思想相结合,即周孔之道是华夏几千年文明的主脉。周孔之道是世界观,礼乐文明是其社会实践的具体展现。两周(西、东周)与两汉(西、东汉)是周孔之道与礼乐文明的产生、发展、成熟时期,出现了两次古代中国文明史上百家争鸣的活跃景象。华夏政治大一统时断时续,但是意识形态的大一统,则是由周孔之道构成的亲和力、向心力、凝聚力起了决定性作用。

傅奕、法琳佛道之辩

619 年

唐高祖诏“兴化崇儒”，六月，令有司于国子监立周公、孔子庙。

620 年

秦王李世民开文学馆，立十八学士。

622 年

释法琳著《破邪论》，批驳傅奕神灭之说。

《破邪论》

释法琳著，针对傅奕对佛教的攻击而加以反驳。傅奕认为佛为西方所生，不是中国的正俗，是妖魅之邪气。法琳指出，如此而论，夏禹、文王生于西羌，也非中国正俗了？傅奕着眼于国家的政治、经济、伦理诸方面对佛教进行抨击，而法琳证明佛教在这些方面对社会都是有利的。

对佛教的政策问题，唐初朝臣中展开了一场面对面的激烈辩难。

起因是太史令傅奕指斥僧尼“剥削民财，截割国贮”，先后七次上疏奏请废僧尼、减塔寺。清虚观道士李仲卿著《十异九迷论》，刘进喜著《显正论》，直接参加反佛活动，他们将自己的反佛之作，托傅奕上奏唐高祖。僧侣法琳则写了《破邪论》、《辩正论》等，进行了争辩。这场争论进行了五年之久，唐高祖李渊就傅奕的奏疏，令朝臣们当场辩论对佛教的政策。

朝议一开始，宰相萧瑀就率先站出来指斥傅奕，说：“佛是圣人，诽谤圣人就是无法无天。傅奕毁圣谤佛，臣请杀掉傅奕！”

傅奕坦然自若，从容说道：“圣人是崇礼的。礼是什么？在家孝亲，在朝尊君。可是，佛教却教人弃家去国，无父无君。萧瑀并非异国臣民，却尊奉异域邪说，无父无君。这样的人又何以能忠于朝廷呢？”

傅奕义正辞严，萧瑀无言以对，只是低头合十反复咒骂说：“反佛死后要下地狱的！”

朝臣们齐声附和萧瑀，赞同傅奕的只有一人。但是，李渊还是采纳了傅奕的奏议，发布诏令，准备禁佛。正在这时，发生了“玄武门之变”，高祖也被迫传位，禁佛暂被搁置。

唐太宗继位后，问傅奕：“佛理很深奥，佛的品德也值得学习，因果报应的话也很灵验，卿为何以为不可信呢？”

傅奕说：“崇佛事僧，对百姓没有好处，对国家却有害处啊！”

唐太宗深以为然。再加上唐太宗关陇贵族的出身常被山东士族轻视，所以认道教所尊奉的始祖老子李聃为家祖，提倡尊奉老子，并诏令全国，凡行法事，道士女冠可在僧尼之前。

唐太宗的诏令下达以后，僧侣们大为不满，纷纷聚集于宫阙下示威抗议。

法琳面见唐太宗，力图争辩，说：经他考证，李氏的远祖有两支，一是代北李氏，原出鲜卑拓跋部；一是陇西李氏，即老子的李氏。又说：“老子的父亲是个乞丐，是个瘸子，没有耳朵，还瞎了一只眼，七十二岁时还娶不到老婆，同邻居家的老女仆私通，才生下李聃。”法琳还想劝唐太宗自为代北李，用不着同陇西李去认本家。话还没说完，唐太宗早已勃然大怒，斥责法琳：“毁我宗祖，谤我先人，要挟君王，罪不容诛！”又对法琳说：“你著的经卷里，有念观音者，刀不能伤。现在给你七天去念观音，到期拿你试刀，看看到底伤不伤！”

法琳被关进狱中，心生恐惧，明知就是念七七四十九天观音，刀放在脖子上也是要死的。但他毕竟是个老于世故的僧人，终于想出一条活命的办法。当太宗使人来问：“刑期已到，你念观音有无灵验？”他回答说：“七日以来，我不念观音，只念陛下。”太宗又使人问他：“诏令你念观音，你为何只念陛下？”他又说：“陛下功德巍巍，照经典说，陛下就是观音，所以只念陛下。”

唐太宗见此，就免了法琳的死罪，将他流放到远州僧寺去，后来法琳死在了半路上。

唐太宗其实并不抑佛，他给佛教以合法地位，使其与道教共存。而作为反佛斗士的傅奕，临终前告诫他的儿子说：“老子、庄子的书是高玄的篇章；周公、孔子的《六经》学说，也都是有教益的妙理，应该学习它们。而胡人妖言惑众，扰乱中华，只有我一个人在那儿反对，大多数人都不支持我，可悲啊！你们不要效仿这种行为。”

唐太宗像

相关链接

三教鼎立

隋唐统一王朝建立以后，对儒、佛、道三教采取了分别利用的态度。它一方面确立了儒学的正统地位，另一方面又以佛道为官方意识形态的重要补充，推行三教并用的宗教政策。因此，在思想意识形态领域，儒、佛、道逐渐形成了三教鼎立的局面。三教之间政治、经济和理论上的矛盾争论虽然一直不断，但三教融合的总趋势却始终未变。儒、佛、道三教中许多重要的思想家都从自身发展的需要出发以及迎合大一统政治的需要，提倡三教归一、三教合一，主张在理论上相互包容，最终形成了唐宋以后绵延上千年之久的三教合一思潮。

从总体上看，隋唐帝王对儒佛道一般都采取了三教并用的政策。这在客观上一方面促成了儒佛道三教的鼎足而立，另一方面也推动了儒佛道三教思想上的趋于融合。但在具体对待三教的态度上和在不同的帝王那里，情况又有所不同。首先，儒学作为封建宗法制度的思想支柱，在隋唐时恢复了在思想意识形态中的正统地位。唐代帝王开始更理智地看待儒佛道三教，虽然他们骨子里都以儒学为立国之本，但出于现实政治的需要，他们仍利用佛、道，甚至把道教排在儒家之前。隋唐时期，佛教在统治者的支持和扶植下与儒、道两家所形成的三教鼎立之势，为三教的融合提供了客观条件。

玄奘西行求法

唐玄奘西行求法的故事已经随着《西游记》的流传，家喻户晓、妇孺皆知。历史上，玄奘是确有其人的。

玄奘(602～664)

俗姓陈，名祎(huī)，洛州缑(gōu)氏(今河南偃师缑氏镇)人。父亲陈惠在隋初曾任江陵县令，大业末年辞官隐居。

玄奘少时跟长捷法师(二哥陈素)住净土寺，学习佛经五年。十三岁那年出家。唐朝建立后，来到长安，又辗转成都，二十岁时成为正式出家的比丘僧，然后游历各地，寻师弘法，最后又回到长安。玄奘感到佛学理论众说纷纭，莫衷一是，认为主要原因是汉文佛经翻译不确切、不完整，便产生了去天竺(印度)访求真经，认真研译，会通佛学中所存在一切问题的念头。因得不到唐朝发放的过所(护照)，始终未能如愿以偿。贞观三年(629)，玄奘毅然决定由长安私自出发，冒险前往天竺。

628 年

唐太宗诏停周公为先圣，并立孔子庙于国学。

玄奘独自一人由西安经秦州、兰州而抵凉州，他找到一个熟悉地理的胡人石槃陀作向导，白天睡觉，晚上走路。玉门关附近有一道河流，玄奘用树木扎成木筏，乘夜顺流而下，逃出玉门关。然后，玄奘又独自一人经过几处要塞，晓行夜宿，经过一大片沙漠地带，终于到了伊吾国境。又过了几天，到达高昌国。

高昌王麴(qū)文泰崇信佛教，听说玄奘即将到达，便通宵等候，他的母亲、王妃等人也拿着火炬候在殿前。他们看到玄奘的辛苦状况，又听说路途艰困，无不为他的惊险经历流下眼泪。在玄奘停留的三个月内，国王与他结为兄弟，王母认他做儿子，给以特殊的礼遇和丰厚的供给。高昌王欲留玄奘在本国传法，因过于勉强，弄得玄奘绝食了四五天，快奄奄一息了，高昌王才连连谢罪，答应送玄奘西行。玄奘出发那天，倾城出送，国王抱着玄奘恸哭，僧侣无不泪下。

离开高昌后，玄奘继续沿着西域诸国越过帕米尔高原，在异常险恶困苦的情况下，以坚韧不拔的精

玄奘取经图

629 年

释玄奘西行求佛法。

“三性”与“八识”

“三性”与“八识”为唯识宗(法相宗)的主要理论。“三性”,所谓遍计所执性,如有人见绳而误以为蛇,其实并不是蛇,而只是由于人们的错觉而自以为蛇,所以又称其为“幻有”。所谓依他起性,如绳需依赖麻等条件下才能成形,所以又称其为“假有”。所谓圆成实性,如绳的实性是麻,所以又称其为“真有”。“八识”,指的是眼识、耳识、鼻识、舌识、身识、意识、末那识和阿赖耶识。“识”的定义是“了别”,即“分别”。

神,克服重重艰难险阻,终于到达天竺。

在天竺的十多年间,玄奘跟随、请教过许多著名的高僧。他停留过的寺院包括当时如日中天的著名佛教中心那烂陀寺,他向该寺的住持、印度佛教权威戒贤法师学习《瑜伽师地论》与其他经论。此外,他还遍游南印度各国,进一步求法。他每到一处,即参拜圣迹,拜谒名师,虚心请教。

后来,玄奘对佛学各派已融会贯通,达到了当时的最高境界。在不同的国度和场合,他经历了无数次辩难,从容解说佛法,听者无不称首。从此玄奘名震印度五部(印度佛教的五个部派即昙无德部、萨婆多部、弥沙塞部、迦叶遗部、摩诃僧祇部),大乘派学者称他为“大乘天”;小乘派学者称他为“解脱天”。

贞观十七年(643),玄奘载誉启程回国,并将六百五十七部佛经带回中土。贞观二十年(646),回到长安,唐太宗热情接待了他,真诚地对他说:“你的贡献,怎么说都不为过啊!”

后来,他还带头组织翻译了佛经七十五部,共一千三百三十五卷,功勋卓著。

玄奘法师在古代极其困难的交通条件下,“乘危远边,杖策孤征”。十七年中行走了五万里路,游历了一百一十个国家,这在世界历史上的旅行家中极其罕见。正像印度著名诗人泰戈尔所评价的:“在到过印度的许多中国人中,玄奘法师无疑是最伟大的一个,他是中印文化合作的象征。”

玄奘译经图

相关链接

唯识宗

又称法相宗、瑜伽宗、慈恩宗。原在印度，佛灭后一千年中，无著菩萨由阿逾陀国讲堂夜夜升兜率天，就弥勒菩萨听受瑜伽论，昼日宣说《瑜伽师地论》给大众。其后无著之弟世亲，回小向大，造唯识论，助成其义，名为瑜伽宗。该宗派在中国以唐朝玄奘法师为始，由其弟子窥基法师弘扬。玄奘法师曾求经学于中印度那烂陀寺，亲学于戒贤论师，返回中国以后开设译场译经。由于窥基法师大弘法相唯识学于慈恩寺，故此派又得名慈恩宗。

自唐武宗毁佛之后，此宗传承断绝，仅有少数僧侣研习，加上日本僧侣取走窥基大量著作，经典大部分也散失，相应的释义也隔断。明朝憨山德清大师，因为感慨后世僧侣多不习唯识，发愿研习，作《相宗八要直解》、《教观纲宗》，是唯识学入门之作，但是研习者仍然不多。唐朝时，此宗传入日本、韩国。在日本，建立日本唯识宗，为南都六宗之一，历代传承不绝。

清末杨仁山居士至日本，重新将唯识经典带回中国，欧阳竟无居士创建支那内学院宣扬唯识，门下吕澂也是一代佛学大师，使得唯识学在现代中国重新复兴。国学大师熊十力曾作《新唯识论》，以新儒家学说重新诠释唯识学。

孔颖达编撰儒家经典

孔颖达(574~648)

字冲远,孔子后裔,冀州(今河北衡水)人。隋唐间儒家学者、经学家。

630年

唐太宗令颜师古考定“五经”。

633年

唐太宗令孔颖达撰《五经正义》。

孔颖达是远近闻名的才子。但因为年轻,他向同郡的经学家刘焯请教时,刘焯起初有些看不起他,提问了一些经书上的问题,孔颖达当场一一答出,不少地方还很有见地。刘焯感到后生可畏,向他表示歉意。

大业元年(605),孔颖达以优异成绩考取了明经科,被授予河内郡博士的官职。隋炀帝为了表示自己重视文治,把各地学官召集到东都洛阳,与国子监的学官一起,对经学中的一些问题进行辩论。在所有参加辩论的人里面,孔颖达年龄最小。他以敏捷的思维、精湛的论辩,在辩论会上崭露头角,引起了人们的重视,从此声名远扬。有几个年老的学官被他当场驳倒,很不服气,怀恨在心,派刺客想谋害他。礼部尚书杨玄感把他接到自己家中,这才免遭暗算。不久,孔颖达补太学助教。

隋朝末年,天下大乱。孔颖达为躲避战祸,迁到虎牢隐居起来。直到唐王朝建立以后,才接受秦王李世民的邀请,重新出山,当上了秦王府的文学馆学士,成为著名的“十八学士”之一。

贞观元年(627),李世民登基,孔颖达升任给事中,封曲阜县男。以后历任国子司业、太子右庶子、国子祭酒等职,深得唐太守的信任。有一次,唐太宗问他:“《论语》里有这样一句话:‘以能问于不能,以多问于寡,有若无,实若虚。’这句话该如何解释?”孔颖达回答说:“这是圣人教导人们要谦虚谨慎。意思是说:自己虽然有能力,但不骄傲自满,仍能向没有能力的人请教;自己虽然知识丰富,但感到不足,仍能向知识缺乏的人请教。有能力就像没有能力一样,知识丰富就像没有知识一样。不但普通人要按这些教导去做,帝王也应该如此。帝王要内心聪明,洞察一切,但表现要谦恭、稳健。《易经》上说:‘蒙以养正’,‘明夷以莅众’。若居帝王之位而炫耀聪明,以才凌人,饰非拒谏,就会造成君臣之间的隔阂。自古以来,国家的灭亡,都是由此造成的。”唐太宗点头称是。由于孔颖达屡进忠言,唐太宗对他更加倚重。

孔颖达担任太子右庶子期间,太子李承乾叫他撰写《孝经义疏》,

孔颖达在字里行间流露出许多劝谏之意，人们读后，都认为他做得好。承乾不守规矩，孔颖达总是犯颜直谏。承乾的奶妈遂安夫人对此很有意见，说："你怎么不给太子一点面子？"孔颖达说："承蒙皇上大恩大德，我只有竭心尽力，纵使以此加罪于我，我也在所不辞。"坚持直言进谏。可惜承乾不接受，后被废为庶人，但李世民心里有数，孔颖达并没有受到牵连。

孔颖达为隋唐文化做出了卓越的贡献。他奉诏与魏征等人撰成《隋书》的纪传部分，文笔严谨，详略得体。又与颜师古等人修订五经，编撰《五经正义》，包括《周易正义》、《尚书正义》、《毛诗正义》、《礼礼正义》、《春秋左传正义》五部书。"正义"就是注释的意思，是在原书已有笺注的基础上再加以疏释。他根据南方经学以玄学治经、简约不繁的特点，以及北方经学深奥芜杂、引用谶纬的特点，取南北经学之长，融合南北经学家的见解，另辟蹊径，形成了唐代的义疏派，为经学的发展做出了贡献。后颁行全国，作为标准的经学定本，是儒生必读的教科书，明经科的考试就以它为依据，并流传至今。

孔颖达死后，唐太宗特许他陪葬昭陵。此前，李世民还令大画家阎立本为十八学士一一写真，大文豪褚遂良分别题写真赞，高悬凌烟之阁。其中称赞孔颖达说："道光列第，风传阙里。精义霞开，掞（shàn，舒展）辞飙起。"说他儒学修养很高，有当年孔子之风，讲经时见精义，犹彩霞满天；发表演说，口若悬河，如狂飙骤起。这是有一定的根据的。

孔颖达像

相关链接

义疏之学

义疏，是解释经典的一种体式。“义疏”之名，源于东晋佛教的解释佛经，东晋道安始创义疏之学。儒家学者采用这种体式，对五经传记阐释发挥，会通义理，或广搜群书，补充旧注，究明原委。义疏之学虽然盛行于南北朝，但由于政治上的对峙，北方和南方的经学研究风格各异，北方学者保持了东汉以来的传统，以训诂章句为学问；南方学者受玄学和佛学的影响，以讲求义理为学问。因此，对经书的解释也有异同。

唐太宗统一全国后，崇尚儒学，提倡经学，并以经籍去圣久远，文字讹谬，学出多门，章句繁杂，令颜师古考订五经文字，编成《五经定本》，诸经文字统一，克服了南北朝以来经书解释中文字的不同。又诏国子祭酒孔颖达等撰定新的五经义疏，统称《五经正义》，从而结束了五经无标准解释的格局。孔颖达等的《五经正义》，调和了前代的一些学术分歧，阐发的思想以儒家学说为主，但同时也兼取佛、道二家之说，已有多种文化趋于融合的端倪。唐朝学者在著作《正义》和《疏》时，一般都坚持“注不破经，疏不破注”的原则，所以在《五经正义》中，既可以看到孔颖达对谶纬神学的批评排斥，也能看到他顺乎谶纬神学的阐释。

吕才反对迷信

秦汉以后，在社会上出现了一些以算命为职业的人，他们根据人们的生辰八字，判断人的贵贱、贫富、寿夭等。吕才认为这都是宿命论的产物，对“禄命生成说”、“五德说”、“风水说”等进行了斗争。

吕才把历史上几位名人的生辰八字找出来，然后找来了当时几个最著名的算命者，分别是“张铁嘴”、“小神仙”和“方半仙”。

吕才说：“听说你们几个算的命都是很准的，正好我这里有几个人的生辰八字，你们不妨算一算。谁先来?”

“我先来算吧。”张铁嘴说。他接过吕才递过来的八字，翻来覆去地看了好几遍，然后说：“这张生辰八字写的是乙亥之岁，建申之月。按照《禄命书》的推算，此人应该贫贱。他一生没有当官的命，而且身体不好，面目丑陋，甚至有牢狱刑名之灾。”

“哦。下一张生辰八字谁来算?”“我来吧!”小神仙接了过去，也认真地算了起来。“这个人生于壬寅年。按照《禄命书》的推算，凡是在这一年正月出生的人，命当背禄，他也是一个没有官运和爵位命相的人，即使侥幸当了官，也只能是一个非常小的官，手下的奴婢没几个。”小神仙对吕才说。

第三张生辰八字，方半仙经过掐算，说：“这个人生于乙酉之岁七月七日平旦，按照《禄命书》的推算，也应该是‘禄空亡下，法无官爵’，一直到老年时，才有可能有些转机。”

吕才接着问道：“你们看，春秋时的鲁庄公算不算一个富贵人?秦朝的秦始皇有没有富贵命? 汉朝的汉武帝有没有官运?”三人做了肯定的回答。

吕才说：“刚才你们算的正是这三人的生辰八字，可见用《禄命书》来算命是根本不可靠的。”三个人面面相觑，半天说不出话来。后来，吕才写成《叙禄命》，对“禄命生成说”进行了批判。

吕才还以历史事实为依据，对阴阳五行家进行了有力的批驳。他认为商代人“卜宅”，只是根据方位、地形决定建筑物的位置，人们的姓氏与地名读音是否相配可定吉凶是后世巫师的无稽之谈。丧葬看风水，不过是因为历史变迁、地理形势等缘故，要选个安全的地点，

吕才(600~665)

唐初哲学家，博州清平(今山东临清)人。是一位自学成才的学者，对历史、军事、文学、音乐等方面都有研究。

641 年

吕才等刊正《阴阳书》成。

655 年

玄奘译出《因明论》，引起佛僧与吕才的争论。

宿命论

宿命论指人生中早已注定的遭遇，包括生死祸福、贫富贵贱等或者相信一切事情都是由人无法控制的力量所促成的。相信宿命论的人认为人间发生的每一件事都是注定的，由上帝或上天预先安排，是人无法改变的。

说葬地风水好后代可以称王封侯全是没有根据的妄论。吕才依据古书记载，说春秋时代安葬死者，不择年月，不择日，不择时；又依据历史事实，说明人的官爵寿命与安葬先人的时间、地点无关。例如，《论语》上说楚国的斗子文三次当令尹、三次罢官，这与他家祖先坟墓有什么关系呢？

吕才对佛学的一些问题也进行了独到的研究，与僧众们有过激烈的论争，并引起了唐高宗的关注。吕才与一些僧人学士还到慈恩寺玄奘面前进行辩论，这场争论内容已不能尽知，但这场争论，上至朝廷公卿，下到街巷百姓，无不知晓，可见当时影响之大。

吕才反对宗教迷信，击中了唐朝社会上阴阳迷信观念的要害，对有神论是一次沉重的打击。他奉命删定《阴阳书》，颁布天下。他确认“极微”和“气”是世界的根源，并从“乾坤”、“刚柔”等对立关系中寻找事物变化的原因。吕才一生著书很多，但流传甚少，这不能不算中国哲学史的一大遗憾。

相关链接

因明传入中国

因明是印度逻辑史上的一个重要体系，也有人称作“佛家逻辑”。“因”指原因、根据、理由；“明”即知识、智慧。因明是通过宗（论题）、因（理由）、喻（例证）组成三支，进行逻辑推理，以“考定正邪，研核真伪”的学问。三支中以“因”最重要，故称因明。南北朝时期，因明论典陆续传入中国。唐玄奘又将陈那等人的新因明学传入，弟子竟相传习注疏。吕才通过栖玄法师接触因明，写出《因明注释立破义图》，现在只留下一篇序文。他发现神泰、明觉、靖迈撰写的因明注疏自相矛盾。吕才认为词约文微的因明论，讲出了“义理”，完全可以成为认识事物的门径和获取知识的工具，即所谓“众妙之门”。吕才主张“喻”是比喻的意思。这个名称用来称谓喻依（具体事例）是合适的，但用来称谓喻体（表明一般联系的命题）就不妥当了。同时，吕才还图解因明，使因明通俗化。据他自己说，对于因明中“文理隐伏稍有难见者”，均画为《义图》，以使读者文图对照，易于理解。此外，他还画了一张一丈见方的大图，把自己的近注列于其上。但佛门中的法师对吕才造的《因明图》采取了彻底否定的做法。最后玄奘出面裁决，以吕才“词屈谢退”而告终。虽然有这样一番曲折，但吕才对因明的研究在中国逻辑学上仍占有相应的位置。

法藏宣讲《华严经》

法藏先祖为康居国(今乌兹别克斯坦共和国)人,其祖父侨居长安,因而以康为姓。康藏于唐太宗贞观十七年(643)生于长安。十七岁时,离家入太白山求法。当时华严宗二祖智俨在云华寺讲《华严经》,康藏前去听讲,并虚心请教,得到智俨赏识,成为他的学生。智俨去世时,康藏二十六岁,已能登坛讲《华严经》,但此时仍未出家。

唐高宗咸亨元年(670),武则天生母荣夫人去世,为了积功德,便把原住宅捐献出来,取名太原寺,并以皇帝的名义敕令康藏剃度出家,改僧名法藏。四年后,武则天又特赐法藏法号为“贤首”,以示尊重。

法藏借助太原寺的优越条件,全力以赴进行讲经、译经和著述活动。他一生通讲《华严经》多达三十多遍,在每次讲说中,法藏或用生动的比喻,或借助于生活现象和自然景观,惟妙惟肖地形象化了难懂的经义,使《华严经》逐渐深入人心。有一次,法藏为武则天讲解刚刚翻译过的《华严经》,在他讲到“十重玄门”、“三昧门”、“六相和合义门”、“普眼境界门”时,武则天听得一头雾水,茫然不知头绪。

法藏灵机一动,指着殿前的金狮子说:“请陛下看这只金狮子。作为金子,它是没有固定不变之自性的,金子只因有金匠给它一番陶铸,才出现金狮子的形相,若没有金匠这个‘缘’或条件,金子还是金子,不会变为金狮子,这就叫‘缘起’。”

法藏见女皇似乎比先前有了点精神,心中暗自高兴,继续说道:“金狮子的形相是虚幻的,它本身只是真金而已。所以狮子不能说是有,金体(借喻真如法性本

660 年

唐高宗诏迎法门寺佛骨舍利至东都供养。

670 年

唐高宗诏诸州营造孔子庙堂及学馆。

武则天像

性)不能说无,这叫做'色空'。但'空'并没有自相,要通过'色'来体现,这并不妨碍其为虚幻的有,这也叫'色'。金狮子本来是没有的,但人们对金狮子存在着迷情之见,把实际没有实体的金狮子执著为实有,这叫'偏计所执性';金狮子并非实有,但因其由因缘和合而产生,它的表相还是有的,但铸造金狮子的金的本性是不改变的,是圆满成就而真实的,这就称之为'圆成实性'。"

女皇边听边点头,倦意渐渐消失了,法藏趁热打铁,继续讲解。后又写成通俗易懂的《金狮子章》,用比喻的方式将《华严经》的十个法门一一解释,武则天恍然大悟。

有人不理解《华严经》"刹海涉入无尽之义"。法藏就让人搬来十面镜子,按照四面八方分别排开,上下也各有一面,镜子间距离一丈多远,然后在正中央放一尊佛像,用一支蜡烛将其照亮,就这样影像互映,变幻无穷,使人明白刹海无尽的意思。

大周圣历二年(669)十月八日,法藏受诏在佛授记寺讲《华严经》,当说到华藏世界品时,讲堂及整个寺庙的土地震动不已,僧众惊惶不已。法藏解释说:"这就是佛经上说的,佛在说法的时候,常感到有六种震动。"僧众的心情才安定下来。法藏立刻告诉僧恒景,要把这一奇迹写个奏报,并要求连夜报告武则天。

这一天晚上,武则天处理完政务,正打算就寝,突然发生了地震,她和侍从都感到惶恐不安。第二天早朝,她接到法藏的奏报,当众说:"刚开始翻译《华严经》时我就梦见天降甘露,结果昨天开始讲说此经,又发生了大地震动的奇事,这真是如来降临的吉兆啊!"从此,皇帝推戴法藏为华严宗的第三祖。

法藏的弟子很多,最为有名的有宏观、文超、智光、宗一等数十人。法藏的华严宗,通过他的新罗同学义湘传到了朝鲜,又通过他的新罗学生审译传到了日本,法藏在中外哲学史上都享有很高的声誉。

《华严经》

全名《大方广佛华严经》,是大乘佛教修学最重要的经典之一,被大乘诸宗奉为宣讲圆满顿教的"经中之王"。据称是释迦牟尼佛成道后,在禅定中为文殊菩萨、普贤菩萨等上乘菩萨解释无尽法界时所宣讲,被认为是佛教最完整世界观的介绍。

相关链接

理与事

"理",指事物和现象的本性、本体。"事",指个别的事物和现象,也就是缘生幻相。法藏吸取法相唯识宗的思想,用"理""事"来阐明世间的一切现象和成佛的最高境界。他认为：第一，“理”是本体，“事”是现象，没有本体就没有现象，并以金狮子为喻说，没有金，就没有金狮子。第二，“理”完整、普遍地存在于每一个“事”中。“事”以“理”为体，任何一个精细的事物都摄无边真理，如同金存于金狮子之中，金狮子的每一根毛都包含了金。第三，“理”是唯一真实，“事”是幻相，如金狮子相由金构成，狮子相是虚幻的，金是真实的。第四，“理”“事”统一。“理”为“事”的根据，“事”为“理”的显现，如金与金狮子，一真一妄，金不妨碍狮子相为妄，狮子相不妨碍金体为真，彼此融通无碍。

后来华严宗四祖澄观继承和发展了法藏的思想，并强调理事观是“佛智”对世界的基本观点。

华严宗力图通过理事关系的论证，说明物质世界的虚幻、本体世界的真实，而这两种世界又互相统一没有矛盾，从而说明世俗生活和宗教生活无法截然脱节，众生和佛也是无障无碍的。华严宗的理事说，涉及本质与现象的关系，给后世哲学以深刻的影响。

慧能受戒

慧能(638~713)

俗姓卢，原籍范阳(今河北涿州)，生于广东新州(今广东新兴县)。

673 年

高僧义净抵达东天竺。

676 年

释慧能至广州法性寺受戒。

691 年

武则天制《释教在道法之上诏》。

慧能幼年丧父，与母亲相依为命，以砍柴为生，生活贫困艰辛。有一天，他把柴挑到城里去卖，听见有人念《金刚经》，听到“应无所住，而生其心”时，不觉心中一动，忙追问跟谁能学到此经。念经人告诉他，蕲州(今属湖北)黄梅双峰山东山寺的弘忍禅师精通此经，能够使人见性成佛。于是慧能就安排好家里的事情，前往湖北拜见弘忍学习佛法。

弘忍见面就问了他一句：“你是南人(就是南方人)，又是獦獠(xiè liáo，即“蛮夷”，对少数民族的蔑称)，你到我这里来学什么？”慧能应声而答：“我虽不识字，又是南人，又是獦獠，但是，人虽有南北，佛性没有南北。”弘忍一听，觉得他还不错，就把他安排到磨房里踏碓舂米，随众听法。

慧能入寺八月后，发生了一件事情。弘忍年纪大了，要选接班人。他要求寺中每个人写一首偈(jì)，表明自己对佛教道理的理解。

当时有个非常杰出而年纪比较大的僧人叫做神秀，他写了一首偈句：“身是菩提树，心如明镜台。时时勤拂拭，莫使惹尘埃。”意思是：身体就好像智慧的树(菩提表示智慧)，心灵就像明镜一样，你要经常对它进行擦拭，不要让它有尘埃。

弘忍像

大家一看都赞叹不已，说这首偈句真是精炼，完整地说出了佛教的道理，看来接班人非他莫属了。有人把这首偈句念给了慧能，慧能听了以后说：“好则好矣，了则未了。”意思是写得不错，但是没能见性、不彻底。他决定自己创作一首，并请人写出，偈句是：“菩提本无树，明镜亦非台。本来无一物，何处惹尘埃。”意思是说智慧本来就没有树，明镜也没有实实在在的明镜。本来就没有什么东西，哪会有什么尘埃呀？

弘忍听说了这个事情后，心中很有感触。

半夜三更，弘忍把慧能叫到自己的禅房，传授《金刚经》大义，并把象征佛教禅宗真理和权力的衣钵传授给他，嘱咐他连夜逃走。慧能便悄然南下，隐居起来，防人暗算。

慧能像

十几年过去了，弘忍也去世了。有一天，慧能到广州法性寺，正好赶上该寺住持印宗法师讲《涅槃经》。当时来了一阵清风，吹动了寺前的经幡，印宗便以此现象为题讨论佛学的义理。印宗说风吹幡动，你们谁给我讲一讲是风在动还是幡在动。于是弟子们分成两派，有的说是风动，有的说是幡动。这时慧能从人群里站起来说："风也不动，幡也不动，是人心自动。"印宗听后大吃一惊，看此人谈吐不凡，感觉必有来头，赶忙把慧能请进寺里，提了一些佛法中的深奥问题。慧能随手拈来日常生活现象，一一解答，透彻无比。印宗问："行者真非常人！我听说十五年前东山佛法南来，莫非应在行者身上？"

慧能出示法衣，印宗肃然起敬，又问："弘忍大师可有指授？"慧能回答说："并无指授，也不需要什么指授。学法惟在见性，只要见性，担水砍柴，皆可成佛！"

印宗对众人说："今日听了和尚说法，何为珠玉？何为瓦砾？你们该有心得。"

这一年，慧能才由印宗和智光两位法师主持受戒，正式成为一名僧人。不久，他离开法性寺，到了韶州（今广东韶关）曹溪畔的宝林寺做住持，广收门徒，名声大噪。禅宗这一奇葩，在风景秀丽的曹溪越开越盛。

《坛经》

《坛经》是六祖慧能大师的思想精髓，同时也是禅宗历代传法、立宗的根本之作。《坛经》对成佛、净土、禅定、持戒等佛教概念做了全新的解释，认为菩提妙理就在世间，西方净土就在当下，修行没必要躲进远离人间的禅院，也不需要高深的知识，成佛之路就是回归内心的过程。只要心灵开悟，人人都可以成佛。

相关链接

南顿与北渐

唐代中期，禅宗五祖弘忍门下分出慧能、神秀两支，慧能以“顿悟”立说，主要在南方传教，时称“南宗”；神秀以“渐悟”立说，主要在北方传教，时称“北宗”。所谓“顿悟”与“渐悟”，是指众生觉悟成佛的两种途径和方式。“顿悟”说认为，佛教真理是个整体，众生无须经过长时间的修行，在须臾之间就能完成对它的体悟，从而成为圆满无缺的佛。“渐悟”说认为，对佛教真理的认识要有一个过程，众生需要经过长期的循序渐进的修行，逐渐积累，方能在最后完成对它的认识，成为佛。

以慧能为首的南宗认为：“自心是佛，更莫狐疑，外无一物可建立，皆是本心生万种法。”世上的万事万物是人心的外化，人心原本天生清静，无所谓尘埃的污染，只要直指本心，便能顿悟成佛。在南宗看来，念经、念佛、礼拜、坐禅、忏悔、守戒以至一切经典仪式都是多余之物。以神秀为首的北宗认为，世上万事万物是由灵明不昧的“真如”派生的，但是，这一派生的万事万物，包括人的本性，都是不净的，以致蒙受了无数苦难和烦恼，所以，人们必须通过坚持不懈地进行节制——“戒”，用禅定等方法，收心敛性——“定”，从而净化自己，涅槃新生——“慧”。只有通过这种“戒”、“定”、“慧”的渐修，才能向佛性的“真如”靠近。

司马承祯的修身治国之道

司马承祯不愿意当小官，于是当了道士。师从潘师正，接受了符箓和辟谷导引、服食的方术，深得潘师正的赏识。他遍游天下名山，后来选择天台山的玉霄峰作为隐修之地，并自号“白云子”。

司马承祯(647~735)

字子微，法号道隐，河内温（今河南温县）人。晋王族后裔。

女皇武则天听说道士司马承祯道行了得，多次征召，都被他拒绝了。唐睿宗崇尚道教，对他也特别尊敬，希望他入宫，又怕他不肯来，就请他的哥哥转达心意。司马承祯不得已，随哥哥一起入宫朝见。

705 年

唐中宗诏令禁毁《老子化胡经》，并令两教不可互辱。

睿宗询问修身治国之道，他回答说：“老子《道德经》上说：‘减少些，再减少些，直到无所事事。’人们所干所知的事已经太多，即使尽量减少也难以去尽，哪里还有精力去排斥异端而增进智慧呢？”

711 年

唐睿宗与群臣重论三教关系，令佛道“齐行并进”。

睿宗听懂了这话的宗旨，接着问：“先生所说养身以无所作为为贵，这确实很清高；但治理国家也无所作为，行吗？”司马承祯回答说：“修身与治国，道理一模一样。《道德经》又说：‘心情恬淡，神气索漠。’万事万物，顺其自然，做到毫无私心，国家就能大治。《易经》也说：圣人的品德与天地相同。天地虽不会讲话，但很有信用；虽无所作为，但生长万物。由此可知，无所作为的法则，是治理国家的根本。”

睿宗对这种深入浅出的言论极为赞许，说：“就是古代仙人广成子的道理也不过如此吧！”

唐睿宗要留司马承祯在朝中，他坚决推辞，执意要回天台山。

有一个叫卢藏用的人，本来是一个出名的隐士，隐居在终南山。因为声名大，皇帝下诏征召，他马上出山到朝廷做了大官。卢藏用见承祯要回到遥远的天台山去，就指着京城附近的终南山说：“这山上有很多好地方，何必定要回天台山？”司马承祯不慌不忙地说：“照我看来，终南山不过是做官的一条捷径罢了。”卢藏用听了默不作声，脸涨得通红。

司马承祯像

唐玄宗即位后，也多次征召司马承祯。开元

714 年
《开元道藏》编撰完成。

730 年
释智昇撰成《开元释教录》。

《开元道藏》

《开元道藏》是中国历史上的第一部正式的、完整的道藏。唐玄宗在开元年间命人四处寻访道经，加上原来京中藏书，纂修成《开元道藏》。分三洞三十六部，即洞真、洞玄、洞神各十二部。唐天宝七年(748)诏令传写，以广流布。至唐末五代，毁于兵火。

九年(721)，遣使迎他到洛阳，接受法箓，他正式成为皇帝的师父。玄宗经常请教延年益寿超度人世的诀窍。承祯讲得很玄妙隐微，玄宗也若有所悟，可从来不对外界说起，因此也没有人知道详情。他辟归天台山，玄宗赠诗答谢。

开元十五年(727)，玄宗再次召他进京。当时承祯已八十岁了，不愿住在京师长安，唐玄宗便让他就近在王屋山选了一块地居住，并亲自题名“阳台观”，又让妹妹玉真公主和光禄卿韦绍到那里举办金箓斋会。司马承祯去世后，唐玄宗为他亲自撰写了碑文，并让他的弟子李含光继任阳台观主，继续享受帝师的待遇。司马承祯的女弟子谢自然后来也修炼得道。

司马承祯博学多才，不仅在修真、炼气、养生、阴阳、八卦等道教学说以及诗文上有很高的名望，而且在建筑学、园林学方面也有很深的造诣。他还善画，精篆、隶书，别具一格，称“金剪刀书”。唐玄宗让他用篆、隶、楷三体写《道德经》，以五千三百八十字为真本，刻石竖于桐柏观朝斗坛前。他还通音律，善作曲，曾为玄宗制《玄真道曲》，并以天台山桐斫削成琴。他与陈子昂、卢藏用、宋之问、王适、毕构、李白、孟浩然、王维、贺知章交情都很深，被时人称为“仙宗十友”。

司马承祯收徒授法，从者如云，开创了“南岳天台仙派”，在道教史上具有很高的地位。

相关链接

修心主静说

司马承祯大力宣扬修道成仙之法，认为人通过“修心主静”而得道成仙，也就是说修炼主要在于修心，修心在于主静。主张“静”是产生智慧的根源，“动”是产生昏乱的根源，教人去动守静。

修炼得道成仙的具体过程是五道“渐门”和七个阶段。五道“渐门”是：一曰斋戒(净身虚心)；二曰安处(深居静室)；三曰存想(收心复性)；四曰坐忘(遗形忘我)；五曰神解(万法通神)，总称为“神仙之道，五归一门”。七个阶段是：第一“敬信”，修道要有虔诚的敬仰敬重之心；第二“断缘”，即断绝俗事尘缘，不与世人交；第三“收心”，即收心离境，守静去欲；第四“简事”，即安分守己，不求分外之物；第五“真观”，即善于观察，不为外物迷惑；第六“泰定”，即形如槁木，心若死灰，无感无求，寂泊之至；第七“得道”，即形随道通，与神合一，进入神仙境界。强调修道是一个循序渐进、逐步积累的过程，不可能一蹴而就。

司马承祯认为，只有把“静心”和“无欲”联系起来，做到应物而不为物累，才能全面实现其修道主张。在他看来，“静心”不是什么都不去想，而是要以“无欲”作为追求的对象。“无欲”就是“静心”最初的出发点和最终的归宿。这种理论对后世道教修炼理论及北宋理学都产生了一定的影响。

韩愈谏迎佛骨

韩愈(768~824)

字退之，河阳(今河南孟县)人。三岁即成孤儿，由嫂嫂抚养成人。他幼而好学，二十五岁考中进士，二十九岁步入仕途，以文章著名。

804年

日本入唐求法僧空海抵长安。

元和十四年(819)，唐宪宗迎佛骨入宫，朝野上下如痴如醉。韩愈上书《谏迎佛骨表》，既惹众怒，又犯龙颜，被贬为潮州刺史。这是怎么回事呢？

唐宪宗到了晚年，迷信起佛法来。他得知凤翔法门寺里有一座远近闻名的护国真身塔，塔里供奉着一根小骨头，据说是释迦牟尼死后留下来的指骨。当时僧人们流传着这样一种说法，每三十年开放一次，让大家看一下“佛骨”，这年肯定风调雨顺，国泰民安。

宪宗被好事者说得动起心来，元和十四年(819)派出由三十人组成的仪仗队前往凤翔法门寺，把“佛骨”接到长安来，先在皇宫里供奉几天，然后送到寺里，供大家瞻仰。虽然这个过程很简单，但皇帝下令迎送，非比寻常，仪式要特别隆重，排场要特别阔气，耗费的人力、物力、财力可想而知。对于这件事，朝廷的大臣们想法也不一致，一派人趋炎附势，大肆宣扬迎“佛骨”的必要性，取得皇帝的欢心，以期飞黄腾达；另一派，当然是少数人，觉得这根“佛骨”是假是真还没弄清楚，即使是真的，如此劳民伤财不值得。但他们只能暗地里私语，不敢正面提意见，因为这是冒犯龙颜的举动，将会招来杀身之祸的。

韩愈像

当时，韩愈在宰相裴度手下做刑部侍郎，写过歌颂平定淮西叛乱的《平淮西碑》。但他不信佛法，性情耿直。韩愈对铺张浪费来迎“佛骨”很不满，就上了一道奏章，劝诫宪宗不要这样做。他说，佛法的事，中国古代是没有的，只是在汉明帝以后才从西域传进来。历史上凡是信佛的王朝，寿命都不长，可见佛是不可信的。

宪宗看到奏章后，龙颜大怒，立即把裴度找来，说韩愈不知好歹，诽谤朝廷，非杀掉他不可。裴度连忙替韩愈求情，请皇上宽恕。消息传开，大臣们也纷纷向皇帝求情。最后，宪宗决定，暂不处死，改为降职，将韩愈贬为广东潮州刺史。

韩愈带着沉痛的心情离开长安，当他将要横穿秦岭时，侄子赶来送行，他不胜悲痛，写下《左迁至蓝关示侄孙湘》的著名诗篇："一封朝奏九重天，夕贬潮阳路八千。欲为圣明除弊事，肯将衰朽惜残年。云横秦岭家何在，雪拥蓝关马不前。知汝远来应有意，好收吾骨瘴江边。"表达了他反对佛教的坚定立场。

807 年
释慧琳《一切经音义》编成。

819 年
韩愈谏迎佛骨，出为潮州刺史。

820 年
韩愈召拜国子祭酒。

相关链接

道统论

韩愈精通六经诸子之学，以复兴儒学自命，为弘扬儒学，批判当时的佛道之学，创立了"道统论"。道，即儒家正统学说，主要指仁、义而言。统，即传承。韩愈为反对佛、道世系法统，杜撰出一套由尧传舜，舜传禹，禹传汤，汤传文王、武王、周公，文王、武王、周公传孔子，孔子传孟子的儒学传承法统。他认为孟子死后，道统中断，不得其传，而他本人则是恢复道统的人。佛老都讲"道"，但韩愈讲的"道"与他们都不相同，认为是儒家的仁义道德，又称之为"先王之道"或"先王之教"。在他看来，儒家讲"道""德"，是指"仁与义"，而佛道则是"去仁与义"，它们追求清静、寂灭，不要君臣、父子等伦理纲常。韩愈用"博爱"解释"仁"，即强调"一视同仁，笃近而举远"，就是说要互相尊重、自爱爱人。他所强调的"义"主要是指君臣、父子之道，即臣民必须忠于君王，子女必须孝敬父母。坚持忠君孝亲之道，对于克服由于佛、道蔓延而出现的离心离德倾向，维护和巩固统一的中央政权有积极的意义。

韩愈的道统论，旨在拯天下受佛、道之溺，把人们从虚无缥缈的"天国"那里召回到君臣、父子的世俗人间，服膺儒学，安于封建等级制度，对宋代"道学"的影响正在于此。

柳宗元统合儒释

柳宗元(773～819)

字子厚，河东(今山西永济)人，世称“柳河东”。

柳宗元与韩愈虽是好友，但并不排佛。他认为佛教教义与《周易》、《论语》相合，因而汲取佛教的心性修炼说，统合儒释，与韩愈进行了激烈的争辩。

在学习儒家经典的同时，柳宗元也对佛学有着浓厚的兴趣。在长安应举和做官期间，他与经常出入官场的僧人文畅、灵彻结交。他非常欣赏晋宋以来谢安石、王羲之、鲍照等人与和尚支道林、释道安、释慧远的关系，甚至还称赞那些“服勤圣人之教，尊礼佛屠之事”的人物。

柳宗元和韩愈，在文学上，两人一直互相推重支持，但是在哲学上，则发生过严肃的论争。韩愈对于天地的看法，在他的著作中保留得不多，倒是在柳宗元所写的《天说》中引述了韩愈讲的一大段“天能对人赏功罚祸”的话。《天说》是专门为反驳韩愈的错误观点而写的。柳宗元从瓜果、草木讲起。他说，人吃了瓜果，瓜果会因此报复人吗？肯定不会，因为瓜果没什么意识。天地也是和瓜果一样的物质，只不过个儿大点就是了，怎么能赏功罚祸呢？功劳是人们自己建立的，灾祸是人们自己造成的，幻想天能赏功罚祸是大错特错了，呼天怨地更是愚蠢可笑。

柳宗元像

对于如何处理儒佛关系，两人也有截然不同的见解。韩愈立足于儒学道统的纯粹，认为佛教是夷狄之教，建议将它“人其人，火其书，庐其居”。柳宗元则主张儒家的道统与佛教是可以融合的。他在《送僧浩初序》一文中说：“我与韩退之一向友善，他经常批评我信佛教，还托人带书信批评我不斥佛屠。但我认为，佛教教义与《周易》、《论语》相合，它并不与孔子之道相异。”

韩愈认为宣扬佛祖赐福降祸的虚妄之说，违背了儒家的君臣父子纲常伦理，进而不劳而食，危害社会。而柳宗元在《柳州复大云寺记》中说：“柳州百姓迷信鬼神，喜好杀生，傲礼王化，违背仁义。生病之后不求医，却聚巫师杀鸡占卜；若病不好转，便再杀中牲占卜；若仍不好转，则更杀大牲占卜。如果三次占卜之后还不好转，便认为神不保佑，于是蒙面不食而死。对于这种陋习，朝廷虽动之以礼，束之以法，但均不能奏效。唯佛屠事神而语大，可因而入焉，有以佐教化。”就是说，只有佛教能在这里起作用，可以辅助儒学进行教化。

在韩愈看来，佛教影响了儒学的独尊地位，并进一步破坏了儒学的道统，他说儒者“不入于杨，则入于墨，不入于老，则入于佛”，使后人对仁义道德之说不再感兴趣。柳宗元则认为佛僧并不对立，儒家的“礼”与佛教的戒律是相通的。他在《南岳大明寺律和尚碑》一文中说：“儒家以礼立仁义，失礼社会就会崩坏；佛教则以律持定慧，离开了戒律则人心就会丧乱。所以离开了礼与仁义的人，不可以与他谈儒；离开了戒律与定慧的人，不可以与他谈佛。”柳宗元还比较了儒家的孝道与佛教积德行善的理论，他认为：佛教原本不主孝道，规定不礼国王，不拜父母。但佛教传入中土以后，逐渐适应了儒家的伦理规范，也提倡孝道。他在《送濬上人归淮南觐省序》中说：“佛教之道，也是本于孝敬，然后积以众德，最后才归于空无。”他认为，在提倡孝道这点上，佛教“且于儒合”。

814 年

柳宗元出为柳州刺史，刘禹锡出为播州刺史。

柳宗元统合儒释的理论，为后来的儒释道三教合流奠定了基础。

柳宗元的去世，也使韩愈感到难过。到底是多年的好友啊！他为柳宗元撰写了墓志铭。在铭文中称颂柳宗元关心百姓疾苦的言行，赞扬他对朋友重义气的美德和刻苦自励的精神。

让我们回顾他的那首《江雪》：“千山鸟飞绝，万径人踪灭。孤舟蓑笠翁，独钓寒江雪。”这首诗，将佛家的空茫静远与儒家的坚持执著完美地结合在一起，诠释了柳宗元“儒佛同道”的精彩一生，可以算得上是柳宗元人生的一个经典缩影。

相关链接

大中之道

柳宗元在《断刑论》中说："当，斯尽之矣。当也者，大中之道也；离而为名者，大中之器也。""大中"原谓尊大师居中，《易》之"大有"卦云："柔得尊位大中，而上下应之曰大有"，后泛指无过不及的"中庸之道"，即"中道"。柳宗元的"大中之道"实际是"圣人之道"的另一种说法。

他说："圣人之道，不穷异以为神，不引天以为高，利于人，备于事，如斯而已矣。""或者务言天而不言人，是惑于道者也；胡不谋之人心以熟吾道？吾道之尽而人化矣，是知苍苍者焉能与吾事而暇知之哉？""是故圣人……立大中，去大惑，舍是而曰圣人之道，吾未信也。"就是说，首先必须破除对于"天命"的迷惑，才能使圣人的"大中之道"发扬光大。其次，否定"天命"，要求"顺人"、"利于人"、"谋之人心"，突出地表现了柳宗元对"人"的重视。再次，要求通权达变，处事贵"当"。最后，"大中之道"反映了柳宗元反对教条主义，不迷信"圣人"和经典，尊重实际、注重实用的哲学倾向。

杜光庭重振道教

如果你看过小说《西游记》或《封神演义》，一定对李靖这个人物不会感到陌生。不论是玉皇大帝驾前的托塔天王，还是武王伐纣的先锋官，原型都是唐太宗手下的大将——卫国公李靖。那么，李靖是怎样由一位历史人物变成文学家笔下的主人公的呢？这一点，和唐末五代时期的道教学者杜光庭有很大的关系。

杜光庭(850～933)

字宾圣，号东瀛子，处州缙云(今浙江丽水)人。

杜光庭出生于一个世代书香的官宦世家，"光庭"之名寓意光耀杜氏门庭。他聪明好学，少年时便熟读儒家经书，精通历史，还擅长写诗歌文章。唐懿宗咸通年间，到京城长安应试，名落孙山。杜光庭应试落榜后，投到天台山的汝南道士应夷节门下。应夷节开导他说："天地万物，法以自然。人神相通，何不修炼成仙到达神域，却要浪费时间追求那过往云烟的功名利禄呢？只要潜心修道，终能修成正果。"在师傅的熏陶下，杜光庭逐渐忘却了落第的烦恼，与师兄弟们一起研习道家经典，立志重修道家著作，注解道家礼仪，使道教更加完善。

833年

国子监立石壁九经及《论语》、《孝经》、《尔雅》。

837年

《开成石经》刻成。

844年

唐武宗崇道毁佛。

845年

佛、道论辩于麟德殿。

杜光庭很快读完了天台山所存的道书，就开始云游四方，访求名师。当时，长安城有一道士名叫潘尊师，被唐僖(xī)宗推重，对道教道术都很有研究。杜光庭不远千里奔赴长安，专门拜访潘尊师。几经周折后，和潘尊师成为知交，经常交流研究心得。宰相郑畋看到杜光庭的著作，大加赞赏，推荐给僖宗。杜光庭受到皇帝的召见，并被授予官职，可以自由地出入皇宫。

中和元年(881)，黄巢率领的农民起义军攻破长安，唐僖宗仓皇逃往四川。他见四川道教势力衰落，就想借助一位名士来振兴道教，左右近臣一致向他推荐杜光庭，唐僖宗赐号"文成先生"，并加封为蔡国公，命他重振道教。唐僖宗返回长安后，杜光庭辞去官职，隐居青城山，继续研究道教理论，著书立说。

开平元年(907)，梁王朱全忠篡帝位，建立后梁，中国历史进入了五代十国时期。蜀王王建也在四川称帝，建立了前蜀政权。王建称帝后，召杜光庭出山辅政，先是做皇子的老师，后来拜户部侍郎。王建说："过去汉朝初年辅佐惠帝的四大名士'商山四皓(hào)'，远远不及你杜先生呀!”王建的儿子王衍即位后,接受了道教的符箓,授杜光庭崇真馆大学士衔,赐号“传真天师”。前蜀丞相徐光溥也尊杜光庭为师,遇事必定向他请教。杜光庭为人非常低调,在青城山结庐而居,从来不住在成都官邸内,一直到去世,他始终身穿道服,不着官衣。

杜光庭从天台山入道,至成都青城山功成羽化,经历了几个朝代,始终以“扶宗立教”为己任。他在广泛搜集道书的基础上,著书立说,阐扬道教的教理教义,成为唐末五代道教中影响较大的人物,被尊为“道门领袖”,为道教的发展做出了卓越的贡献。后人推之为“学海千寻,词林万叶,扶宗立教,海内一人”。

李靖像

尤其值得一提的是,杜光庭对道教文学做出了巨大的贡献,对中国古典文学,特别是小说的形成产生了深刻的影响。他的代表作为《虬髯(qiū rán)客传》。故事讲述了隋朝末年,长安平民李靖向司空杨素进献治理天下的计策,遭到拒绝。杨素身边一位手执红色拂尘的年轻侍女慧眼识才,女扮男装去见李靖,一起逃出长安。在奔赴太原的途中,遇到一位长着虬髯(卷曲的胡子)的骑驴侠士。三人一见如故,结为知己。虬髯客将全部家产捐给李靖,又传授给他兵法,要他投奔李世民平定天下,自己则去海外,在扶余国(古东北亚民族建立)自立为王。此书元朝时被改编为杂剧,以后又被不少剧种移植,一直上演到今天。

相关链接

重玄学派

这是道教中以“重玄”思想注解《道德经》而闻名于世的一个学派,并非有组织的道派。

所谓“重玄”，语出《道德经》第一章“玄之又玄，众妙之门”。它形成于魏晋，鼎盛于隋唐，五代时开始衰落。重玄派解释《道德经》有两大特征，一是援引《庄子》来阐释老子思想，二是援引佛教哲学，特别是吸取了佛教三论宗和天台宗的思想阐发老子玄理。这就发展了道教的教理教义，使其更具有思辨性。

杜光庭的《道德真经广圣义》、《太上老君说常清静经注》等书，对重玄学派的理论进行了总结，提出了自己的一系列主张。他认为宇宙的生成模式为道—阴阳二气—天地人—五行—万物，强调天地人是由阴阳二气化生的。对于道和德的阐释也进行了总结和发挥，在他看来，“道”既是虚无之“理”，能普遍适用于一切事物；又有“通”义，可以自由无碍地化生万物；还有“导”义，可以引导众生返本归根。“德”则是道与众生沟通的结果。杜光庭认为修心是修身的关键。在他看来，神合于道，同时神又是心。心动则神扰，神扰则道失，所以要静神澄心。强调只有达到重玄之境，才算是最后达到长生之道。

陈抟归山

陈抟(? ~989)
字图南，自号扶摇子，祖籍亳州真源县(今安徽亳县境)。

952年
周太祖谒孔子祠，称孔子为“百世帝王之师”。

955年
周世宗毁佛。

956年
陈抟归居华山修道。

传说陈抟出世后，直到四五岁的时候还不会说话。有一次在涡水游玩，水面上有个青衣老妇人，把他抱在怀里喂奶，陈抟突然开口讲话，并且从此敏悟过人，到了十五岁，《礼记》、《书经》以至各种医书无不通晓。

陈抟的父母死后，陈抟对亲戚们说：“过去所学的不过是背诵死人姓名而已，因此我要到泰山向安期生、黄石公这些人问道，不再随波逐流，人云亦云了。”于是散尽家财救济贫寒。后梁、后唐两朝的士大夫都仰慕他的清高，甚至以能见他一面为荣。然而他却鄙视荣华，不大愿意理会。

后唐明宗召他进宫，他只行礼而不跪拜。明宗为了拉拢他，赐他三个宫女。陈抟写了一首诗拒绝了，其诗曰：“雪为肌体玉为腮，多谢君王送到来。处士不生巫峡梦，空烦云雨下阳台。”他跑到武当山隐居起来，后来又隐居到华山，时常关门大睡，一觉就是一个多月，时人称为“陈抟高卧”。

陈抟像

显德三年(956)，后周世宗久闻陈抟大名，认为他有奇才远略，因而召他进京。据说他在宫中睡了一个多月才起身朝见。世宗询问他关于点化金银的道术，陈抟对世宗说：“陛下贵为天子，广有四海，当以治理天下为要务，何必去留意那些小道术呢？”世宗没有责怪他，还想封他为谏议大夫，被陈抟坚决推辞。一个多月后，世宗赐号“白云先生”，放他归山，并诏令州县地方官经常关心存问。

有一天，陈抟骑驴在华阴市上闲逛，忽然听人说宋太祖赵匡胤登基为帝，他不觉拍手大笑说：“好哇，从此天下太平了！”宋太祖知道了，就召他相见，并且要封他官做。陈抟很客气地谢绝了，他对太祖说：“我的一片野心，早已被白云留住了！”

宋太宗赵光义即位后，赐他“希夷先生”之号，此号取自老子的两句话“听之不闻为希，视之不见为夷”。还出资将华山云台观修缮一新。还要任命他为谏议大夫，被他辞谢。太宗对他说：“朕即位不久，百废待兴，望先生不吝赐教。”陈抟自知推辞不掉，便要来纸笔，写出“远近轻重”四个字，并解释说：“远者，就是远招贤士。只有贤士才能帮助皇上治理好国家，不论贤士离此多远，都要给他们一个报效国家的机会。近者，就是摆脱身边的佞臣小人，不能让他们得志，更不能让他们掌握权柄。轻者，就是对老百姓要轻徭薄赋，不能让老百姓埋怨朝廷只知要钱。重者，重赏三军将士。军人打仗，出生入死，重赏之下才会出勇夫。做到了这四个字还愁国家不富强吗？”宋太宗听后大为叹服。

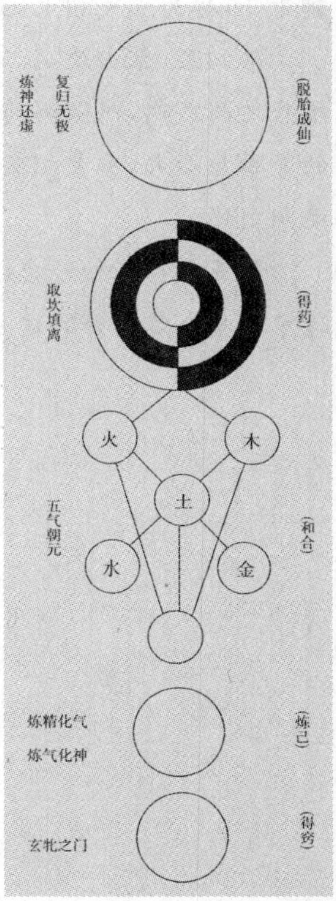

陈抟《无极图》

梁园虽好，非久留之地。一天，陈抟要西归华山，宋太宗再三挽留，陈抟进诗一首以明志，诗中说：“草泽吾皇治，图南抟姓陈。三峰千载客，四海一闲人。世态从来薄，诗情自得真。乞全麋鹿性，何处不称臣？”太宗看他去意已决，便设宴送行。陈抟西归之际，又写一首诗：“十年踪迹踏红尘，为忆青山入梦频。紫陌纵荣争及睡，朱门虽贵不如贫。愁闻剑戟扶危主，闷听笙歌聒醉人。携去旧书归旧隐，野花啼鸟一般春。”从此，他隐居深山，一心做“睡仙”去了。

相关链接

《无极图》

《无极图》，传说为钟离权传授给吕洞宾，吕洞宾又传授给陈抟，陈抟将《无极图》刻在了华山石壁上。正由于有这个图式，后来才衍出了周敦颐的《太极图》。《无极图》为五个图形，分别代表修炼所能达到的五个不同境界。

涵括内丹修炼之理的《无极图》，读它的顺序是从下而上。最下一圈称为玄牝(pìn)之门，是内丹修炼的起点，指人身的下丹田命门两肾空隙之处。这是人身祖气所在之地，一切内丹根基，都从这里开始。内丹术语，又称为得窍。

第二圈称炼气化神，指提起第一圈的祖气，进行化炼，将后天之精化为先天之气，再将先天之气化为先天之神。这一层功夫叫做炼己，主要在炼去后天的隐质，透出先天之神。

第三层，是五行之气混合之象，指肝（木）、心（火）、脾（土）、肺（金）、肾（水）五脏之气攒簇为一，称为五气朝元、五气调和，故又称为和合。

第四层，系由坎离二卦变形而成，叫做取坎填离。到这一境界，已经获得体内的精华，炼丹之药成熟，叫做得药。坎卦中爻为阳，为实。离卦中爻为阴，为虚。它们代表内丹中的肾水与心火，水火相交，在卦象言，就是将坎卦中的阳爻抽出填入，成乾卦，意味人变成纯阳之体。

第五层称炼神还虚，复归无极，指在得药的基础上，进一步回返到无极，那便是虚空大道了。整个炼内丹的过程便告完成，脱出炼成的圣胎，成为仙人，所以叫做脱胎求仙。

宋元时期

——理学的繁盛

宋从960年到1279年，历时三百二十年，是以汉族为主体的封建王朝。元从1206年至1368年，是蒙古族建立的统一政权。在宋元两朝四百余年统治期间，还活跃着辽、金、西夏、大理、吐蕃等政权。这一时期，佛教哲学已经衰落，儒家哲学成为主流，道教哲学出现一些变通。主要哲学流派和哲学家，在北宋有邵雍的象数学、周敦颐的濂学、张载的关学、王安石的荆公新学、二程（程颢、程颐）的洛学；南宋有朱熹的闽学、陈亮为首的永康学派、叶适为首的永嘉学派，以及陆九渊的心学等；元代许衡、吴澄等人，他们是二程、朱熹学说的延续者。各学派之间既有对立和斗争，又相互影响和渗透，主要围绕理气、心性、知行、古今、两一等问题展开。这一时期，佛教禅宗较为活跃。宋代禅宗主要有临济、云门和曹洞三派，其中临济、云门宗对禅学多有开拓。南宋时，普济编成《五灯会元》，成为佛教禅学的重要典籍。宋元道教一度显得比较兴盛，教派林立。重内丹学，因兼融佛、儒而更加成熟和完善。符箓派也很活跃，出现了融合儒、道的净明道。外来宗教摩尼教、祆教、伊斯兰教、犹太教、基督教等，也在各地传播。各派哲学在斗争中相互吸取、彼此相长，在理论思维方面都达到了很高的水平。宋元哲学是中国哲学史上一个重要发展阶段。

岳麓书院

岳麓书院是中国最古老的书院之一。唐末五代智璇等建屋办学，形成书院的雏形。北宋开宝九年(976)，潭州太守朱洞因袭扩建，创立岳麓书院；大中祥符八年(1015)，宋真宗召见山长周式，赐“岳麓书院”额，岳麓书院遂为全国四大书院之一。南宋时期张栻主教，湖湘学派发展到最盛；乾道三年(1167)，朱熹来访，与张栻论学，开书院会讲之先河。元承宋制，书院办学继续发展，规制日趋完备。明、清时期书院办学规模进一步扩大。

“三先生”复兴儒学

孙复、石介和胡瑗，在宋朝初年倡导守道尊王，都曾在泰山求学，任教于太学。他们是先生，是老师，因为他们传播儒道，开启后学。

孙复科举考试失败后，到泰山隐居，并开办学馆，研读儒家“六经”，人称泰山先生，所收弟子中有一个名叫石介。石介成名之后，与孙复共同在学馆讲学。后来泰州海陵人胡瑗自江南访学到此，也居住在这里就读，成就了开宋学先河的“宋初三先生”的美名。

孙复宣传儒学道统，反对佛老“虚无报应之事”和去君臣之礼，开始接触到理学的某些重要原则和概念。他认为天道有道德属性，人伦上通于天道，人间的道德规范和天上的道德规范是一致的。他特别强调师道尊严。当时，石介已享有盛名，为人恃才傲物，但对孙复却十分敬佩，甘为弟子。有一次，孔子后裔兖州知府孔道辅往见，石介拿着手杖站在旁边侍候。孙复坐着与客人闲谈，石介就一直站在他身后。孙复起来送客，石介便从旁边扶着他。其后孙复回访孔道辅，石介也同样小心侍候。

还有一次，有位退位的大臣李迪，见孙复已五十岁，仍独居一室，特要把自己的侄女许配给他，孙复极力拒绝。李迪说，侄女如不嫁先生，则不过是一小官之妻，而先生德高天下，如能娶她，则是我们家族的荣幸。孙复听后感叹说，宰相不把侄女许给公侯贵戚，而嫁给一个山野的老朽，其贤古无有之，我也就不再推辞了。

孙复把石介看成兄弟和手足，有问必答。一次石介生病，孙复到石介床前授课。石介虚心好学，又耿直不阿、嫉恶如仇、敢讲敢做。他崇尚儒学道统，斥佛、老为怪，说：“天地间必然无有者三：无神仙、无黄金术、无佛。”石介采用“道”和“气”的概念来解释世界，认为“道”是至高无上、“万世常行不易”、完美无缺的，而“气”却是具体而不完备的。“道”是天地万物的根本，贯穿于自然界和社会之中。他后来考中进士，做了大官，推荐孙复为“国子监直讲”。

胡瑗他自幼家贫，无以自给，但勤奋好学，七岁能文。胡瑗曾到泰山游学，刻苦读书，衣简食淡，夜晚就睡在石坪上，专心致志，十年不归，有家信来，见问“平安”二字，则不复展读，而将它投到山涧

孙复、石介、胡瑗

孙复(992～1057)，字明复，晋州平阳(今山西临汾西南)人。

石介(1005～1045)，字守道，号徂徕，奉符徂徕(今属泰山市郊区)人。

胡瑗(993～1059)，号安定，泰州海陵人。

966年

宋太祖诏准行勤等一百五十七人前往印度游学、求法。

982年

太平兴国寺译经院建成。

1001年

宋真宗诏赐州县学校九经，还同时关注书院等民间教学场所。

1008年

宋真宗受道教天书并改年号“大中祥符”。

里面。

胡瑗学成后，便以经术教授吴中。范仲淹聘他为苏州府学教授，创立了“苏湖教法”，后又推荐到太学。他设立“经义”和“治事”两科，强调学以致用。有一次，宋神宗问胡瑗的学生刘彝，胡瑗和王安石哪个优秀？刘彝回答说，臣师胡瑗在讲授道德仁义之时，王安石还在习修进士。关于圣人之道，有体有用，国家纳贤进士，不以体用为本，而以声律浮华之词为准，从而使得风俗浅薄。胡瑗师对此深以为病，他立志以明体达用之学传授学生，夙夜勤瘁，二十余年如一日，使从学者明了圣人体用之学乃是政教之本。这些全是我师的功劳，王安石怎能相比呢？

胡瑗所谓“体”，是以六经为体，人性善为体。所谓“用”，则指以六经治事，或依据人性善道德原则去齐家治国，反对功利而强调“义理”，尤重“洒扫应对进退”的古礼。

宋初三先生都有复兴儒学的决心，并付诸行动。他们“但开风气”的精神风范，为理学的繁茂打下了基础。

相关链接

泰山学派

北宋初孙复所创学派。孙复曾隐居泰山讲学，世称“泰山先生”，因称所创学派为“泰山学派”。宋初三先生是其中的代表人物。

这一学派以治经为主，特别注重研究《周易》和《春秋》，尤其重视阐发《春秋》的微言大义。极力宣扬儒家道统论，以继承儒家道统自居，自称“吾学尧、舜、禹、汤、文、武、孔子、孟轲、荀卿、扬雄、王通、韩愈之道”，以接续其道统。他们站在维护封建统治的“尊王”立场上，标榜王权，强调封建等级制不可侵犯，反对佛教、道教“去君臣之礼”和“死生祸福、虚无报应”的思想。他们认为，隋唐以来，专以词赋取士，造成了“天下之士皆致力于声病对偶之间，而不去探索圣贤之理”的浮夸之风，主张“以仁义礼乐为学”，文章必须为儒家的道统服务。此派特别强调遵守封建的伦理道德，开始建立理学重要原则与概念。后来的理学家引而发之，把道德规范之“理”作为贯穿自然与社会的基本范畴，建立起完整的理学体系。此派对宋代理学产生了很大的影响。

周敦颐首倡理学

周敦颐少年时，常在濂溪钓鱼。濂溪西面十里许，有一些崖洞，东西两门有如上弦月下弦月，而中间圆如满月，当地称为月崖。相传周敦颐后作《太极图》，就是受到月崖的启发。

周敦颐（1017～1073）

字茂叔，原名敦实，为避宋英宗名讳改为敦颐，道州营道（今湖南道县）人，世居濂溪之畔，后人称濂溪先生。

周敦颐因舅父龙图阁学士郑向的官爵，荫补为分宁县（今江西修水）主簿。有件案子长期不能判决，敦颐到任，只审讯一次就辩明了。县里的人惊叹说："老吏也不如他！"转运使推荐他，调任为南安军（治所在今江西大余）司理参军。有个囚犯按法不应处死，转运使王逵想重加惩治。王逵是个严酷凶狠的官员，众人没有敢与他争辩的。唯独周敦颐与他争辩，王逵不听，他便扔掉手版回到住处，将要弃官而去，说："像这种情况还能再做官吗？用杀人来谄媚别人，我不做这种事。"王逵醒悟，囚犯得以免死。

1046 年

程珦命令儿子程颢、程颐拜周敦颐为师。

周敦颐在南安军任参军的时候，程珦担任主管军事的通判，见他气度容貌不是一般人，便和他交谈，了解到他致力于探究学问而深知儒道，因而和他成为朋友，并让两个儿子程颢、程颐拜他为师。

周敦颐每每叫他们探寻孔子、颜回快乐的地方，体认他们所乐意做的是什么事，二程的思想正是从这里发源而变成巨流。所以程颢说过这样的话："自从再次见到周茂叔后，吟风弄月地回来，有孔子'我赞许曾点'的意境。"侯师圣受学于程颐，未能通悟，去拜访周敦颐，敦颐说："我老了，讲解不能不详细。"把他留下，两人面对面坐在两张小床上连夜谈论，过了三天才回来。程颐看到他感到十分惊奇，说："莫不是从周茂叔那里回来的吗？"

周敦颐像

1050年

程颐游太学，拜胡瑗为师。

周敦颐生活清贫，但他贫而不改其乐，津津乐道于学问。他当洪州南昌知府时，得了一场大病。一天，他的朋友潘兴嗣来看望他，进门一看，屋内空空如洗，日常用品都盛在一个破旧的柜里，所有的钱财不足一百，但周敦颐自得其乐，性情旷达，不将这些放在心上。他五十岁时，在寄给家乡族人的一首诗中说："老子生来骨性寒，宦情不改旧儒酸。停杯厌饮香醪水，举箸常餐淡菜盘。事冗不知精力倦，官清赢得梦魂安。故人欲问吾何况，为道舂陵只一般。"从中可以看出，周敦颐做官多年，并未由此而改变自己的儒士本性和对圣人之道的执著追求，一直过着亦官亦儒的生活。

《太极图说》

周敦颐的哲学著作，全文只有二百四十九字。他受《周易·系辞传》的启发阐释了其宇宙观："无极而生太极，太极而生阳。动极而静，静极复动，一动一静，互为其根；分阴分阳，两仪立焉。"同时吸收了佛教思想。这种宇宙观成为朱熹的理学体系重要的组成部分。

周敦颐并未在仕途上获得很高的地位，他长期担任的都是一些掌管司法事宜的吏官，直到五十五岁时告老归田，也未显达，这是因为他的兴趣不在做官，而在传道。还在他通判虔州时，就在庐山莲花峰下建筑书堂，借用故乡濂溪的名字，命名堂前的溪水。他又作《爱莲说》，写道："水陆草木之花，可爱者甚蕃。晋陶渊明独爱菊；自李唐来，世人盛爱牡丹；予独爱莲之出淤泥而不染，濯清涟而不妖，中通外直，不蔓不枝，香远益清，亭亭净植，可远观而不可亵玩焉。"最后，周敦颐发出了"莲，花之君子者也"的赞美。

从哲学的意义来看，《爱莲说》还是隐蕴佛家思想的文章。佛家将莲花视作佛性清静的象征。清静又涉及到一个污染的问题，这个问题不仅是佛家的，后来也成为理学家们的重要问题，始作俑者，就是"爱莲"的周敦颐。人性恰如莲花，是至善的、清静的，虽然会被尘世的欲望和困惑所污染，所遮蔽，却不会受到损害。然而只有无欲、无惑，才能显出人性的清静来。

周敦颐不仅影响着理学中的程朱一派，也影响着陆王的"心学"，甚至理学的批判者也利用其思想资料来反对理学。因此，周敦颐为理学开创一代思潮和一代学风的作用是不可忽视的。

相关链接

义理之学

义理一词，初见于《礼记·礼器》："义理，礼之文也。"汉晋时指经义明理。宋以后则把讲求儒家经义、探究名理的学问，称为"义理之学"，并用以与汉唐时重章句、训诂的经学相区别。清代学者更明确地将学问分为义理、词章、考据三类，并将宋学归于义理之学，义理之学便成为宋学的别名。

义理之学是适应结束唐末、五代的割据分裂局面，重建中央集权和封建伦理道德的社会需要而产生的，它是在复兴儒学的思想运动中以儒学为核心，融合儒、释、道而形成的。其主要特点是：首先宋儒大胆地打破汉唐“传注”的陈规，从“舍传求经”到“疑经改经”，松动了长期的思想禁锢，学术界出现了一种新鲜活泼的风气。其次，注重理论思维，具有较高的哲理性。宋人注重以义理治经，在解释儒家经义中，系统阐述自己的哲学思想并自成体系。最后，以义理权衡一切，突出儒学中的伦理纲常、道德名教。同时贡献了不少富有特色的哲学范畴和命题，如张载的太虚、气化、参两、见闻之知与德性之知等，程朱的天理、理一分殊、性即理、格物致知与即物穷理、天理与人欲等，陆王的心即理、吾心即是宇宙、致良知和知行合一等。但是，义理之学后期流于空谈性命义理而疏于章句考证，流弊不小。

张载创立“关学”

张载(1020~1077)

字子厚，祖籍大梁(今河南开封)，侨居凤翔府郿(méi)县(今陕西眉县)横渠镇。成名之后，人称其为横渠先生，他所创立的学派，被人称为“关学”。

1057年

张载与二程在京城开封讨论《周易》。

张载聪明好学，尤其喜欢军事，常与好友焦寅讨论用兵之道。当时西夏逐渐强盛起来，常常骚扰北宋的边界。朝廷为了抵御和防范西夏的侵扰，于康定元年(1040)派范仲淹担任陕西经略安抚副使，兼知延州，主持西北地区军务。这时张载二十一岁，他曾上书给范仲淹准备联络一些人攻取被西夏占领的洮西之地。范仲淹认为张载能成大器，就劝他读《中庸》。张载读了《中庸》后不满足，又读了一些佛教和道教的书，读了几年，觉得没多大收获，又回过头来读儒家的“六经”，从此他专心致志研究儒家学说。

张载努力学习当时的各种自然科学，从儒家六经中讲宇宙论哲学最多的《周易》入手，撰写了《横渠易说》，这是他创立哲学体系的开端。《宋史·张载传》说他曾经到京城讲学，坐在虎皮椅上讲《周易》，听讲的人很多。当时二程至京，和他讨论《易经》，张载自叹不如。第二天，他对学生说：“现在才知道二程兄弟对《易经》研究得如此深入，我是比不上的，你们都去拜他们为师吧。”于是撤席罢讲。同时还和二程共同讨论道学的宗旨，张载非常自信地认为：“吾道自足，何事旁求!”表现出他在哲学上的开拓精神。

张载像

关中学风的特点除了重视自然科学外，还特别重视“以礼为教”。张载登进士第后，授祁州司法参军，以后又到丹州云岩县当县令，在县令这种亲民之官的位置上，他开始贯彻自己“明礼教、敦风俗”的政治主张。他担任云岩县令期间，经常在一个月中选择一个好日子，准备一点酒席，召集乡里的老年人到县衙里来聚会。他亲自向老人们敬酒，目的是要人们学习和发扬养老、尊老的传统，同时借此机会了解民间的疾苦，另外还要借助这些乡老，传播自己忠孝仁爱的政治伦理观念。他常常发布有关道德教化的“教告”。为了将这些“教告”的内容贯彻到乡民中去，他还经常把基层的乡长们召集起来，当面教谕，再要他们教谕乡里百姓。有时走在路上遇到乡民，或者乡民有事到县衙里来，他就要询问某个时间某乡长告诉你们某个事情没有，如发现有人打折扣没有传达，就要追究这些乡、里基层官吏的责任。

熙宁二年(1069)，宋神宗召见张载，问他治国为政的方法，张载说：“皆以渐复三代(夏、商、周)为对。”神宗听后非常满意。后来王安石变法，想得到张载的支持，被他含蓄地拒绝了，逐渐引起了王安石的反感。此时张载的弟弟监察御史张戬(jiǎn)因反对变法与王安石发生激烈冲突，被贬官，张载估计自己要受株连，便辞官回到横渠。

在这期间，张载经常沉迷于读书和思考，有时饭也忘了吃，觉也顾不上睡，通宵达旦，毫无倦意。他还在书房的柱子上写了一副对联：“夜眠人静后，早起鸟鸣先。”意思是晚上上床睡觉要等到夜深人静之后，早晨起床要赶在鸟叫之前。他以此作为座右铭，时时勉励自己。

张载还亲自带领学生进行恢复古礼和井田制两项实践。为了训诫学者，他作《砭愚》、《订顽》训辞(即《东铭》、《西铭》)，书于大门两侧。他的执著追求和探索，精神感人，“闻者莫不动心有进”。一批学人师事张载，形成一个学术群体。吕大忠、吕大钧、吕大临，三吕兄弟执弟子之礼；苏昞(bǐng)、范育、游师雄、种师道等先后俱列门墙，关学兴盛。

张载创立的关学学派，不仅对关中地区的学术研究有着重大贡献，而且在中国哲学发展史上有着重要的地位，张载作为关学领袖受到了世人的崇敬。

1063年

辽版《大藏经》雕版印刷。

1075年

颁布王安石《三经新义》于学官。

1076年

张载《正蒙》写成。

《正蒙》

蒙，即蒙昧未明；正，即订正。“正蒙”意即从蒙童起就应加以培养。张载著《正蒙》是用儒家学说批判佛、道思想，建立气一元论的哲学体系。《正蒙》提出的“一物两体”思想，对古代朴素辩证法的发展做出了重要贡献。罗钦顺、王廷相、王夫之、戴震等都继承和发挥了《正蒙》的思想。

相关链接

民胞物与

“民胞物与”意思是说天下民众都是同胞，世间万物都是同类，表示以仁爱为心，泛爱一切。张载在其论文《西铭》中说：“故天地之塞，吾其体；天地之帅，吾其性。民吾同胞，物吾与也。"认为天地是人的父母,天地之体便是人的身体,天地之性统率人的本性。人类和事物都是天地的子女,应视民如兄弟,以万物为朋友。

张载又接着说:"大君者,吾父母宗子;其大臣,宗子之家相也。尊高年,所以长其长;慈孤弱,所以幼其幼。圣其合德,贤其秀也。凡天下疲癃(lóng)残疾茕(qióng)独鳏(guān)寡,皆吾兄弟之颠连而无告者也。"认为君主是父母(天地)的长子,大臣是帮助长子的管事人。尊敬老人,所以尊重年长之人;慈爱孤儿小孩,所以爱抚年幼之人。所有天下衰疲、残病、鳏寡的人,都是我们可怜无告的兄弟。

张载特别强调说:"富贵福泽,将厚吾之生也。贫贱忧戚,庸(用)玉女(汝)于成也。存,吾顺事。没,吾宁也。"也就是说,每个人都要遇到的富贵、贫贱、生死等问题,人们应该以一种随遇而安的态度去对待。如果你遇到的是富贵福泽,这是天地对你人生的厚待;如果你遇到的是贫贱忧戚,这是天地用来锻炼你、以使你成功的手段。那么,活着,我顺从世间的一切;死了,我宁静悄然地离去。

邵雍志在“安乐”

邵雍居住洛阳四十年，安贫乐道，自己说从来没有发过愁。他的生活虽然平淡，但很安逸，早上起床焚香独坐，晚饭时喝三四盅酒，微醉便止。他的饮食起初都由洛阳府供应，后来洛阳府更改章程，不再供应他了，他便天天喝稀粥，有些好心人便带着酒周济他。学者来问经义奥妙，他应对如流；有时与知己论述天下大事，虽是留心世务的人，也赶不上他的见解。

邵雍（1011～1077）

字尧夫，范阳（今河北涿州市）人，后来迁居洛阳，自号安乐先生，谥康节。因隐居苏门山百源（今百泉）之上，后人又称他为百源先生。他建构神秘的先天象数学，认为万物皆由“太极”演化而成，万物万事都依其虚构的《先天图》循环不已。

邵雍自小就发愤读书，广采博览，于书无所不读。他学习时非常刻苦，数九寒天，庐舍寒气彻骨，冷得像个冰窖，他也舍不得花点时间生个炉子烤火；三伏大暑，小屋密不透风，闷得像个大蒸笼，他汗流浃背也不动一下扇子，专心致志地日夜伏案读书。困了，就趴在书桌上打个盹，一连好几年没有躺在床上睡过安稳觉。后来，邵雍深感自己见识不博，学问低浅，便几次外出寻师访友，回来又继续发愤努力。

1077年

邵雍《皇极经世》写成。

邵雍隐居地共城的县令是北海的李之才，很器重他，向他传授儒家经籍。邵雍学习了河图、洛书、伏羲八卦、六十四卦的图像。据说他三年不安床，白天晚上端坐思考。把一部《周易》抄写下来，贴在四周墙壁上，每天诵读。听说汾州有位任先生精于《易》，便前去请教。李之才当河阳司户曹，邵雍也跟随前往，住在州学中，生活相当贫困，节省饮食费用买灯油。京城来的官员被他这种刻苦精神所感动，赏以纸笔。

在学生侯绍曾的帮助下，邵雍迁到洛阳，开始住在天官寺三学院，生活艰难。几经周折，在富弼、司马光等人的帮助下，得到一处宅院，有屋三十间，住宅之园有水竹花木之胜。邵雍为自己的住宅起名叫“安乐窝”，自号“安乐先生”。他赋诗说：“七千余步平流水，二十余家争出钱。……洞号长生宜有主，窝名安乐岂无权。”

邵雍与司马光、富弼、吕公著等人结为朋友，经常携手出游，相互切磋学问。远近的人久闻邵雍的大名，纷纷前来求学。邵雍平时衣着朴素，对人诚恳，从无防人之心。大家座谈时他始终面带微笑，不说出格的话，也从不炫耀自己；对别人的长处称赞备至，对别人的短处则从不谈论。他这样的内在气质，让人一见就知道是一位有道德

《皇极经世》

邵雍的著作。又名《皇极经世书》，是一部运用易理和易数推究宇宙起源、自然演化和社会历史变迁的著作，以图书象数之学显于世。书中有多种图式，用以推演义理。其学对后世易学、理学、术数均有影响。此书编次，历代屡有改并，但内容大致相同。

的贤人君子。有人问学，他就耐心回答，但从不强加于人。不论贵贱少长都待之以诚。久而久之，只要邵雍一出门，人们就争相迎接，许多儿童跟在后边喊着："我们的先生来了！"一时，洛阳城里学习蔚然成风，人才特盛，闻名天下。

邵雍还能写诗，有表现他安乐生活的，如"半记不记梦觉后，似愁无愁情倦时。拥衾侧卧未忺（xiān）起，帘外落花撩乱飞"，描写了他自己潇洒的生活，情趣甚浓；还有的诗反映了社会情况，如"头上花枝照酒卮（zhī），酒卮中有好花枝。身经两世太平日，眼见四朝全盛时"，赞颂了从宋真宗到宋神宗的太平景象。

邵雍还特别注重对子女的家教，他写过戒子孙文、教子吟、遗训等诗文，他善于用启发式，如教子要做善良人，不要做坏人；告诫他们身外之物不可强求。据他的儿子邵伯温追忆：先父遗训说，量力而行就不会有悔恨，随遇而安就不必忙忙碌碌，如果一定要有千里马才肯骑，只恐一生都无马可骑。这种教子之方，值得后人体味。

相关链接

先天学

"先天学"是邵雍的学说。他在《皇极经世》一书中，根据《周易》和道教的思想，编制了一套图式，用以说明宇宙的形成和世界的构造，并推测自然和人事变化。图式及其体现的原理先天地规定了万物发展的方向和途经，所以图叫"先天图"，图中蕴含的原理叫做"先天学"。

邵雍的"先天学"以"太极"为宇宙生成的根源。他说："太极，一也，不动；生二，二则神也。神生数，数生象，象生器。"就是说太极产生阴阳的神妙变化，然后再产生出数和象，最后才生成各种各样具体的事物（器）。如果用数字概念来表述的话，那就是：太极生两仪，两仪生四象，四象生八卦，"八卦相错，然后万物生焉。是故一分为二，二分为四，四分为八，八分为十六，十六分为三十二，三十二分为六十四。……合之斯为一，衍之斯为万"。邵雍试图把天地万物的发展变化统统纳入"加一倍法"的象数模式。

邵雍又把"太极"和"心"等同起来。他说："心为太极。"又说："先天之心，心学也。故图皆自中起，万化万事生乎心也。"这实际上又把心看作为世界万物的本源。从这种先天象数学的"心法"出发，他还虚构了所谓"元、会、运、世"的世界年表，认为人类历史一代不如一代，最后达到世界末日，天地毁灭，然后再开辟新的天地，诞生新的人物，经历新的循环。

程颢与程颐

程颢和程颐二人是兄弟。他们都受业于周敦颐，也都受过佛教思想的影响。由于他们长期在洛阳讲学，开创了宋学中的洛学一派，程颢成为陆王心学的前导，而程颐则是理学的创始人。

二程性格差别很大，哥哥随和，弟弟执拗。有一次两兄弟参观一座庙宇，程颢看到一僧人，便拱了拱手才进去；程颐却视而不见，径直而入。弟子见此有点奇怪，便问他们这是什么缘故。程颢说："论年龄，这僧也比我长几岁，作一揖，又何妨呢？"

又有一天，他们应邀到一个朋友家参加宴会。酒席上有几个歌妓忙着给客人劝酒。程颐看不惯，立即拂袖而去；程颢却若无其事，大吃大喝，尽欢而散。第二天，程颐经过程颢的书房，还余怒未息，大有责备老兄之意。程颢看到弟弟一本正经的样子，呵呵大笑着说："你还牵挂着那件事吗？昨天酒宴上有歌妓，我心中却没有歌妓；今天我书房里没有歌妓，你心中却有歌妓。"程颐听罢，自觉学问和修养还赶不上老兄，不由感到惭愧。

程颢门下的学生很多。他教学生，从致知到知止，从诚意到平天下，从洒扫应对到穷理尽性，循循善诱。学生无论贤愚，都有收获。程颢晚年，监汝州（今属河南）酒税，门生朱光庭、刘洵等先后去汝州，向他求教。他讲授知识如同春风和煦、夏雨滋润以长育万物那样，给人们以教益和启发。朱光庭离开汝州，回到家乡，对人说："我听先生讲授，如同在春风中坐了一个月。"

程颐教育学生，则别有一番风格。据说他在洛阳居住时，门人杨时和游酢前往拜见他。程颐偶有倦意，就闭目养神，不再言语。当时正值隆冬时节，鹅毛大雪纷纷扬扬，下得正紧。杨时和游酢由于事先没有和先生告辞，只好恭敬地站立在一旁。等到程颐醒来，二人才向他告辞，走出门外，只见地面上的雪已积有一尺深。"程门立雪"成为尊师重道的故事，为人们所传扬。

程颢二十多岁即考中进士，随后做了几任地方官，是一位干练的官员。后调回朝廷做了太子中允、权监察御史里行（实习御史），最后担任了京西路提点刑狱（一个和知县职位相当的司法官）。程颐十八

程颢、程颐

程颢（1032～1085），字伯淳，又称明道先生；程颐（1033～1107），字正叔，又称伊川先生，洛阳人。

1079 年

吕大临兄弟到洛阳拜二程为师。

1116 年

《万寿道藏》刻成。

1117 年

宋徽宗信奉道教，自封"教主道君皇帝"。

程颐像

岁时在太学读书，上书仁宗皇帝，请求皇帝召对，未能如愿。他未能考中进士，便以“处士”身份，从事讲学活动。哲宗即位不久，他应诏入京，教皇帝读书，成为帝王之师。程颐每次讲学之前，一定要先斋戒，希望心存诚敬，感动哲宗。有一次，讲了一半，哲宗在花园里顺手折了一柳枝，程颐立即告诫说：“现在是万物生长的春天，皇上不可以无故摧残新生。”哲宗吓了一跳。他起初很怕程颐，后来逐渐有些厌烦。

在宋朝，男人讲忠孝节义，妇女也重视名节，这与程颐的提倡有一定的关系。据说有人想娶一位寡妇，但按照封建礼教，这是不允许的。于是，那人便去问程颐该怎么办。程颐听后，摇了摇头，一本正经地说：“哎呀，想娶寡妇为妻，要不得！要不得！妇女出嫁，已经委身于人，丈夫早丧，她已经失节了。如今你要娶失节的妇女为妻，那就会使你自己也失节啊！”

后来，又有人告诉程颐说：“有个寡妇孤苦伶仃，贫困穷苦，身边又无依靠，不知能不能再嫁？”程颐冷冷地说：“哼！她要再嫁，不过是怕后半世冷死饿死罢了，所以才说这样的话。但是，饿死只是很小的事，失节却是大事啊！”

二程虽有差异，但是他们共同提出“天理即人性”，开创一代理学，主导中国哲学发展数百年。

相关链接

天理论

程颢与程颐共同创立了“天理”学说。程颢曾说过：“吾学虽有所受，‘天理’二字却是自家体贴出来。”“理”因此而成为二程哲学的核心，宋明理学也就由此得名。

二程兄弟所谓的“理”，既是指自然的普遍法则，也是指人类社会的当然原则，它适用于自然、社会和一切具体事物。这就把儒家传统的“天人合一”思想，用“天人一理”的形式表达了出来，中国上古哲学中“天”所具有的本体地位，现在开始用“理”来代替了，这是二程对中国哲学的一大贡献。

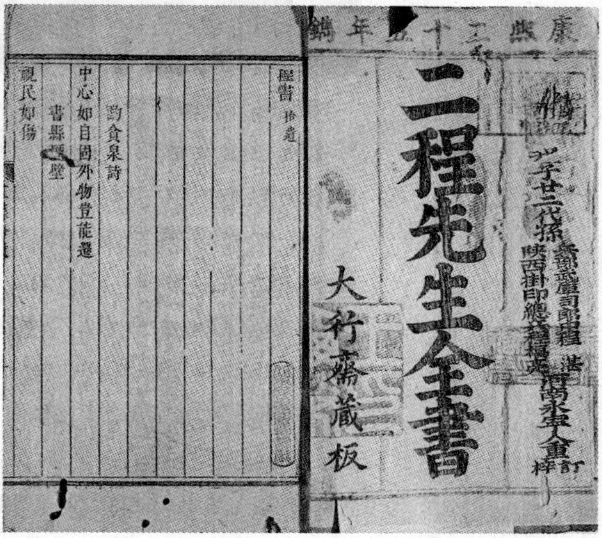

《二程先生全书》书影

二程的天理论具有如下几个层次：第一，理是超越时空的、相对完满的精神实体，它不以人的意志为转移。他们说：“天理云者，这一个道理，更有甚穷已？不为尧存，不为桀亡。人得之，故大行不加，穷居不损，这上头来，更怎生说得存亡加减？这元无稍欠，万理具备。”第二，理是世界万物的总根源。他们认为：“理则天下只有一个，故推之而四海皆准。”第三，理是自然和社会的最高法则。他们主张：“父子君臣，天下之定理，无所逃于天地之间。”第四，理是封建伦理道德之总称。他们说：“理即是礼也。”封建等级制度、君臣、父子、夫妇之别，就是理。最后，二程把人的不合节度的欲望、情感，称之为“人欲”，是“天理”的对立面，二者具有不相容性。

朱熹集理学之大成

朱熹(1130～1200)

字元晦，号晦庵，别号紫阳，小名沈郎，小字季延，徽州婺源县人。

1136年

二程的道学受到禁止，直到1155年解禁。

1153年

朱熹在延平向李侗拜师求学。

相传朱熹的父亲朱松曾求人算命。卜者说："富也只如此，贵也只如此，生个小孩儿，便是孔夫子。"虽属附会，但反映了其父的期望。据说朱熹刚会说话，父亲指着天给他看，说："这是天。"朱熹便问："天的上边是什么？"朱松极为惊异。就学后，老师给他一本《孝经》，他一读，就在上面题字说："不这样，不是人。"曾跟一群小孩在沙滩上玩，他独自端端正正地坐着用手指头在沙上画，别人一看，画的是八卦。他十岁时读《孟子》，对其中"圣人与我同类者"的话十分欣赏，暗下决心要做圣人贤者。

朱熹曾拜程颐的三传弟子李侗为师，继承并发挥二程学说，成为理学的集大成者，他的《四书集注》等著作被元、明、清三朝定为开科取士的必读书目。

李侗，人称延平先生，是朱熹父亲的同门好友。朱熹曾先后六次向他请教。正式拜师的那一次，他从崇安走到延平，步行几百里，以表示自己的诚心。李侗是二程再传弟子罗从彦的高足，深得《春秋》、《中庸》、《论语》、《孟子》学说的要领，主张"学问之道不在多言，但默坐澄心，体认天理"。朱熹每请教一次，都有所问，有所得。

朱熹像

初次见面，李侗批评他所学不专，告诉他"理一分殊"，也就是说万事万物只有一个道理，各个事物的理都是最高之理的表现。第二次询问有关《春秋》和《论语》的问题。第三次请教《易经》的太极说。第四次询问学习《孟子》的方法，经过讲解，朱熹心领神会，写下著名的《观书有感》："半亩方塘一鉴开，天光云影共徘徊。问渠那得清如许，为有源头活水来。”此后，朱熹又两次向李侗请教有关时局和政治方面的问题。问学李侗对朱熹天道观和思辨方法的建立发挥了关键作用。

绍兴十八年(1148)，朱熹考中进士。三年后出任泉州同安县主簿，聚徒讲学，后来罢官。孝宗即位的时候，朱熹上书反对议和。隆兴元年(1163)，他被召见，朝廷虽然多次委任他各种官职，但因与执政者政见不和，他都没有上任。此后他虽短暂做官，但传道讲学仍是他工作的重点。淳熙二年(1175)，吕祖谦邀请朱熹、陆九渊兄弟到江西信州(今江西铅山)，参加学术讨论，朱、陆之间进行了一场方法论的争论，不欢而散。这就是影响很大的“鹅湖之会”。

1163年

开封始建犹太教寺庙。

朱熹为官九年，讲学传道四十多年，亲手创建云谷、寒泉、武夷等书院。他对“四书”、“五经”逐字推敲，有独特解释，是一位好学不厌、诲人不倦的良师。门生黄榦(gàn)说“老师一天不讲学，就感到不快活”。他常与学生流连忘返于林泉山石之间，日落才归。朱熹主张：八岁入“小学”，十五岁入“大学”。认为儿童可塑性强，应注重做事的训练；青年理解能力强，应注重理论的教育。他特别强调要坚持“循序渐进，熟读深思，虚心涵养，切己体察，著紧用力，居敬持志”的教育方法。

《四书集注》

是朱熹为《大学》、《中庸》、《论语》、《孟子》所作的注。该书既注重文字诠释，更着重于义理的阐发，是以义理解经的代表作。书中发挥了儒家传统观点，体现了以理为最高范畴的哲学体系。《四书集注》为历代学者所重视，影响极其深远。

朱熹在哲学上发展了二程关于理、气关系的学说，集理学之大成。他认为：“理”、“气”不相离，但“理”在先，“气”在后。“理”是物质世界的基础和根源，无“理”就没有世界万物；即使山河大地都毁灭，“理”仍存在。又主张“理一分殊”，强调“天理”与“人欲”的对立，要求人们放弃“私欲”而服从“天理”。

朱熹一生著书立说、创办书院、讲学传道，是我国继孔孟以后的一代宗师，为中国思想文化的发展发挥了承前启后的作用。

相关链接

月印万川

为了解释“理一分殊”学说，朱熹打了一个比喻，这个比喻就是著名的“月印万川”。它的内容是说：在天空中只有一个月亮，可是当它照在每一条河流的水上面时，每一条河流上面就都有了一个月亮，这就是所谓的“月印万川”。在朱熹看来，宇宙先有理后有物，物得天理而成物，物物有天理，而天理只有一个，朱熹说天理可以分殊，这叫理一分殊。那么分殊的机理是什么？朱熹告诉人们天理分殊就像月印万川。所谓“理一”，就是万物都是天地所生，也就是说，是一个道理。但世间万物都不一样，有大小差别，有等级亲疏，这就是所谓的“分殊”。“月印万川”说明每件事物都具有“理”，而“理”在不同事物身上各有各的作用，这就是“理一分殊”。

朱熹从本体论角度指出，总合天地万物的理，只是一个理，分开来，每个事物都各自有一个理。例如房屋、草木或人，只是一个道理，便是“理一”。有厅有堂，有桃有李，有张三有李四，这些差别便是“分殊”。从伦理角度而言，朱熹认为人物以天地为父母，天地以人物为子女，因此以乾为父，以坤为母，有生之类，无物不然，这是“理一”；人人各亲其亲，各子其子，这便是“分殊”。朱熹又把总天地万物之理说成太极。太极便是最根本的理，“理一分殊”就是太极包含万物之理，万物分别完整地体现整个太极，“人人有一太极，物物有一太极”。

朱张会讲

南宋乾道三年(1167),朱熹从闽至湘,与张栻举行朱张会讲,成为岳麓书院史上的盛事。这次会讲的中心是《中庸》之辩,讨论十分热烈,它加强了理学中闽学与湖湘学两大学派的联系和交流,促进了理学的繁荣。

张栻(1133～1180)

字敬夫,一字钦夫,一字乐斋,号南轩,世称南轩先生。汉州绵竹(今四川绵竹)人。其父张浚曾为南宋丞相。

张栻曾拜胡宏为师,胡宏一见到他,就把孔子和门人之间谈论仁义如何亲切热烈的事情告诉了他。他回家后思考胡宏的话,似乎悟出了道理。胡宏称赞他:“圣人的门徒中又有新秀了。”张栻因此更加奋发向上,以古代的圣贤作为自己的榜样,撰写了《希颜录》一书。

1166 年

朱熹《观书有感》写成。

绍兴三十一年(1161),张栻随父来到长沙,住在妙高峰下,并在自己的寓所建立城南书院,收徒讲学,传播理学。1165 年,湖南安抚使刘珙重建被战火毁坏的岳麓书院,聘请张栻主持教学。自此,张拭每日穿梭于两所书院之间,认真教学,颇负盛名。

1167 年

朱熹到潭州访问张栻,展开“中和之辩”。

朱熹听说张栻获得名儒胡宏先生的真传,深明孔孟学说的精要,传播理学,享誉四方,便于孝宗乾道三年(1167)八月,带着自己的得意门生林用中,不远千里,从福建到长沙访问张栻。“朱子来了!朱子来了!”在岳麓书院学子们的欢呼声中,两位学者牵手步入书院百泉轩,于是便有了对湖湘文化产生重大影响的“潭州(今长沙)嘉会”。

入夜,岳麓书院安详静谧,百泉轩窗外竹影横斜,室内烛光通明。朱、张两人品茶论道,全然没了睡意。朱熹说:“孔孟之道,屡经曲解。幸好有周敦颐、二程三夫子表彰《大学》、《中庸》、《论语》、《孟子》,才得以融会贯通。”张栻点头称是,然后说:“我正想拟一院训,激励学子,不知老兄有何高见?”朱熹沉思一会,说道:“夫立天之道,曰阴与阳;立地之道,曰柔与刚;立仁之道,曰仁与义,此学问之道也。故师者必笃于务实,志于成人,学达性天;弟子必恪守忠孝节廉,博于问学,明于睿思。”张栻对此番言论大加赞赏,极为敬佩。第二天,朱熹为岳麓书院的学子们挥毫题写了“忠孝节廉”四个大字,一直保留到今天。

朱熹在长沙停留了两个多月,在此期间,他和张栻在岳麓书院大张讲坛,四面八方前来问道的书生学者络绎不绝,把书院挤得水泄不通，盛况空前，古今罕见。其中，重要的是两个人围绕《中庸》中的中和观念进行了论辩。

《知言》

《知言》全书采用随笔札记的形式，辑录了胡宏历年讲学的言论，体例近似于《论语》，但行文中很少有师生问答的对话，多为胡宏一人的语录。该书记存了胡宏的政治、哲学、伦理、史学等观点，是研究胡宏学术教育思想的主要依据。

张栻认为性为未发，心为已发，心主性情；朱熹则主张性为未发，情为已发，心统性情。张栻强调，先省察后涵养；朱熹则认为，在人的喜怒哀乐感情未发之时就要存养，不能等到已发之际才来察识，察识以后再来存养，主先涵养后察识。这种讨论开创了自由讲学和不同学术观点互相诘难又相互促进的一代新风。

秋去冬来，朱熹动了思家之念。张栻知道已难于挽留，便劝说他同游南岳后再分手。当时正值逆风凛冽、大雪纷飞的天气。白天，他们尽情观赏冰雪世界的水光山色，夜间就住在沿途的寺庙里饮酒赋诗。前后用了七天的时间，把南岳山上主要的名胜古迹看了个遍。

朱熹、张栻会讲岳麓书院和同游南岳，推动了湖南的理学运动，使湖南读书务学的风气空前高涨，岳麓书院也从此名噪一时，这一点恐怕朱张大开讲坛时也未曾料到。

相关链接

湖湘学派

湖湘学派是南宋时出现的一个具有相当影响的地域性理学学派。其代表人物的学术活动主要在长沙、衡山一带，学派由此得名。

其开创者胡安国，是二程的私淑弟子，潜心研究《春秋》。他的儿子胡宏进而注重对儒家心性义理的阐发，所著《知言》奠定了湖湘学派的学统。他认为性既是形而上学的宇宙本体，同时又体现为人性及万事万物之性。也就是说，一方面“物有定性”，另一方面“性无定体”，不同事物各有不同的性。人的精神发展靠心，心具有认识自然（知天地）、主导实践（宰万物）和完成本性（成性）的功用。

张栻师从胡宏，把湖湘学发展到鼎盛期。他的思想以明人伦、辨义利、重力行为特色。在哲学上，他提出了太极、理、心、性、天命“同体异取”的命题，认为它们既是一体，又具有层次性，是一个完整的逻辑结构。在心性论上，他本孟子的性善论，但又强调人性的平等，曾与朱熹多次辩论“未发”、“已发”问题。在工夫论上他主张先“察识”后“涵养”，重视“力行”工夫。在伦理学上他强调儒家传统的义利之辨和理学的理欲之分，同时又认为义利、理欲有统一的一面。

朱陆鹅湖之会

在江西省上饶市的鹅湖山上，有一座寺庙，淳熙二年（1175），南宋理学的代表人物朱熹和心学的代表人物陆九渊在这里举行了一次哲学辩论会，史称“鹅湖之会”。

辩论会的组织者，是人称“东南三贤”之一的吕祖谦。他与朱熹是好友，又当过陆九渊的主考官。他一向主张学问上兼容并包，试图使朱、陆两人的观点“会归于一”。

与朱熹不同，陆九渊特别重视对“心”的探讨。据说他三四岁的时候，就问父亲：“天地的尽头在哪里？”父亲无言以对。他废寝忘食地苦苦思索着。后来他从古书中读到“宇宙”二字，老师解释说：“四方上下叫宇，古往今来叫宙。”这一下他忽然明白了，说：“原来宇宙间的事就是我的分内之事，我的分内之事就是宇宙间的事。”从此他创造了一套“心即是理”的理论。他说：“天之所以给我的，就是这个心。凡是人都有心，心就都具备着理。因此，心就是理。”

会议一开始，吕祖谦便问与会的陆九渊的胞兄陆九龄：“九龄兄，最近有什么研究心得？”陆九龄回答说：“心得不多，但还是有的，大家不妨听听我最近作的一首诗。”随即吟诵出来：“孩提知爱长知钦，古圣相传只此心。大抵有基方筑室，未闻无址忽成岑。留情传注翻榛塞，著意精微转陆沉。珍重友朋勤切琢，须知至乐在于今。”这首诗的意思是：孩提时就懂得了爱，长大后又懂得了敬，这就是古代圣贤相传的爱敬之心。有地才能建房，无址不能成楼。空耗精力注解儒家经典，则堵塞成为圣贤的道路，着意寻求“精微”反而得不到。要珍重朋友之间的讨论，最大的快乐就在今天。

朱熹听罢，便向吕祖谦说：“看来九龄早已上了九渊的贼船了！”又对陆九龄说：“诗虽好，但不得要领。我认为要做一个圣贤，就要按照《大学》所说的步骤，从格物开始，通过格物获得知识，掌握本领，一旦豁然贯通，就能处处符合天理。”

陆九龄示意陆九渊，陆九渊便针锋相对地反驳说：“依我之见，要做圣人，‘先立乎其大者’，立场站稳了，读书明理，这固然好；即使不识一字，我还能堂堂正正做个人。不然，学了知识，也只是借寇兵、资

陆九渊(1139～1193)

号象山，字子静，抚州金溪（今属江西）人。与当时著名的理学家朱熹齐名，史称“朱陆”。

1173 年

朱熹编成《伊洛渊源录》。

1175 年

朱熹与陆九渊在信州鹅湖寺进行学术研讨。

“东南三贤”

“东南三贤”是指中国南宋时的三位理学家和学者：朱熹、张栻、吕祖谦，当时人因为他们活动的地方在中国东南地区（朱熹在福建、吕祖谦在浙东、张栻在湖南），因此将三人合称为“东南三贤”。

盗粮。尧舜读何书来？但他们不失为圣人。”

1176 年
朱熹《近思录》编成。

1181 年
陆九渊到白鹿书院讲学。

1189 年
朱熹《四书集注》写成。

朱熹正想反驳，陆九渊又说：“我也凑个热闹，和胞兄诗一首。”其诗说：“墟墓兴衰宗庙钦，斯人千古不磨心。涓流积至沧溟水，拳石崇成泰华岑。易简工夫终久大，支离事业竟浮沉。欲知自下升高处，真伪先须辨只今。”意思是，临墟墓就会产生悲哀之感，入宗庙自然产生钦敬之情，这是人人具有的千古不灭之心。积细流便成大海，聚拳石就成高山。我的“简易工夫”必将传播久远，你的“支离事业”必定沉沦。要知自下升高的道理，今天就将真伪辨清。

朱熹听后，为之失色，大不高兴，会议不欢而散。

淳熙六年(1179)，陆氏兄弟到信州铅山观音寺拜访朱熹，这次拜访有点负荆请罪的意味。看到他们态度真诚，朱熹的不快烟消云散，于是和着陆氏兄弟的诗韵，也赋诗一首：“德义风流夙所钦，别离三载更关心。偶扶藜杖出寒谷，又枉蓝舆度远岑。旧学商量加邃密，新知培养转深沉。却愁说到无言处，不信人间有古今。”委婉批评了心学可能陷于“不信人间有古今”的空疏之中，强调老老实实地商量旧学，意气风发地培养新知，在积累的基础上创新，通过创新带动积累。为鹅湖之会画上了一个圆满的句号。

陆九渊像

鹅湖之会虽未调和朱、陆两家的观点，甚至其学说的分歧愈来愈大，然而却成就了他们的深厚友谊。各自对于其哲学立场的坚持，愈发凸显了他们各自的学术品格和文化人格，在这一点上，他们无疑是英雄惜英雄，彼此反而更增添了相互的了解和敬意。

相关链接

尊德性与道问学

“尊德性”与“道问学”是儒家学者关于道德教化的两个命题，也指个人得到完善的两条途径。《礼记·中庸》说：“君子尊德性而道问学，致广大而尽精微，极高明而道中庸，温故而知新，敦厚而崇礼。”意思是说，君子既要尊重德性，又要讲求学习；既要情趣广大，又要穷尽细微；既要有高明的理想，又要有合乎中庸的行为；既要温习旧知识，又要认识新事物；既要笃实厚道，又要崇尚礼仪。

宋以后，“尊德性”与“道问学”成了理学家争论的议题，争论的中心是如何进行道德修养的问题。陆九渊把“尊德性”放在首要位置，认为应把心中天赋的道德本性树立起来，提出“先立乎其大者”；朱熹强调“道问学”，主张考察事物以获得知识，获得了知识，才能明辨是非，正确认识天理，按仁义的要求去做。陆九渊认为，天理就在人的心中，心就是天理。天理是个整体，要懂就完全懂，要不懂就完全不懂。朱熹让人从考察事物出发，只能得到一些支离破碎的知识，并不能懂得天理，这样做，只能败坏圣人之道。陆九渊和朱熹关于“尊德性”和“道问学”的分歧，是两条求学道路的分歧。

陈亮、朱熹“王霸义利之辩”

陈亮(1143~1194)

字同甫,号龙川先生,是爱国词人辛弃疾的好友,永康(今属浙江)人。陈亮胸怀大志,胆识过人。年轻时以《酌古论》、《中兴五论》等名篇闻名东南。他力主抗金,反对苟且偷安,倡言改革,指斥时弊,议论无所顾忌,故遭权贵嫉恨,三次被诬下狱。晚年在家设塾讲学著述。所学广博,在文词、历史、哲学及政治方面均有成就,是提倡功利之学的永康学派的创始人。

1192年

朱熹与陈亮在考亭相会,讨论现实社会问题。

1196年

朝廷搜禁理学著作,朱熹被罢官。

陈亮在哲学上主张经世致用;朱熹则主张要先整饬人心,涵养本心,然后“自能了得天下万物”,认为陈亮是舍本逐末。由于立论不同,两人围绕“天理”与“人欲”、“义”与“利”、“王”与“霸”等问题进行了激烈的论争。这场争论从淳熙九年(1182)直至绍熙四年(1193),前后十一年,即历史上有名的“王霸义利之辩”。

朱熹强调“存天理,去人欲”,以为天理与人欲不两立。他在《答陈同甫书》中说:“至若论其本然之妙,则惟有天理而无人欲。是以圣人之教,必欲其尽去人欲而复全天理也。”又说:“学者须是革尽人欲,复尽天理,方始是学。……人欲与天理,此长彼必短,此短彼必长。”也就是说天理与人欲,两者不能并存,而只能一方战胜一方。陈亮则强调人欲是合乎天理的。他在《问答·七》中说:“耳之与声也,目之与色也,鼻之与臭也,口之与味也,四肢之与安佚也,性也,有命焉。出于性,则人之所同欲也,委于命,则必有制之者不可违也。”也就是说人的耳、目、鼻、口的私欲就是性,性是不可违背的,因此,也可以叫做命。既然是不可违背的,那就是合理的,是不能去的。“尽去人欲”岂不是违背天性吗?

“义利之辩”,在中国哲学史上是一场开始得很早而又绵延不断的争论。孔孟讲义,反对讲利,而墨子、荀况、韩非等则不反对讲利。朱熹强调义,他认为古代圣贤治天下,一定把仁义放在首位,而不急于追求功利。在他看来,讲仁讲义,那就万事合宜;讲功讲利,那就要亡人亡国,自灭其身。他反复颂扬董仲舒的“正其义不谋其利,明其道不讲其功”的说法,把它纳入白鹿洞书院的学规,要人们正义明道,而不要去谋利计功。

陈亮则强调功利。他声称学者的首要任务是讲述富国强兵之学,做学问要以“适用”为主。他主张广泛研究有关国计民生、拒敌御侮等方面的问题;他批判当时的儒生麻木不仁,只知“议论”是否“当正”,而不知“事功为何物”,其结果必将“尽废天下之实,百事不理”。陈亮在辩论中,公开反对朱熹的空谈义理,主张“义”、“利”双行。

与“义利之辩”相联系的是“王霸之辩”。朱熹认为三代和三代以上尧、舜、禹等的统治，只有天理，没有人欲，行的是仁义之政，所以是“王道”；三代以下，心全在功利上，虽也有成就，但尧、舜、禹之道不传，天理不行，因此是“霸道”。在他看来，历史道德是不断退化的，夏、商、周以后的中国社会就陷入了“人欲横行”的黑暗时代，尤其是汉唐简直不成体统。

陈亮认为朱熹的主张是不能令人心服的。如果真像理学所说的，三代以后的千百年间天地、人间混乱倒退，那么万物为什么会繁庶，道为什么会常存呢？道既然常存，就证明汉、唐也体现了道。他还直接肯定汉唐的强盛可与天地并立。如果说汉唐与三代有区别，也只是在于道做得够与不够的问题。

陈亮同朱熹的论争，虽然没能遏制理学的盛行，也没有扭转南宋苟且偷安的局面，但在中国哲学发展史上却留下了光辉的一页。

相关链接

道德与事功

《宋元学案》曾指出陈亮与朱熹学说的区别：“功到成处，便是有德，事到济处，便是有理，此同甫（陈亮）之说也……功有适成，何必有德，事有偶济，何必有理，此晦庵（朱熹）之说也。”就是说，陈亮认为实事实功是最重要的，凡是有功效的，就是“有德”；做到事济，就是“有理”。道德与事功是统一的。而在朱熹看来，道德和事功未必一致，道德原则和实际效果是有区别的。

从世界观上看，陈亮认为：“夫盈宇宙者无非物，日用之间无非事。”就是说充塞天地之间的都是客观存在的事物，而道就存在于事物之中。这和朱熹“理在物先”的主张不同。从人生观上说，陈亮认为道德与人们的自然欲望和物质生活是密不可分的，人固然不可放纵自己的欲望，但合理的欲望并非与道德水火不容，进而反对朱熹“存天理，灭人欲”的主张。陈亮特别强调道德必须通过事功得以表现，反对朱熹讳言功利，空谈心性义理。他认为道德蕴含在事功之中，离开事功，道德就是一句空话。在陈亮看来，知识分子的人生理想是学以“成人”而不是朱熹所说的学以“成儒”，不仅要有道德，更要有才能和智勇。

王重阳创全真教

王重阳(1113～1170)

原名中孚，字允卿；又名世雄，字德威；入道后改王重阳，名喆，字知明，道号重阳子，故称王重阳，京兆咸阳(今陕西咸阳)人。

1222年

丘处机率高徒到成吉思汗行宫，受到接待和嘉勉。

1230年

《长春真人西游记》写成。

作为华山论剑的第一高手，王重阳知名度很高。历史上真实的王重阳，虽然也文武双全，但武功是不是真的天下第一却很难说。不过就凭他所创立的全真教，在道教的历史上，王重阳这个名字也不能被忽视。

北宋政和二年(1112)，王重阳出生在陕西咸阳一个大户人家。他自幼受到良好的教育，对儒家经典十分精通，平时还喜欢舞枪弄棒。正当他准备参加科举考试时，却因一首诗得罪了老师，不得不放弃了考试的机会。他于是改变初衷，应试武举，一举成功。少年得志的王重阳，意气昂扬，把名字改为世雄，一心想成就一番伟业，光宗耀祖。出乎意料的是，他被派往一个贫寒的村落，当了一名收酒税的小吏。他大失所望，便弃官回家。此后整日闷闷不乐，借酒浇愁，自暴自弃，乡里人背地里都叫他“王害风”。

传说王重阳四十八岁时，有一天他手里提一把酒壶站在路旁，逍遥自得地边喝边晒着太阳，一位头上扎着双髻的道士远远向他招手喊道：“疯子，疯子，拿你酒来。”王重阳听了，把酒壶递去，道士接过一饮而尽，又叫他用空壶去河中汲水来饮。王重阳打来水一尝，怪了，竟是仙界佳酿！那道士笑眯眯地对他说：“你道我是谁？我就是仙人刘海蟾。”说完哈哈大笑，飘然而去。后来，王重阳逢人就说，他在甘河镇一个小酒铺内遇到两位仙人化身点化，授他修炼的秘诀，二仙就是钟离权和吕洞宾。于是他抛下妻子儿女，改名为喆，字知明，当了道士，道号重阳子。

《王重阳故事·南时作居》(壁画)

王重阳出家后，在终南山挖了一个深达4米的洞穴，命名为“活死人墓”，并在墓中静修。他写下了《活死人墓赠宁伯功》的诗，其中说："活死人兮活死人，火风地水要知因。""百年大限从胎死，五蕴都归尘下尘。""存神养浩全真性，骨体凡躯且浑尘。"反映了他的神仙观念。同时又说："稳驾青牛古圣人，白牛枝叶出斯因。儒医夫子成三教，悬辟愚迷怕落尘。"把儒道佛三家相提并论。南宋绍兴三十二年(1162)，王重阳自己把活死人墓填平，回到了故乡，与和玉蟾、李灵阳各自结茅而居。有时候也出门云游，带个酒壶，边喝边唱，有人要酒他也不拒绝。有时用酒壶取水给人喝，别人都觉得酒香异常，只是他说的是方外之言，别人都以为是疯话，不明白什么意思。

王重阳在陕西的传教活动很不理想，不得不另做打算，金大定七年(1167)四月，他烧毁茅草庵，随身带一铁罐，沿途乞化为生，一路向东行进，从陕西终南到达胶东地区。王重阳遇到了拥有百万家财的马钰，马钰告诉他，自己曾梦见一只仙鹤从家中南园地中飞出。王重阳便在此地立庵，名为"全真堂"。所谓"全真"就是"全其本真"，也就是保全和滋养精、气、神这生命的三大要素，以达到身安、心静、意诚的境界。王重阳还创作一首全真歌，其歌说："堂名名号号全真，寂正逍遥子细陈。岂用草茅遮雨露，亦非瓦屋度秋春。一间闲舍应难得，四假凡躯是此因。常盖常修安在地，任眠任宿不离身。有时觉后尤宽大，每到醒来愈爱亲。气血转流浑不漏，精神交接永无津。慧灯内照通三曜，福注长生出六尘。自晒堂中心火灭，何妨诸寇积财薪。"马钰与王重阳朝夕相处，知其为世外高人，便产生了出家修道的念头，于是分散家产，与妻子先后拜王重阳为师。王重阳赐号马钰为"丹阳子"，其妻孙不二为"清静散人"。

自此以后，王重阳又陆续招收了长真子谭处端、长生子刘处玄、长春子丘处机、玉阳子王处一、恬然子郝大通五位弟子，号称"全真七子"。又先后在宁海、文登、福山、登州、莱州等地建立了三教七宝会、三教金莲会、三教三光会、三教玉华会、三教平等会等五个教团，并在此基础上正式创立了"全真教"。

长春子丘处机

丘处机(1148～1227)，字通密，道号长春子，金朝末年全真教道士。丘处机为金朝和蒙古统治者敬重，并因远赴西域劝说成吉思汗减少杀戮而闻名。在道教历史和信仰中，丘处机被奉为全真道"七真"之一，以及龙门派的祖师。在金庸的武侠小说《射雕英雄传》和《神雕侠侣》中，丘处机被描述为一位豪迈奔放、武艺高强的道士，这也使他更为大众所知。

相关链接

三教圆融

王重阳以“全真”为教派命名，目的就是要实现“三教圆融”，走“三教合一”的道路。他说：“儒门释户道相通，三教从来一祖风”，“心中端正莫生邪，三教搜来做一家”，“释道从来是一家，两般形貌理无差”，“满座谈开三教语，一杯传透四时春”；而且常常以《孝经》、《心经》和《道德经》教授弟子，所建分会都用“三教”命名。

王重阳认为三教表面上分立，但都不离“真道”。他说：“三教者如鼎三足，身同归一，无二无三。三教者不离真道也。喻曰似一根树生三枝也。”他还认为理性命是统一的，因此要性命双修。当时三教各有宗旨，宋儒主“理”，禅宗主“性”，道教主“命”，三足鼎立。王重阳用道教的精气神将三者统一起来。全真教的《长春真人规榜》中说：“夫住庵者，清虚冷澹，潇洒寂寥，见性为体，养命为用，柔弱为常，谦和为德，慈悲为本，方便为门……见三教门人，须当平（等）待，不得怠慢心。”王重阳反复强调“气壮神清爽，心闲性逸安”，“了了通三道，圆圆做一团”，“上中下正开心月，精气神全得祖风”。

普济编《五灯会元》

《五灯会元》是普济编撰的一部以记述禅师法语为主的重要典籍。那么，这部书是怎样编出来的？它的内容又是什么？这是宋元佛教史上的重要问题，了解它们对于理解宋元佛教尤其禅宗在宋元的发展很有帮助。

六祖慧能以下，禅宗分南岳、青原两系。南岳一系发展为临济、沩(wéi)仰二家；青原一系发展为曹洞、云门、法眼三家，合为五宗，称为“一花开五叶”。北宋中叶后，唯临济、曹洞二宗盛行，后临济又形成黄龙、杨岐二派，与五宗合称“五家七宗”，成为汉地佛教的主流和代表。

嘉定年间(1208～1224)，临济宗杨岐派后裔大慧宗杲(1089～1163)派下的闲云德昭、大川普济等先后主持宝陀寺，提倡“看话禅”。普济编《五灯会元》二十卷，删繁就简，合《景德传灯录》、《天圣广灯录》、《建中靖国续灯录》、《联灯会要》、《嘉泰普灯录》五种灯录为一，汇集从七佛至宋代各宗禅僧的参禅故事和语录，多机锋禅语，是影响深远的禅宗史传。

所谓“灯”，是佛教的比喻，认为无明众生不懂得佛教真理，犹如生活在黑暗之中，而佛教思想及著作就如同黑暗中的指路明灯一样，指示众生脱离苦海。《五灯会元》重点在于展示禅宗各家接引学人的法语和机关。或者说，或者不说。正说、反说、庄说、谐说、俗说、雅说、显说、隐说。更有扬眉瞬目、擎拳举指、竖拂拈槌、掀床作拜、持叉张弓、吁笑棒喝等，可以说是禅宗公案之渊薮。它集中反映了五家七宗中的一些著名禅师，已经失去了慧能时期简洁明快、严肃朴质的思想风格，在禅的不可说性上大弄机关而陷公案禅的窠臼，从而把禅宗导入了狭而偏的发展方向和神秘主义道路。以后禅宗的蜕变，《五灯会元》应当负有绝大的

普济(1179～1253)

俗姓张，字大川，浙江奉化人。普济属禅宗临济之杨岐派，是宗杲的三世孙，径山如琰的弟子。

1253 年

《五灯会元》印行。

高僧像

公案

所谓"公案",原本指古代官府判决是非的案例。禅宗借用"公案"一词,并引申为将历代禅师的语录作为学人参究的对象,以此判断迷与悟,启发智慧。用这种方法演化的禅学,称为"公案学"。公案学与禅法的发展有着密切的关系,禅门公案起源于唐末,兴盛于五代和两宋,元、明、清三代逐渐衰微。

责任。

禅门中有口皆碑的公案,《五灯会元》均有记载,如拈花微笑,一花五叶,鸟窠吹毛,玄觉一宿,磨砖作镜,无心是道,百丈竖拂,南泉斩猫,石巩张弓,盘山肉案,归宗斩蛇,俱胝断指,夹山挥剑,丹霞烧佛,秘魔擎叉,禾山打鼓,祇林木剑,资福刹竿,云门三句,黄龙三关,芭蕉拄杖,香严击竹,雪峰辊球,龙潭灭烛,赵州四门,布衫七斤,一切现成,寸丝不挂,临济喝,德山棒,吹毛剑,麻三斤,其他还有风吹幡动,说似一物即不中,平常心是道,庭前柏树子,芥子纳须弥,青青翠竹尽是法身,以及被胡适谓之庞氏剃刀的"但愿空诸所有,慎勿实诸所无"等,体现了各家的禅风。当然,所有这些公案故事,都是从其他五灯中转录而来,没有新的创造。

《五灯会元》按"五家七宗"分卷编录,使世系宗派相对集中,且条理明晰,叙录简要,甚易读览。问世以后,深受欢迎,广为传播,而原"五灯"则较少流通。

八思巴辩佛道

元朝初年，西藏出了个了不起的人物，他就是大元帝师、大宝法王、萨迦派首领八思巴（法名洛珠坚赞）。

八思巴是西藏喇嘛教萨迦派首领萨班的侄儿，十五岁那年，萨班去世了，八思巴就作为萨班的继承人，到六盘山去拜见忽必烈。忽必烈非常喜欢他，把他留在身边。

八思巴经常给忽必烈讲佛法。有一次，他对忽必烈说："西藏人信奉的喇嘛教，是从天竺（今印度）传来的。佛法的宗旨是要救度一切众生，引导众生达到涅槃境界（最高境界），过极乐世界的生活。要达到这个境界，必须严格遵守三藏经典（经、律、论三类经典）中所阐述的戒律和修行。假如一个人用粪、尿、血去玷污了神，他将转生在腐烂的尸体淤成的泥淖中；假如一个人违背了三藏中的戒律，他将转生在阿鼻地狱（阿鼻是印度文的音译，意思是没有间断的）中受苦；假如一个人向三宝（佛、法、僧）供上肉、血和尿，他将转生在污秽的罗刹（恶鬼）中……"

忽必烈听得津津有味，情不自禁地问道："那么该怎样修行呢？"八思巴说："要口诵真言（念咒）、手结契印（作各种不同的手势）、心作观想（想象），没有任何邪念，就能成佛。"八思巴边讲边做示范。

就这样，忽必烈慢慢地跟着八思巴学了起来，不久，他正式接受了佛戒，成了佛教徒。

元初，道教势力和影响远远超过佛教，忽必烈身边云集了一大批道教人物。他们唯道独尊，对于佛教极力排斥。宝祐六年（1258），佛道争执加剧，忽必烈受蒙哥大汗之命，在开平城主持大辩论，双方围绕《老子化胡经》真伪展开辩论。佛教方面参加的有曹洞宗禅师少林福裕、那摩国师、八思巴等三百余人，道教方面参加的有张真人、樊志应等二百多人。忽必烈的主要谋士姚枢、窦汉卿、廉希宪等担任"证义"。佛道两家辩论前约定："佛胜，道家削发为僧；道胜，佛徒蓄发为道。"

那摩国师首先提问："道士所编《化胡经》说老子西行化胡成佛，请问佛的含义是什么？"樊志应回答说："佛是觉悟的意思。就是觉天

八思巴（1235～1280）

又写成发思巴、帕思巴、帕克思巴，意译为"圣者"。八思巴从小聪明伶俐，七岁的时候就能熟读佛经，所以当地的藏民都叫他"八思巴"（即"圣童"）。

1288 年

元朝中央政府改总制院为宣政院，作为最高僧官机构，执掌全国佛教和西藏地区事务。

1289 年

元朝设崇福司，掌管全国一切基督教事务。

1293 年

基督教教士戈维奴来华传教。

1299 年

元大都建立第一座天主教堂。

觉地觉阴觉阳觉仁觉义。”那摩国师说：“所谓觉，是自觉觉他，觉行圆满，三觉圆明，故号佛陀，哪有觉天地阴阳仁义之说呢？”这时忽必烈对坐在身边的姚枢说：“觉仁觉义是孔子的话，说佛教也觉仁觉义当然不对了。”姚枢点头称是。樊志应拿出一摞书，准备反驳，八思巴趁势走上台质问他：“你拿的《史记》里有老子化胡成佛的事吗？”樊说：“没有。”八思巴又问：“老子所传的是什么经？”樊说：“是《道德经》。”“还有别的经吗？”樊答：“没有”。

八思巴这时振振有词地揭露：“既然道家自认《史记》中没有化胡说，《道德经》里也没有化胡说，那么伪造经书胡说八道，也就昭然若揭了。《化胡经》说老子西行化胡，教谕天竺佛界，施行佛陀教义，使释迦牟尼成了老子弟子，也就是侮辱我佛、肆意攻击世尊便成了无可置辩的事实。那么毁寺灭佛，迫害佛门弟子，惑乱民心，损害治国安邦，其罪孽当属不可饶恕的了。”

八思巴像

姚尚书这时站起来宣布说：“道家输了！”忽必烈说：“按约定章程行罚。”抗辩的道士便在龙光寺削发为僧。

1260年，忽必烈即蒙古大汗位，封八思巴为国师，赐玉印。后来，八思巴以国师领总制院事，成为全国佛教的最高僧官，在朝廷中享有很高地位。他在进一步加强巩固当时中央政府和西藏地区的联系方面起了一定的积极作用。

相关链接

教禅之辩

元世祖忽必烈至元年间，就在结束佛道辩论几年之后，佛教内部发生了教禅之辩。“教”，在当时即是指天台、华严、唯识三家。禅宗的代表是妙高，教宗的代表是仙林。

忽必烈问：“禅以何为宗？”妙高说：“禅也者，净智妙圆，体本空寂”，“非见闻觉知之所可知，非思量分别之所能解”。认为禅宗“教外别传，传此心也”。忽必烈问仙林教外别传是对还是错？仙林攻击说：“南方众生多是说谎，所以达摩西行来不立文字，正恐伶俐的说谎，贪著语言文字，故有直指之语。”既攻击了“南人”，又限定了禅宗。忽必烈最后调和争辩双方，总结说：“夫禅之与教本一体也，禅乃佛之心，教乃佛之语，因佛语而见佛心。譬之百川异流同归于海，到海则无异味。又如我万万岁皇帝，坐镇山河，天下一统，四夷百蛮，随方而至，必从顺成门外而入，到得黄金殿上，亲睹黄金面皮，方谓到家。若是教家只依语言文字，未达玄旨，犹是顺城门外人。又如禅家未得彻证，未得顿悟，亦在顺成门外，谓之到家亦未可也。”忽必烈平息了教禅之争，但没有改变政府“尊教抑禅”的政策。

明清时期(鸦片战争前)

——心学与实学

明清时期(鸦片战争前,1368～1840),是古代哲学向近代哲学转变的历史时期。从明朝建立至明代中期,程朱理学继续占据统治地位。王阳明建立心学体系,以与程朱理学抗争,其“知行合一”与“致良知”的主张赢得了学界的广泛关注。而罗钦顺、王廷相等人,完成了从理本论向气本论的转化,主张气这一物质实体才是宇宙万物的本原。从阳明学派分化出来的李贽认为良知即“童心”,把良知和情欲联系起来,开启了市民意识的先河。明末清初,士大夫为了济世救民,极力提倡有用之实学,黄宗羲、顾炎武、王夫之是其中的杰出代表。黄宗羲着重勾勒宋元明儒学的发展大势,揭示各家独特的宗旨。顾炎武用“博学于文”、“行己有耻”概括圣人之道;王夫之则强调由人道以统天道,在“性”的完善过程中超于天人合一。随着康乾盛世的出现,思想界的批判意识逐渐淡化,朴学逐渐成为主流。以戴震为代表的皖派,以惠栋为代表的吴派,以阮元为代表的扬派,沿袭顾炎武“务本原之学”的主张和“读九经自考文始、考文自知言始”的蹊径,对经学乃至史学进行了深入的研究,力图在回归汉代经学原貌的基础上,求得对经、史本义的准确理解,是实学思潮的进一步发展。

王夫之故居

位于湖南衡阳石船山。就是在这间小屋，王夫之写下了包括《读通鉴论》和《宋论》等在内的数百卷论著。

王守仁论“心”

王守仁是一位讲“心学”的哲学家，他和陆九渊的儒学被称为“陆王心学”，就像二程和朱熹的儒学被称为“程朱理学”一样，对后世很有影响。

王守仁早年信奉程朱理学。有一天，在家里和一位姓钱的朋友热烈讨论如何悟彻天下万物的道理，做成圣贤。他指着屋前亭子旁边的竹子，叫朋友一起去面对着竹子思索。

他和朋友就从早到晚坐在竹子前面，想悟彻其中的道理。由于虚耗过多，到了第三天，朋友就病倒了。王守仁还不死心，自己继续静坐在竹子面前，但是始终悟不出什么道理来。到了第七天，他也病倒了。

于是，两人都感叹圣贤确实难以做到，他们也没有那么大的力量去悟彻天下万物的道理，对朱熹的“格物穷理”之说开始产生了怀疑和动摇。

王守仁于是返回内心追溯，主张天下无心外之物，无心外之理。有一天，他和一位朋友到南镇去玩，这位朋友指着山上一棵花树问他：“你平时说天下没有心外的事物，这棵树我原先没有看见过，一直是自开自落，和我的心有什么关系呢？”

王守仁耐心解释说：“你未曾看见这棵花树时，心里就没有花树的感觉，可见花树还是存在于你的心中，不是存在于你的心外。”

在王守仁看来，不仅物在心中、理在心中，而且圣人也在心中。1525年左右，他写过一首诗，其中就有一句“个个人心有仲尼”。据说有一天他的学生王艮出游归来，他便询问王艮看到了什么，王艮说：“看到满街都是圣人。”王守仁听了很高兴，便说：“你看满街是圣人，满街人倒看你是圣人呢！”

明朝嘉靖六年(1527)，王守仁已五十六岁，奉命出征广西思田。他的得意弟子钱德洪(绪山)、王汝中(龙溪)赶来饯行。两人同住舟中，相与论学，因意见不一，要求老师裁决，王守仁欣然答应。随后他们移席天泉桥，于是哲学史上一场有名的论辩开始了。

王守仁晚年总结授学之道，提出了“王门四句教”，即：“无善无恶

王守仁(1472～1528)
字伯安，浙江余姚人。曾在故乡阳明洞筑室居住，也称阳明先生。

1382年
明太祖下诏命令天下通祀孔子。

1417年
明成祖正式将《五经大全》、《四书大全》、《性理大全》颁行天下，作为钦定教科书。始开经筵。

1492年
王守仁为“格物致知”，格了七天七夜的竹子，不仅一无所获，反而生了病。

1508年
王守仁在贵州龙场，冥思苦虑，悟出“心学”思想。

1527年
王守仁在天泉桥传授王门“四句教”。

王守仁像

《传习录》

王守仁的语录。由门人徐爱、钱德洪辑录，编入《王文成公全书》作为首篇，分上、中、下三卷。记载有关“致良知”、“知行合一”、“心理合一”等论点的回答，是研究王阳明哲学思想的主要资料。

心之体，有善有恶意之动，知善知恶是良知，为善去恶是格物。”用以教授生徒，壮大学派。钱、王二人的论辩正是围绕此问题展开的。

王汝中说：“在我看来，既然‘心之体’——心的本然状态是无善无恶的，那么由此产生出来的意（意念）、知（认识）和物（事物）也应该是无善无恶的；如果意、知、物有善有恶，那么心之体也就是有善有恶的。心、意、知、物只是一件事情，只要悟得心之体是无善无恶的，则意也是无善无恶的意，知也是无善无恶的知，物也是无善无恶的物，这就是我的‘四无说’。”主张只要在心体上领悟了，就一了百了，简易直接。

钱德洪反驳说：“先生的话，其实是‘四有说’，至善无恶者心，有善有恶者意，知善知恶者良知，为善去恶者格物。没有‘为善去恶’的工夫努力，就不能悟得心之本体。”

王守仁总结说：“汝中看到了本体，可以教授天赋聪明的人。德洪看到了工夫，可以教授天资一般或愚钝的人。你们要相资以为用，不要片面地各执一端，这样我的心学就可以发扬光大了。”

王守仁的心学主张，打破了程朱理学的僵化，活跃了人们的思想，后来传到日本，被称为“阳明学”，产生了很大的影响。

相关链接

致良知说

“致”是推及、恢复和实行的意思。“良知”原出于《孟子》，指一种“不学而能”、“不虑而知”的天赋道德意识。王守仁继承和发挥了这种理论，提出了“致良知”的学说。

王守仁针对程朱学派的难题（学问知识如何转化为道德实践）和弊病（钻进旧书故纸之中而忽视道德修养），强调良知是人先天具有的道德意识和道德能力。因而人的修养方法也就是“致良知”,即把良知推及于事事物物。在他看来,人心既然是天理在人身上的体现,那么人心不经学习,就可知道天理,即知道仁义礼智信;不经学习,就可能按天理的要求去做。他认为,做好人、圣人的真正途径,是把自己心里本来就具有的天理,也就是良知付诸实践,照心的指示去做,把心中的天理推广开去,应用于每一个事件和事物,这才是真正的“考察事物”。他认为应在心中求理,并以孝为例来说明——如果在父母那里求孝的理,就会有孝之理是在父母身上还是在我心中的疑问,如果说孝之理在父母身上,那么父母死后,我心中就没有孝的理了;可事实并不如此,父母死后我心中仍有孝。同时他也强调说,我们说某人知孝,一定是那个人做到了孝。如果那人只说一些有关孝的话,是无法说他知孝的。所以,“致良知”成为王守仁心学体系的理论基础。

王廷相务求"实学"

王廷相(1474～1544)

字子衡，号浚川，世称浚川先生，河南仪封(今河南兰考县)人。幼年聪慧奇敏，好为文赋诗，留心经史。二十八岁考中进士，选庶吉士(以擅长文学书法的人担任的无实职的散官)，授兵科给事中(皇帝侍从，备顾问应对等事)，最后官至南京兵部尚书(主管全国军事的最高长官)。

1487年

丘浚将《大学衍义补》献给刚即位的明孝宗。

1502年

《大明会典》修成。

1531年

罗钦顺写成《困知记》一书。

嘉靖年间的一天，在南京石龙书院里，出现了一篇名为"石龙书院学辩"的新学训。这条学训刻在书院门口的壁障上，引起了师生们极大的兴趣，纷纷围观。

学训大意是说世上有关起门来学习划船本领的人，怎样掌舵，怎样打手势，怎样摇橹，怎样张帆，怎样拉纤，没有不头头是道地讲而且能预料到的，等到走出家门拿他的划船知识在发大水的山溪中试试，就会遇到很多问题。大一点的，就如人在风浪面前，完全失去了划船的本领；小一点的，如遇险滩漩涡，又会晕头转向，束手无策。不因这种学习方法而失败的，那是很少的。学训的结尾署名"仪封浚川子"，这正是王廷相的别号。人们交口称赞，竟相传抄，使其名重一时。

在王廷相看来，只有从"履事"、"实历"中得到的知识，才能正确地指导人们的行动，达到预期的功效；没有实践经验的讲说者，就像关门学划船的人一样经不起风浪的考验。他反对不务实际的虚静空谈，致力于圣贤经世的实学，上承张载，下启王夫之，形成了独树一帜的哲学思想体系。

王廷相品行端正，生活俭朴，为官廉洁。据《松窗梦语》记载，张瀚初任御史参见自己的行政长官王廷相时，王廷相没给他讲什么大道理，只是说："我昨天坐轿进城碰到下雨，有个穿新鞋的轿夫从灰厂走到长安街，一路择地而走，怕弄脏鞋。没想到进城后，泥泞渐多，一不小心，踩进泥水之中，便不再顾忌了。"然后正告张瀚说："修身之道，也是如此，如果一失足，就什么也不顾忌了。"张瀚一辈子都没忘记。

王廷相认为程朱理学和陆王心学在认识上的共同弊病是"皆不于实践处用功，人事上体验"。他非常重视实践，曾说："讲得一事即行一事，行得一事即知一事，所谓真知矣。"

王廷相经常观察客观事物，以作为反对古人妄说的事实依据。有一天他对学生描述他观察雪花时的情景，他说："古人说，冬天的雪花是六瓣的，而春天的雪花是五瓣的。对此，我一直认为不可理解。于是每到下雪的天气，我都要到外面去，用袖子去接那些从天上落下来的雪花，经过仔细的观察，我发现不论是冬天的雪花还是春天的雪花，都是六瓣的。”用事实驳斥了古代哲学家一些不负责的说法。

王廷相认为道德观念也是在“实历”中形成的，并非是天生的。他举例说，假如父母把自己亲生的孩子从小就交给别人抚养，这个孩子长大以后，就会以抚养他的父母当作亲生父母。即使遇见亲生父母，也会当作路人看待，甚至会侮辱、谩骂。他认为如果不通过生活实历，连牛马也不能分别，何况君臣大义、父子之亲等这样的道德观念呢？

王廷相大力提倡实践，并讨论了其在认识中的作用，这在中国哲学史上具有重要的理论意义。他的哲学著作有《雅述》、《慎言》、《太极辩》等，多收入《王氏家藏集》和《内台集》，今人辑有《王廷相集》，完整地收录了有关他的思想资料。

《雅述》

明王廷相撰。分上、下两篇。认为“天地未生，只有元气，元气具，则造化人物之道理即此而在，故元气之上无物、无道、无理”。为研究王廷相哲学思想的重要资料。后收入《王氏家藏集》。

相关链接

知行兼举

这是中国古代的一种知行观点，意思是说人的思想与行动、认识与实践相互兼顾、相互促进，代表人物是王廷相。

王廷相认为程朱一派是“徒讲说者”，陆王一派是“徒守心者”；前者是知先行后，后者是知行合一，共同的弊病是“皆不于实践处用功，人事上体验”，都是脱离实践的有害之学。王廷相主张“知行兼举”，强调“行”在认识自然和科学研究中的重要作用，强调认识和实践的统一。他认为，做学问，既要学习书本知识，又必须亲自体察，这样才能获得“真知”。而所谓的真知，就是知行一致，知体现于行上。他说：“学之术有二，曰致知，曰履事，兼之上也。”就是说学习的方法有两种，一是求知，二是做事，能兼顾两者最好。

王廷相所说的“知”，包括思虑和见闻两个方面，并特别重视见闻。举例说，如果把一个婴儿从小就关闭在一个暗室之中，不让他与外界事物接触，那么长大后走出暗室，肯定连日用物品、牛马猪狗都分不清。王廷相反复强调“行”，知而能行才是真正的知，知而不能行就等于不知。他举例说如果关在房间里学划船，那么到了江河中就寸步难行，这就不能算真正学会了划船。王廷相这种富于实践精神的知行观，在历史上发挥了进步的作用。

李贽“离经乱道”

李贽(1527～1602)

原名李载贽，字宏甫，号卓吾，福建晋江人。

1579 年

张居正反对聚众讲学，毁天下书院。

1582 年

意大利耶稣会士利玛窦来华传教。

1604 年

顾宪成等人倡议，恢复宋代东林书院，聚众讲学。

万历年间，京城里不时出现些无名揭贴(即传单)，官府称之为“妖书”，把写这类传单的人称为“妖人”。万历三十年(1602)，朝廷从通州抓到一位七十五岁的“妖人”，他便是李贽。

李贽二十六岁考中举人，从三十岁开始，前后做了二十多年的官，但都是些位低薪少的小官，直到五十一岁才升任云南姚安知府，三年后卸任时仍一贫如洗。但他不怕穷、不怕苦，一心读书，追求真理。

李贽性格倔强，特立独行，不肯轻易附和世俗，不信回教，排斥道教，也不受儒学传统观念的束缚。当时的道学家们讲求“仁义道德”、“礼义廉耻”、“忠孝节义”，这本来没什么不好。但当时一些道学家是伪君子，尽说假话，口里说的是一套，做的却是另一套。于是出现了一个“泰州学派”，认为吃饭穿衣劳动便是“道”，反对道学家光说不做的玄虚理论，被正统道学家诬蔑为“左道”、“妖人”。李贽却认为他们的主张是对的，成为这一学派主张坚定的宣传者。

李贽首先把矛头指向儒学宗师孔子，认为孔子也是人，不能当作神圣偶像来崇拜。他对于把孔子比作太阳，认为没有孔子中国就会黑暗的说法，批驳说：“难道三皇五帝时期人们都是在黑暗中生活的吗？”他对理学家倡导的封建道统也不屑一顾。他说：“人们都说朱熹恢复了汉代以后的道统，也就是承认汉、唐、五代没有道统。没有道统的汉唐时期那样强盛发达，宋元明以来有了道统反而不如汉唐发达，那么到底是没有道统好呢？还是恢复道统好呢？”他这些独到的见解，被当时的正统视为“邪说”，而他自己也公开以“异端”自居。

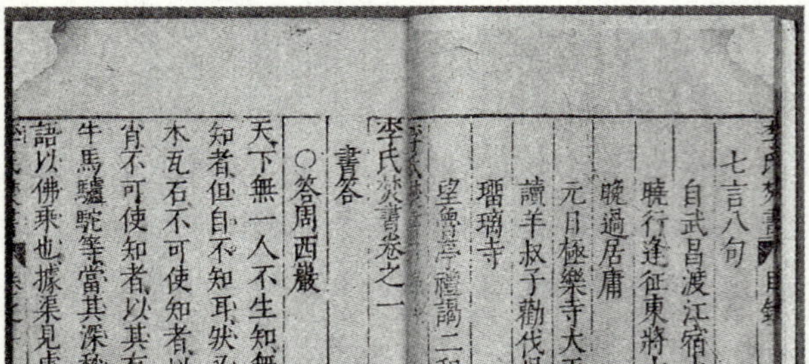
七言八句
自武昌渡江宿大別
曉行逢征東將士却寄梅中丞
九日極樂寺聞袁中郎且至
曉過居庸
元日極樂寺大雨雪
雨中塔寺和袁小修
讀羊叔子勸伐吳表
讀劉禹錫金陵懷古
瑠璃寺

李氏焚書卷之一
書答
○答周西巖
天下無一人不生知無一物不生知亦無一刻不生知者但自不知耳然又未嘗不可使之知也惟是土木瓦石不可使知者以其無情難告語也賢智愚不肖不可使知者以其有情難告語也除是二種則雖牛馬驢駝等當其深愁痛苦之時無不可告以生知語以佛乘也據乘見處恰似有人生知又有人不生

《焚书》书影

从云南卸任后，他先去湖北黄安的朋友耿定理家中住了些日子，教耿家的几个孩子读书。定理的哥哥定向是个道学家，他与李贽互相看不惯，发生了不少冲突。在一封致耿定向的信中，李贽说："你的俗心与一般人一样，可一开口谈道学便以大家自居，你的言行不一致。你的志向不在于你所说的光大道学，而是贪图高官以求光耀门庭，你言行处处是假，何时才能真的言行一致呢？"耿定向看后，非常愤怒。

耿定理病逝后，李贽从耿家迁出，移居麻城龙潭芝佛院，让妻女返回福建老家，只身一人在和尚深有的服侍下，读书、著述、讲学，准备度过余生。他行为放达，在佛堂上供奉孔子像。因经常头皮发痒，便剃去头发，戴上头巾。他讲话常"滑稽排调，冲口而发，既能解颐，亦可刺骨"，吸引许多学者前来听他谈道。他不顾世俗的反对，不仅招收男弟子，还大胆地招收了女弟子梅澹然。他还反对二程"饿死事小，失节事大"的说教，主张妇女可以自己选择配偶，寡妇也可以再嫁。他还在《初谭集》中收录许多才智过人的女子的事迹，认为她们的才智和见识并不比男子差，为妇女鸣不平。封建卫道士们对他大为不满，一般人也把他当作"妖人"或行为怪异的"异人"。

万历十八年(1590)，李贽写的《焚书》出版了，其中收录了他给耿定向的一些信。耿定向看后勃然大怒，发动他的学生攻击李贽是"妖人"，说他是蓄意"谋反"。李贽并不害怕，又写了《藏书》，里面有许多大胆评论，如称赞被骂作"暴君"的秦始皇，指斥理学家程、朱只会说假话等。《藏书》的出版使当政者极为震怒。不久避难到通州的李贽便以"有伤风化"的罪名被逮捕入狱，宁死不屈的李贽最后自杀，以死抗争。

李贽一生敢于反对偶像崇拜、教条迷信，离经叛道，抨击社会的黑暗腐朽，是一个拼命要从传统意识的泥坑中挣脱出来，寻找新世界的历史先驱者。

泰州学派

泰州学派是中国历史中第一个真正意义上的思想启蒙学派，它发扬了王守仁的心学思想，反对束缚人性，引领了明朝后期的思想解放潮流。

泰州学派创始人王艮师承王守仁。他长期在小生产者阶层中讲学，从者云集。泰州学派的信徒有上层官僚地主、知识分子，还有下层劳动人民。他们大都致力于封建道德的普及和宣传工作，力倡"百姓日用"之道。规劝人们安分守己、息事宁人，因此泰州学派一度受到朝廷的青睐，成为晚明的显学，代表人物有王栋、徐樾、赵贞吉、何心隐、李贽和徐阶等。

相关链接

童心说

李贽哲学最基本的范畴是"心"或"真心"，他提出"童心说"，对"真心"作了不同于王学

"良知"的规定。王守仁说:"知善知恶是良知。"他所说的良知只限于关于善恶的判断,李贽的"童心"不受这个限制,凡人生来就有的能动性,都在"童心"的范围之内。照他所说,人只有根据"童心"说话,所说的话才是真话;根据他的"童心"办事,所办的事才是真事;根据"童心"而生活的人,这个人才是真人。

李贽进一步指出,"真心"不是一种不可捉摸的抽象人性,而有其实在内容和表现形式,这就是"私"。他说:"夫私者,人之心也。人必有私,而后其心乃见,若无私,则无心矣。"正是有了"私心",人们的活动才有了推动力。李贽认为,必须废除"以孔子之是非为是非"的所谓真理标准,使每个人都独立地思考、判断。他说:"夫天生一人,自有一人之用,不待取给于孔子而后足也。若必待取足于孔子,则千古以前无孔子,终不得为人乎?"也就是说人们应当把生而俱有的能力发挥出来,无须以孔子的言论和儒家经典为指南。在此基础上,李贽提出了"是非无定论"的真理观,认为真理是相对的,每个人都以自己的"心"评判真理,不存在共同的客观真理。确保童心不失,无疑给人以信心、希望和勇气,但过分强调人的自私和欲望,必然导致人性的堕落和社会腐败。

傅山与顾炎武太原三聚会

傅山与顾炎武都是晚明遗民，共同的家国之痛使两人心心相印，他们在太原有过三次亲密的聚会，给明末清初的哲学界留下了一段佳话。

康熙二年(1663)，顾炎武第一次来访，傅山把他安排在自己所住的松庄。顾炎武比傅山小六岁，这一年也已五十一岁，看到复明大势已去，决心“笃志经史”，对傅山的学问人品都极为敬佩，决意向他虚心求教。

松庄是一个只有几十户人家的小山村，村北是丘陵，村南是一条漫长的沙河，每当雨季便有山洪流过。两人一见如故，白天沙滩漫步，夜晚抵足而眠，并且写诗唱和，相处得很好。顾炎武写了一首《赠傅处士山》的诗：“为问明王梦，何时到傅岩。临风吹短笛，劚(zhǔ)雪荷长铲。老去肱频折，愁深口自缄。相逢江上客，有泪湿青衫。”大意是说，为探询复明的梦来访，却看到临风吹笛、荷铲除雪的傅山，遇到知音，不禁泪湿青衫。

傅山看后非常激动，和诗一首：“好音无一字，文采会贲岩。正选高松座，谁能小草铲。天涯之子遇，真气不吾缄。秘读朝陵记，臣躬汗浃衫。”大意是说，抗清复明的一个好消息也没有，我们只能以文会友，要选经得起风霜严寒的高山之松，无奈全是铲除不掉的奴颜婢膝的小草，你的气节令我自愧得汗流浃背。

康熙五年(1666)，顾炎武第二次来访，傅山仍热情接待。据说有一天，天大亮了，顾炎武还未起床，傅山大声呼喊说：“汀茫久矣!”顾炎武睡眼朦胧，问什么意思。傅山说：“你平时好谈古音，今天为什么忽然迷糊了?”顾炎武一想，也禁不住笑了起来。原来，古音“天”字读作“汀”声；“明”字读作“茫”声，“汀茫矣”，就是“天亮了”。

在这次访谈中，傅山感叹万端，赋诗一首：“河山文物卷胡笳，落叶黄尘载五车。方外不娴新世界，眼中偏识旧年家。乍惊白羽丹阳策，徐领雕胡玉树花。诗咏十朋江万里，搁吾伧笔似枯槎。”意思是说：河山风物席卷在胡笳声中，落叶黄尘下迎来学富五车的远人。隐居的我哪知道改朝换代的世界，心目中只识得旧日的高朋。羽扇轻

傅山(1607～1684)

原名鼎臣，字青竹，后改为青主，又有真山、浊翁、石道人等别名，山西阳曲(今山西忻州)人。他反对理学的空疏，倡导学必实用，成为清初的学问大家。

1629 年

张溥等人在江苏吴江尹山召开复社成立大会。

1630 年

复社在金陵召开第二次大会。

1633 年

复社在苏州举行第三次大会，即虎丘大会，是复社历史上最大的一次集会。

摇惊叹您复兴的妙策，疏食慢品拜读您诗文的芳馨。激情奔放的篇章宛若滔滔的江水，惭愧的我真想扔掉这支笔啊，就如同让一叶枯舟搁浅在河滨。

复社

明末以江南士大夫为核心的政治、文学团体，于崇祯六年(1633)在苏州虎丘成立。成员多为青年士子，先后达二千余人，声势遍及海内。他们以东林党后继为己任，以宗经复古、切实尚用相号召，切磋学问，砥砺品行，反对空谈，密切关注社会人生，并实际地参加政治斗争。

复社成员后来或被魏忠贤余党迫害致死，或抗清殉难，或入仕清朝，或削发为僧。顺治九年(1652)为清政府所取缔。

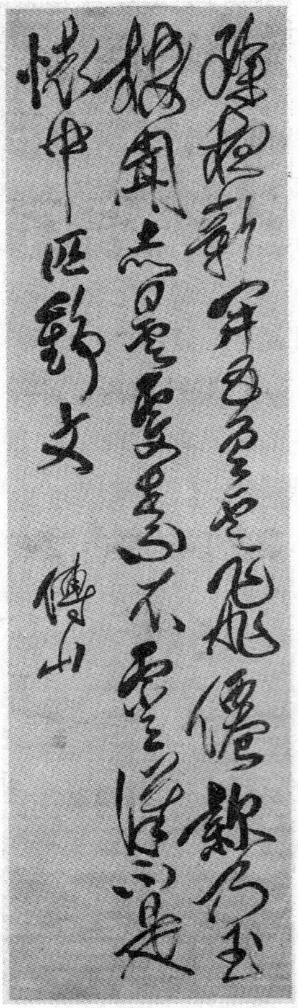

傅山草书诗

不久，顾炎武和诗一首，诗中说："愁听关塞遍吹笳，不见中原有战车。三户已亡熊绎国，一成犹启少康家。苍龙日暮还行雨，老树春深更著花。待得汉廷明诏近，五湖同觅钓鱼槎。"意思是说：愁闻得边关仍旧是胡笳声声，中原却已经没有了战车的踪影。楚国的三户精英虽然沦亡，不屈的少康依然可以最终复兴。苍龙日暮还要行云作雨，老树春深更须著花扎根。有朝一日汉廷的诏书到来，让我们奔赴五湖寻取它钓得巨鱼的船绳。

康熙十年(1671)，顾炎武第三次来访。他们这次相聚时间较长，除了忧时伤世、谈政论文、诗歌唱和外，还创办了一些实业。其间还有一个小插曲，傅山看顾炎武年老无子，便多方为其物色配偶，顾炎武婉谢了老友的好意。他孑然一身地走了，从此没有能再见傅山。

顾炎武临终前，还惦记着傅山，在一篇文章中写到："萧然物外，自得天机，吾不如傅青主。"这"萧然物外，自得天机"可以说是对傅山一生的最好概括。

相关链接

经子平等

傅山主张"经子平等"，自居"异端"，使用"批注"、"评注"、"校改"等方式，对诸子进行了大量的研究。他在研究诸子中用了一个比喻——"餐采"，就是像吃饭一样，应该吸取各种营养。不仅阅读儒家的学说，而且还要从佛经和诸子中去"餐采"，全面地吸收思想营养,丰富自己的头脑。

傅山认为经学、子学应该具有同等的地位,儒学、理学也是百家中的一派,经学家之言,也是一家之言。从字义训诂来看,经子都源于水,没有高低贵贱之分。从逻辑上讲,没有孔子孟子,哪有四书五经?傅山很赞赏在学术上有独立见解者,他对陈亮、王阳明、李贽等敢于自居异端的精神十分钦佩。他用诸子思想作为清算理学的"一条好皂角"。要鉴别、清算理学家依傍附加在先儒学说中的那一套讲学理论,需要有思想工具,就像清洗衣服需要肥皂、洗涤剂一样。傅山说:"申、商、管、韩之书,细读之,诚洗东汉、唐宋以后之粘一条好皂角也","吾以管子、庄子、列子、楞严、唯识、毗婆诸论,约略参同,益知所谓儒者之不济事也。"

黄宗羲创立“学案”体

黄宗羲(1610~1695)

字太冲,号南雷,学者称他为梨洲先生,浙江余姚人。

1662 年

黄宗羲《明夷待访录》成书。

黄宗羲定律

黄宗羲定律,是指一种历史现象,大意是说:中国历史上,封建王朝为减轻、规范农民的赋税而出台的政策,在初期起到一定作用之后,往往最终变本加厉地加重农民负担。一个典型的例子就是明朝中叶张居正所施行的一条鞭法:将农民上交的田赋、徭役以及其他杂征总为一条,折成银两,并明令不得增加其他名目的赋税。但到了明朝中后期,朝廷仍然征收其他赋税,如为了应付满洲入侵而开征的辽饷等,加重了农民的负担,客观上激起了农民起义。黄宗羲将此称之为“积累莫返之害”,后人将此现象称为“黄宗羲定律”。

明朝灭亡后,黄宗羲耻于做清朝的官,隐居在家乡,以写书和教书为乐。他研究了天文、算术、经史、诸子百家和宗教之学,将搜集到的资料加以整理,写成了记录明代各个学术派别的《明儒学案》。该书开创了我国史书的一种新体裁——学案体,也标志着清代影响较大的浙东学派的形成。

黄宗羲是明朝末年著名学者刘宗周的弟子,一生勤学苦读,晚年写诗描写自己的读书生活,其诗说:“年少鸡鸣方就枕,老人枕上待鸡鸣。转头三十余年梦,不道消磨只数声。”大意是说我年轻时,读书到鸡鸣才睡觉,老了以后,躺在床上思考问题一直到鸡叫为止。回头一看,三十多年的时光只消磨在鸡叫声中。

黄宗羲和刘宗周继承了同乡先辈王守仁的学说,特别是“慎独”和“事上磨炼”。阳明后学往往流于空谈,他们却完全没有这种缺点。黄宗羲发挥刘宗周“慎独”的宗旨,又强调“学必源于经术,必证明于史籍”,一扫晚明理学家高谈心性、束书不观的习气,成为新时代学风的先驱者。

从 1676 年至 1685 年,黄宗羲编撰了一部学术巨著——《明儒学案》,共六十二卷,近百万字。全书分立学案十九个,以王阳明学派为主流,兼述各家各派,系统总结了明代思想学说的发展演变状况。在书中他阐述了自己的哲学观点,他认为理学家所谓道理,是脱离时事的,是从“静坐得之”;而他们所追求的道理,亦即“本体”,是完全离开“工夫”,也就是离开生活的玄谈,不着边际。在黄宗羲看来,天地万物之间,自然有它的道理。这个道理,他有时说成“本体”,这个“本体”是离不开“工夫”的。他强调从工夫即从物、理、气中体验道理。他提出,“理为气之理,无气则无理”。理不是绝对永恒的,所谓“气有聚散,理亦有聚散”。与朱熹说的即使山河崩陷,理还是那个理,它是永恒不变、永恒存在的说法相反。

《明儒学案》的每一学案都由小序、评传、语录三个部分组成,小序简述这个学派的源流和宗旨;评传扼要叙述学者的生平经历、著作情况、学术思想和师承关系;语录则从学者本人著作或语录中选辑而成,“各记其所得力”的论述。《明儒学案》创立了中国“学案”的体例,开创了学术史研究的先河。

黄宗羲晚年在家乡讲学,虽足不出乡里,却文名满天下。因有感于明代学风之衰敝,好为游谈,束书不观,以致最后亡国。他在讲学中要求生员必须博览经史、从事核实之学,学了必须应用,吸引了四面八方的有志之士前来就学,一时盛况空前,学风为之一变。尤其值得人们敬佩的是,他的讲学所以能够产生那么大的影响,不仅是由于学问的渊博,提倡经世致用,更重要的是他在讲学中能够做到深入浅出、条理清晰、触类旁通、左右逢源,使得前来听讲的人,无论知识高低,都可各得其所。在他的精心培育下,浙东地区出现了许多著名的学者,而且形成了一个具有自己特色的浙东学派。

1678 年

康熙帝谕吏部,举荐博学鸿儒。

在《明儒学案》之前,虽有周汝登的《圣学宗传》、孙奇逢的《理学宗传》问世,但前者是学术通史体,后者虽以宋、明诸大师为正传,但旁及汉、唐、宋、元、明其他儒学大师的思想,并非严格意义上的断代史,更非明代思想学说史,所以《明儒学案》可称得上第一部内容宏富、体例严谨、观点鲜明的明代思想学说史。

相关链接

心无本体

黄宗羲在《明儒学案》序言初稿中说:"盈天地皆心也。变化不测,不能不万殊。心无本体,功力所至,即其本体。故穷理者,穷此心之万殊,非穷万物之万殊也。穷心则物莫能遁,穷物则心滞于隅。""心无本体"成为他哲学思想的核心。

首先"盈天地皆心",也就是说人心是人的主体意识,天地万物都和人心发生关系,是人认识的对象。其次"心无本体,功力所至,即是本体"。黄宗羲所说的"心",是认识的主体,"本体"是本然状态,"功力"指主观努力和体会。也就是说要充分发挥心的认识作用,通过不同途径去认识、把握真理。最后强调"穷心则物莫能遁,穷物则心滞于隅",就是说,只要发挥人的主体意识心的作用,就能够把握天地万物之理,反之,逐一格物,"心"随物而动,就会失去"心"之主动性而停滞于某一个片面,即"心滞于隅"。

黄宗羲心无本体的观点体现于道德意识与道德实践的关系,就是说仁义是虚,孝敬父母、顺从兄长是实。而人来到世间,便存在一定的人伦关系(如父子兄弟关系),这又是一种基本的事实,事亲从兄就是由此而产生的。也就是说黄宗羲试图将功力和本体统一起来,既"尊德性",又"道问学"。

顾炎武提倡经世致用

顾炎武(1613～1682)

初名绛，字忠清，明亡以后，改名炎武，字宁人，江苏昆山人。曾化名蒋山佣，号亭林，学者们称他为亭林先生。

1652年

方以智写成《东西均》。

1662年

顾炎武《音学五书》刊刻。

顾炎武一生注重经世致用，也就是强调用所学的学问为社会服务，同时提倡实证考察的治学精神和方法，留下了催人奋进的故事。

顾炎武的祖父是位忧国忧民的学者，藏书丰富。顾炎武从小就受到良好的教育和影响，刻苦学习。他十岁时，祖父就指导他开始阅读《孙子》等兵书和《左传》、《史记》等重要史籍。十四岁时进了县学，书读多了，知识越来越丰富，他开始考虑如何使学到的知识为社会服务的问题，想把学与用有机地结合在一起。

明朝灭亡后，据说有一天他和朋友们一起分析明亡的原因，十分沉痛地说："那个时候，从做官的到做学问的人，都太爱空谈了。凑到一块，不是老子庄子如何如何，就是孔子孟子如何如何，说得天花乱坠。可实际上呢，他们一不学有用的文韬武略，二不懂过去兴亡的历史，三不考查当今的现实，心里是空的，结果敌人来了，他们一点儿办法也没有，怎么能不亡国呢？"

顾炎武像

朋友们点头同意顾炎武的看法，可有的也说："这也难怪呀。读书人都相信王阳明，都相信他的才学。他可是有名的大学问家呀！"

"我最反对的就是王阳明。"顾炎武激动地挥着手，"他说的'心外无物'，就是说，凡事都是从心里想出来的，这是毫无道理的。我认为，要知道事情的真相，除了到实际中去考查，没别的办法。了解了以后，有了学问，还要用到实处。否则，光坐在屋子里想这想那，能想出什么有用的东西呢！有些人相信王阳明那一套，我看坏就坏在这上面。"大家纷纷点头称赞。

顾炎武反对不求甚解、成天空谈的学习风气，倡导"经世致用"的学风，号召读书人要使自己的学问对治理国家有益。为此，他发愤著书立说，认真做读书笔记，只要对治理国家有益的资料，他都一一摘录下来。

中年以后，因为顾炎武参加的抗清斗争失败，生活颠沛流离，但他依然好学不辍。为了让自己的学问为社会服务,顾炎武不读死书,而是把读书和实地考察、调查研究结合起来。

去北方考察时,顾炎武每天都用两匹马、两头骡子驮着书随行,以便随时阅读查对。他每到一地都做深入细致的调查研究,如在关塞要地,他访问了许多军人,了解他们的经历。

他把实地考察所得与平时阅读所积累的资料相互参证,写成了《天下郡国利病书》、《昌平山小记》等著作。

五十岁以后,顾炎武集中精力撰写了读书札记《日知录》。他写得严肃认真,从不轻易下笔。

有位朋友见他天天写作不停,问:“这一年来你的《日知录》又写了几卷?”他回答说:“一年只写得十几条。”

这样前后又花了十几年的工夫,终于写成了见解深刻、考证翔实的巨著《日知录》。书还没有印成,学者们便竞相传抄,称其为不朽之书,而顾炎武却又开始了增删修改。

顾炎武树立了“经世致用”的好学风,不愧为一代杰出的学者。

《日知录》

全书三十二卷,总的内容可概括为经术、吏治、博闻三大部分。《日知录》包含了顾炎武三十多年的读书心得,内容丰富,每论一事,都能贯穿经史,旁征博引,参验亲身见闻,穷根极底,考证得失,而且从现实出发,以匡时救世为准则,比较全面地反映了他的政治思想和学术理念。

相关链接

博学于文,行己有耻

顾炎武对于宋、明以来学术败坏深有感触,提出“经学即理学”的命题,认为离开经世济民而谈玄说妙,是宋、明以来理学的最大弊端。只有以“实”济“虚”,才能以“修己治人之实学”取代“明心见性之空言”,具体就是“博学于文,行己有耻”。他解释说:“愚所谓圣人之道者如之何?曰‘博学于文’,曰‘行己有耻’。自一身以至于天下国家,皆学之事也;自子臣弟友以至出入、往来、辞受、取与之间,皆有耻之事也。”其宗旨就是“治学”与“做人”。“博学于文”讲的是治学问题,所治之学为关系到国家民族的有用之学,即“实学”。“行己有耻”强调的是做人问题,做人必须明白何为耻辱之事、人禽大防。这种治学宗旨与理学末流一味追求心性空谈、八股俗学形成鲜明的对照。

顾炎武一生笃治经世实学和考据实学,读万卷书,行万里路,是一位著作等身的通儒,充分实践了“博学于文”的主张。他一生提倡“天下兴亡,匹夫有责”,以天下为己任,忧国忧民,精治利国利民之实学,同时他又几次坚决拒绝清王朝的征召,具有高尚的气节和民族意识,显示了他“行己有耻”的高洁人品与道德价值观。

王夫之论“日新”

王夫之(1619~1692)

字而农，号姜斋，湖南衡阳人。晚年隐居石船山“湘西草堂”，故后人称他为“船山先生”。

1687年

王夫之开始写《读通鉴论》。

王夫之晚年隐居于湘西衡阳石船山的“湘西草堂”，著书立说。这是王夫之一生中最辉煌的时期，也是生活异常困苦的时期。因为没钱购买像样的纸张，他大量的文章竟写在别人废弃不用的账本上。他一生最仰慕的是东晋的刘琨和北宋的张载——在政治上，他以力图挽救危局而壮志未酬的刘琨自勉；在思想上，以张载为依归并有重大突破。病危时，他自知不久于人世，便为自己写下了墓志铭：“抱刘越石之孤愤而命无从致，希张横渠之正学而力不能企，幸全归于兹丘，固衔恤以永世。”

王夫之继承了张载“一物两体”和“运行不息”的理论，深刻阐发了自然界运动变化的法则，提出了“日新之化”的发展观。

有一个初夏的下午，阳光灿烂，王夫之正在读董仲舒的《举贤良对策》一书。当读到“道之大原出于天，天不变，道亦不变”时，不禁掩卷沉思起来，并自言自语地说：“实际上并不是这样的啊！”

王夫之像

这时外面突然下起了大雨。王夫之走到窗前，望着外面的风雨，心想：“什么‘天不变，道亦不变’，其实，天在变，道也在变。刚才还是大晴天，转眼就是暴风骤雨。社会发展何尝不是如此！从三皇五帝到唐、宋、元、明，朝朝不一样，代代不相同，怎能说不变呢？”

王夫之想着想着，抑制不住内心的激动，回到座位上，在自己正在创作的《思问录·外篇》里，挥笔写道：“天地之德不易，而天地之化日新。今日之风雷非昨日之风雷，是以知今日之日月非昨日之日月也。”

王夫之正聚精会神地写着。忽然，房门被轻轻敲响，他打开一看，原来是老朋友章有谟来约他出去散步。雷雨刚过，外面空气非常新鲜，使人心旷神怡。

他俩边走边聊，不一会儿就来到一条小河边。

望着向东流去的弯弯河水，王夫之若有所悟。他情不自禁地问章有谟：“这条小河已存在许多年了，它没昼没夜地滚滚向东流去，你说它有变化没有？”

“有什么变化？”章有谟不解地问。

王夫之看看朋友,接着说:"我看它在不断地变化着。虽然它每天都照旧在流动,但是,今天流动的河水早已不知流向何方了!"

章有谟一听觉得很有道理,便问:"照这么说,天地间任何事情,也是在不断变化的了?"

"对。"王夫之接着说,"世界上根本就不存在什么废然而止的东西,一切都处在不停的变化发展之中。我国在唐虞之前,社会只处于衣裳未正、五品未清、婚姻未别的状况。后来到了夏商周,才有了文明;到了秦始皇,又比起三代大大前进了。世界就是这样不断变化发展着,而且一代比一代好,一世比一世强,现在比过去好,将来一定会比现在更好!"

听了王夫之的一席话,章有谟不住地点头称是。

这时,日已西斜,两人迎着山风漫步而归,王夫之意味深长地回头望了一眼,只见那弯弯的小河水,仍然在悠悠地向东流去。

虽然王夫之提倡"日新",其道德观念却相当"守旧"。晚年隐居期间,他轻易不出门。实在要出门,则不管晴天阴天,都要打一把雨伞,脚上还要穿一双木屐。他的想法是:头上打伞,表示与清廷不共戴天;脚上穿木屐,象征坚决不踏上清朝之地。

《张子正蒙注》

《正蒙》是北宋张载的主要哲学著作,阐发易理,论证了"太虚即气则无无"的唯物主义自然观和"一物两体"、"动非自外"的辩证法思想。王夫之晚年对张载思想十分推崇,通过注解《正蒙》,继承和发展了张载的哲学思想,对佛、道和宋明道学的唯心主义作了深刻批判。

相关链接

气本论与行可兼知

王夫之反对程朱的理本论,他认为先有了天下万事万物,才有了它们的"理"。同时,还批评了陆王"心外无物"的心本论,他反问说:"对于现实存在的事情,如果我的耳朵没有听到,眼睛没有看到,心没有想到,难道就可以认为天下从来就没有这些事吗?"王夫之倡导气本论,他认为宇宙空间充满着气。气凝聚成物质,能明显地看见,人们就说它"有";当它离散的时候,无形可见,人们就说它"无"。某一件具体的东西会毁灭,气却永不消失。他看到具体的事物是由矛盾组成的。他认为事物的纯,不是绝对的纯。比如水和谷、干的和湿的,各种东西的养分结合在一起就能养育生命,而生命本身却是统一的。同一源头的河流尽管有许多支流,可仍是同一条河流;一支好听的乐曲尽管有许多不同的声调,可奏出来仍是和谐的。对于具体事物的认识,王夫之是主张"行可兼知"的,只有先同外面的事物接触,然后才能得到知识。他举例说,学下棋,光看棋谱是下不好棋的;只有和别人下上几盘,杀上几回,才能一步步掌握下棋的规律。

李颙自学成才

李颙(1627～1705)

字中孚,因他的家乡是风景秀丽、山水皆曲的关中周至县,故晚年以“二曲”为号。

1687 年

康熙帝赐白鹿洞书院“学达性天”匾额。

1703 年

唐甄《潜书》刊行。

清朝初年,北方直隶容城(今河北省容城县)的孙奇逢、南方的黄宗羲、西方陕西周至县的李颙(yōng),被人们称为“三大儒”。三人中只有李颙从小生活困苦,既没家学渊源,也无师承传授,而是自学成才。

李颙出生于贫寒家庭,从小体弱多病,九岁才上学,但没几天就病倒了,只好回家休养。后来,他随教私塾的舅父学习《大学》、《中庸》,没多久旧病复发,只能辍学。

十三岁那年,李颙的父亲李可从应募入明朝军队,在同李自成起义军作战时死于河南襄城。母子二人只好相依为命,生活更加困苦,有时甚至整天吃不上饭。他骨瘦如柴,面色就像枯黄的菜叶一样。乡党们便送给他一个绰号,叫他“李菜”,有人干脆叫他“菜包子”。

家里如此贫寒,舅父也不愿教他。母亲激励他说:“没有人教难道就不能学习了吗?古往今来那么多名人学者不都是你的好老师吗?只要你勤奋自学,坚持到底,照样会有所成就的。”在母亲的感召下,他发愤自学。

父亲旧日的一位朋友见李颙刻苦学习,十分赞赏,就把一部《玉海》送给了他。《玉海》是当时的工具书。有了它,李颙学习的条件好多了,他几乎整天抱着《玉海》,边读书边查看。他识的字越来越多,对书中的道理也理解得越发透彻了。

李颙每天还要出去打短工、摘野菜、干家务,有时累得连上床都吃力,但仍不懈地学习。后来,他广泛搜集了明代那些出身低微而自立奋发,最终有大成就,并有高风亮节的人物的事迹,编成《观感录》,还逐一讲给母亲听。母亲高兴地说:“当初我给你说,古人都是老师,真不错啊!”

李颙在《观感录》中举例说:明朝的朱恕本来是个樵夫,每天上山打柴,换点麦皮养活老母亲,后来不但成了大学问家,而且配享崇儒祠。韩贞本来是个烧砖瓦的,后来跟着朱恕学习,学成之后,一边劳动一边讲学,他的学生多得院子里都挤不下。另外,农夫夏云峰、卖油小贩陈真晟、牧羊人王元章等,后来都成为一代名儒。他反复褒扬这些下层民众的学术成就,反映他追求政治学术平等的思想。

李颙还注重实际,反对空谈。他三十岁以后十分注重对经济、兵法和律令的研究。他认为研究经济的目的,就在于“开发财源,济世救民”,即发展社会生产,改善人民生活。学习兵法是为了像太公、孔明那样文武兼备,把儒学变成通古达今的“有用儒学”。他以恢复关学为己任,常讲学于富平、华阳和关中书院,也曾受邀到江南讲学。他讲学深入浅出、循循善诱,像是信手拈来,却常常妙趣横生。他在陕西的得意门生,有富平的惠思诚、大荔的白焕彩、鄠(hù)县的王心敬等。在他的倡导下,“关学”又开始兴盛起来。顾炎武佩服地说:“艰苦力学,无师自成,吾不如李中孚!”

李颙的哲学思想,大致说来是这样的,以慎独为宗,以静养为要,以明体适用为经世实义,以悔过自新为作圣之门。他的哲学观点大都反映在《二曲集》和《四书反身录》里,他鲜明地主张躬行实践,强调悔过自新,在当时是有进步意义的,后来也产生了较大的影响。

相关链接

悔过自新说

“悔过自新说”是李颙思想的主旨,体现出“倡道救世”和“反身躬行”的特征。《二曲集》开卷就是《悔过自新说》。他认为:“古今名儒,倡道救世者非一。……虽各家宗旨不同,要之总不出‘悔过自新’四字。”他把《论语》的改过说(“过则勿惮改”)和《大学》的日新说结合起来,创造出一种新的独处功夫。

在李颙看来,人是天地之精华,人的本性即具备“至善无恶,至粹无瑕”的“天地之理”,但在现实生活中,由于受到种种玷污,而失去本性,陷入邪恶。悔过自新就是要拯救人的精神,使回复本性。所谓过,指不合于天理的意念和行为。所谓新,指恢复其固有之本性。悔过自新是“救正人心”,也是“救世”的大根本,由内而外,由己而人,即可达到修身齐家治国平天下的大目标。具体方法就是在“日用平常之事”上着力修养,从“日用常行”、“极浅极近处”入手,用纲常伦理规范自己的言行,使自己“言无妄发,行无妄动”,时时事事不违于理,而不作好高骛远之空谈。通过“悔而又悔,以至于无过可悔,新而又新,以极于日新不已”,达到“仰不愧天,俯不怍人,昼不愧影,夜不愧食”的完人和圣贤,即是修养的最高境界。

颜元开创新学风

颜元(1635～1704)

字宜直，又字浑然，自号习斋，河北博野人。

1696 年

颜元到漳南书院任教。

1712 年

康熙帝发布上谕，朱熹配享孔庙。

1717 年

康熙帝命令查禁天主教。

颜元反对“冥想”，重视“习行”，提倡“实学”，并身体力行，冲破传统教育的约束，开创出一派新学风。

颜元年幼时，父亲把他送给了一个姓朱的人家当儿子。他学习刻苦认真，但是对八股文章和科举考试不感兴趣，认为它束缚思想，考不出真才实学。他的养祖父朱九祚(zuò)却十分热心科举，总希望颜元通过科举考试，一步步地爬上去，能做上大官，光宗耀祖。在祖父的督促下，颜元虽然参加了几次考试，可一直没有考取。

既然没当上秀才，就只能挑起生活的重担，二十岁以后，颜元就成了壮劳力，农忙时节，他每天起早贪黑地下地耕田，种庄稼，累得腰酸腿疼。农闲的时候，他又当起了医生，出去卖药，给人看病。后来又当起了教书先生。

为了教好书，他先尊陆王心学，后又崇程朱理学，每天诵读程朱之书，家中还供奉周、孔、程、朱等“道统”牌位，成为理学的忠实信徒。因仰慕古代圣贤，他把自己的书斋命名为“思古斋”，并和好友一起坚持每天写日志，互相劝善改过。

颜元三十四岁时，养祖母去世，养父不在，他代父居丧，谨遵《朱子家礼》办事。按规定，他只能在早晨、晚上吃饭，而这两个时间人来人往，根本不可能吃饭。几天过去，吃不上饭，再加上哀痛过度，颜元差点丧了命。邻居们实在看不过去，才告诉他被收养的实情，劝他节哀顺变。经过此番折腾，颜元深感程朱理学不合情理，后又对程朱强调的“静坐”与“读书”也发生了动摇。他感到“思不如学，而学必以习”，毅然决然地将自己的书斋名改为“习斋”，并以“习斋”自号。

颜元知道自己是过继给朱家的，原来姓颜，于是决心脱离朱家，回到博野老家，恢复颜姓。

康熙三十五年(1696)，六十二岁的颜元到直隶肥乡县(今属河北)主持漳南书院。这个学校过去注重“修身养性”，专门让学生学习八股文。颜元知道后，告诉大家：“我最不喜欢空谈，也不想把弟子们教成书呆子。还有八股文，不但不会培养出真才实学的人，还会把人才给毁了。”

“那您打算让学生学什么呢?”有人问。

“要学些实际的东西,有时候还要让大家亲自去做,才能学到真本领。”

“您再具体说说好吗?”

颜元点了点头,说:“不但要学文,也要学武;不但学经书,也要学技能,金(指矿物学)、木(指建筑学)、水(指水利学)、火(指热力学)、谷(指农业)等,都要学。”

颜元主持的学院规模很大,分为文章、经史、武备和艺能四个专业。除教学生们读书、作文以外,还跟他们一起讨论兵法、农学,辩论古今历史。这时他虽是一位年过六十的老人,可还经常率领学生们开展举石锁、赛跑、武术等体育活动。

颜元强调习行的教育思想对后世产生了重要的影响。他的学生李塨(gōng),秉承师训,倡导实学,在哲学和文学上都有很高的造诣,后人称他们师徒为颜李学派。

《四存编》

颜元著。其中《存性编》反映颜元的理以气为基础、理气统一的唯物论思想。《存学编》强调“实学”、“实习”思想观念。《存治编》则提出恢复井田、封建、学校三大政治纲领。《存人编》主要揭露和批判佛教、道教的迷信思想,指出佛、道二教对社会、人生的危害。

相关链接

引蔽习染说

颜元反对程朱理学的人性论,认为性就是气质之性,离开气质之性,根本没有一个什么“至上”、“至善”的义理之性,也不能说“理”是纯善的,而气质之性有善恶。他认为人性本来都是善的,人的恶劣的品性、罪恶的行为,都是后天“引蔽习染”的结果。与生俱来的气质并没有恶的品德,受后天外界邪恶的引诱、蒙蔽,日夜习染才使人们陷于罪恶的深渊。所以说,“祸始于引蔽,成于习染”。这就好像一件衣服,本来是干净的,只是由于“著尘触污”才给弄脏了;人们仅仅看到被弄脏后的衣服,而不知其本来是干净的,就断定它原本就是“污衣”。又像水之有污浊,是由于水中杂入了本来没有的泥土,决不是本来就是污浊的。

据此,颜元认为,只要去其“引蔽习染”,就能回复人的善性,根本不用也不应该摒弃气质形体。就像对脏衣、污水那样,只要洗掉衣服中的脏土,去掉水中的污泥,就可以恢复衣服和水本来具有的洁白,根本无需将衣服和水一起倒掉。颜元强调,不但刚生下来的孩子不能说他的气质中有恶的本性,即便是穷凶极恶之徒,也不能说他的气质中有恶的本性。只要努力反正、改过,仍然可望恢复其本来的善性。所不同的是,习染得深的人,改正起来更为困难,更要下工夫罢了。

戴震注重实事求是

戴震(1723～1777)

字慎修，一字东原，号杲溪，安徽休宁人。出生于徽州小商贾之家，乾隆举人，屡考进士不中，后参与编修《四库全书》，殿试赐同进士，任翰林院庶吉士。

1737年

乾隆帝下令，全国各地书院要设立规条以检束身心。

明清之际出现“经世致用”和“疾虚求实”的实学思潮，戴震加以发扬光大，提倡实事求是的学风和求真、求实、求是的治学方法，成为一代考据大师。

据说有一天，私塾老师开讲《大学》。老师领着学生把第一章原文朗读三遍：“大学之道，在明明德，在亲民，在止于至善。”然后开讲说：“这是《大学》这篇文章的三纲，就是三条纲领。第一条‘明明德’，就是阐明光明正大的品德；第二条‘亲民’的‘亲’字要当‘新’字讲，就是要使人民的思想品德一新，是培养新人的意思；第三条‘止于至善’，是修养要达到最高尚最完善的境界……”

老师正要往下讲，戴震站了起来，恭恭敬敬地说：“请问老师，这书上明明写的是‘亲’字，是亲近的‘亲’，为什么要当‘新’字讲呢？”

老师点点头，心里很是赞许，和颜悦色地说：“你问得很好，这个字也有人当‘亲’的本义讲的，这句话可以解释为‘亲爱人民’。各家的解释不一样，我刚才讲的，是宋朝朱熹老夫子的注解，朱老夫子用的是程颐老夫子的说法，八百年来都这么讲。”

戴震像

戴震坐下了。他明白了在古书中古人的解释不一样。可是为什么朱熹的解释就是对的呢？在他头脑中，这还是一个疑团。

他听老师继续讲：“这一章原来是孔子的话，由他的学生曾子记录下来。这一章下面的文字，是曾子对这三纲的解释和发挥，由曾子的学生记录下来……”

戴震又举手站起来，恭敬地问：“老师，我不明白，怎么知道这是孔子、曾子的话呢？”

老师说：“朱老夫子作的《大学章句》是这么说的。”

戴震又问:“孔子、曾子是周朝人,朱老夫子是宋朝人,离周朝有两千多年。他怎么知道这事?他这么讲有什么根据呢?”

老师被他问住了,只好说:“他在书上就是这么说的。”

戴震读书总是刨根问底,老师常常被问得张口结舌、哭笑不得,只好自认无能,辞职走了。

当时的著名学者江永,是位考据学家,听说了戴震问走教师的故事,很喜欢这种不迷信古书、不盲从权威的积极求知精神,便收戴震做学生。在江永的教导下,戴震很快掌握了一套求真、求实、求是的治学方法。

1755 年

戴震入京,与名士纪昀、钱大昕、王鸣盛等名士交往,名声大震。

1773 年

乾隆以纪昀为总裁官,开《四库全书》馆。

后来,戴震重新注疏《孟子》,纠正了包括朱熹在内的前人许多错误的和不准确的注释,著成《孟子字义疏证》。在书中,戴震通过解释《孟子》中的“理”、“性”之说,阐发自己的哲学思想。这部著作完成以后,戴震成为全国闻名的学者。后来他又创立了考据学中的皖派,人称“戴东原学派”。他的成就和名声超过了他的老师江永。

对于实事求是的治学精神,戴震有三句名言:第一句是“学者当不以人蔽己,不以己蔽人”。大意是做学问的人,不要被别人的错误结论蒙蔽了自己,也不能拿自己的错误结论去蒙蔽别人。第二句是“学有三难:淹博难,识断难,精审难”。意思是强调做学问需要有广博而又丰富的知识,有明辨是非、识别真伪的能力,有精确地得出结论的方法,要做到这些是相当困难的。第三句是“传信不传疑”。意思是说,你拿出去的结论必须是确凿可靠,经得起时间检验的;不能把连自己都没有把握的东西就拿出来,欺世惑众,盗取虚名。这是做学问的道德。

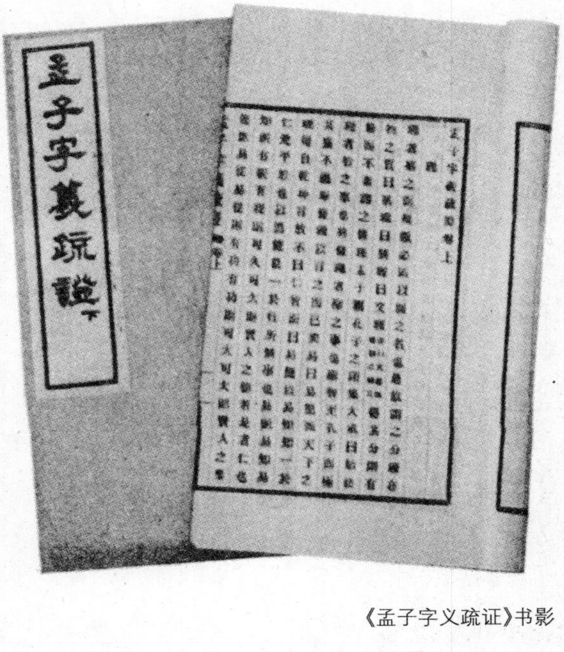

《孟子字义疏证》书影

相关链接

意见和真理

戴震对“心物”、“知行”之辩作出了贡献。他着重考察“知”,提出了新的见解,特别是他比前人更为明确地区分意见和真理。他在《孟子字义疏证·理》中说:“心之所同然始谓之理,谓之义;则未至于同然,存乎其人之意见,非理也,非义也。凡一人以为然,天下万世皆曰‘是不可易也’,此之谓同然。举理,以见心能区分;举义,以见心能裁断。”

在他看来,所谓理,是指事物的“不易之则”,即客观规律,“心”能经过分析而把握它;所谓“义”,是指规范人们的行为准则,“心”能依据它来作出裁断,肯定什么样的行为是正当的、合宜的。他认为“理义”是“心之所同然”,真理是天下万世公认为不可易的,而个人的意见却往往掺杂主观的东西而不免有所蔽。所以必须把二者区别开来,不能执著地把意见当作真理。任何新观点、新假设,在未证实或证伪之前,都是一种意见。不同意见的争论,经过实践检验,真理与谬误的界限才逐渐明朗。如果将自己的意见当作真理而压制不同的意见,只能阻塞通向真理的道路,并在实际生活中祸害无穷。

章学诚大器晚成

据说,章学诚生得瘦弱,脑子也似乎特别笨。读私塾时,其他学生不费吹灰之力就能将千余字的文章背得琅琅上口,章学诚费了九牛二虎之力,一天也只能背一百多字,而且背得结结巴巴。因此,他常常惹得先生不高兴,手心挨打、留晚学的次数也特别多。其实,章学诚的“笨”只在读八股文方面,他不肯为了将来能做官而委屈自己去读一些写一些形式呆板、内容空洞的八股文。他的心另有所钟。

章学诚从小就对历史有着浓厚的兴趣,十五六岁时,他就立下志愿要当史学家。课余,他总是悄悄溜进先生的书房偷阅《左传》、《国语》等历史书籍。几年下来,他阅读了好几百卷历史书,有了较为丰富的历史知识。

二十岁左右,他和同乡会稽人刘文蔚、童钰一道出外求学,开始钻研前辈刘宗周、黄宗羲的史学理论。黄宗羲“讲究考证,注重史料,治经致用”的史学观点,给了章学诚很大的启迪。此时,他的学问也有了长足的进步。有学者赞扬章学诚已具备了优秀史学家的素质。

但章学诚并不自满,他听说大兴(今属北京)有位朱筠先生,藏书丰富,就干脆住到朱先生家,在请教疑难的同时,如饥似渴地博览群书。北京是清朝京都,是全国的文化中心,常常有很多著名学者聚集在朱筠先生家讨论史学问题。章学诚是个自信心极强的人,也好争辩,他敢于在名流面前亮出自己的观点。章学诚认为研究经、史要考据和义理相结合,只有先研究透了历史才能研究透经学,因为“六经皆史”。他反对只抓住段落、句子等细节死钻“牛角尖”的研究倾向。这些独到的见解使那些名流对他这个无名小卒也不得不另眼相看。于是,章学诚在京城名声鹊起。

不久,他又跟随父亲到湖北天门谋生。恰逢当地准备修编县志,章学诚就写了篇《修志十议》的文章呈上。文章总结了前人修方志的成败得失,并提出自己的见解。湖广总督毕沅是个学者,看了章学诚的文章,很赏识他的史学才能,就请他主编《湖北通志》,并协助邵晋涵等人编纂《续资治通鉴》。

章学诚的讲学生活从四十岁开始到去世为止,共计二十余年。

章学诚(1738～1801)

字实斋,浙江会稽(今浙江绍兴)人。清代中期以史解经的思想家。

1807 年

英国基督教新教传教士马礼逊来华。

1823 年

第一本汉文《圣经》和《华英字典》出版。

《文史通义》

章学诚著。凡九卷,内篇六卷,外篇三卷。内篇多论文史问题,提出“史德”问题,“尽其天而不益以人”,尊重历史为“史德”的基本内容。外篇论修志问题,阐明了方志的性质、内容和体例,奠定了方志学的基础。是继《文心雕龙》、《史通》之后综合探讨文史问题的理论名著。

他主讲过定州的武定书院、清漳的清漳书院、永平的敬胜书院、归德的文正书院。五十三岁以后，他在湖北武昌编修史籍，于写作之余，兼任讲习五年，给湖北的读书人留下了深刻的印象。

章学诚提出“道(理) 寓于器(事物)”的命题，认为“道”是客观事物之规律，“求道”应根据对事物的实际考察；认为“六经皆史”，主张治经以考证史料和发挥义理相结合，将治经引向治史，反映其解脱旧经学传统束缚的学术趋向。作文注重内容，反对拟古和形式的倾向，批判了当时桐城派的流弊。其学说至清末始为人重视。

章学诚和黄宗羲、万斯同、全祖望等人，成了历史学上“浙东学派”的代表人物。他的历史理论著作《文史通义》和唐朝刘知几的《史通》齐名，被称作“两大史学名著”。

相关链接

“六经皆史”说

关于经史关系问题的一种见解。唐、宋以来学者如唐王通，南宋陈傅良，明宋濂、王守仁、王世贞、李贽等都曾加以讨论。陈傅良首创“经等于史”论，王守仁在《传习录》中提出“五经皆史”说，李贽在《焚书》中也曾提出“经史相为表里”说，但均未作具体论述。系统地提出这一观点的是清代章学诚。他在《文史通义》中认为古代无经史之别，六经只是先王施政的历史记录。把六经作为古代典章制度的渊源和历史资料来处理，从而打破了尊经抑史的传统思想的束缚，扩大了历史研究和史料搜集的范围。也有的学者认为章学诚探讨经史关系，并赋予一种新的涵义，所谓“六经皆史”的“史”，专指“史学”，而不是指历史资料，六经之所以“皆史”，亦即因为其中有“史意”的存在，实际上是针对当时脱离现实的考据学和空洞说教的理学的批评。此后，龚自珍《古史钩沉论二》、章太炎《国故论衡·原经》也同主此说。

晚　清

——中西会通

晚清，是指从道光元年(1821)至宣统三年(1911)。从道光二十年(1840)鸦片战争开始，中国步入近代社会。面对内忧外患，学者们开始了反思和探索的漫长历程，出现了新学思潮。哲学从经学形式下解放出来，儒学的独尊地位被打破。经世致用的学风演绎出“中体西用”的文化命题，逐渐打破中国为世界中心的自大观念，平等看待中西文明。甲午战争后，严复系统介绍西学，康有为“援西入儒”、会通中西的努力为这一阶段的代表。严复意译的进化论，所介绍的重归纳、重印证的经验论，都深深地影响了中国近代思想界。康有为则在中国近代哲学史上具有承前启后的地位，其理论体系呈现“不中不西、即中即西”(梁启超语)的特征。谭嗣同的哲学建构集中体现在《仁学》中，他在引进进化论的同时，又将“以太”作为自己哲学的最高范畴。戊戌变法后，新学逐渐成型，一批学贯中西、有担当意识和能力的巨人诞生了，章太炎、孙中山、王国维则等成为其卓越的代表。章太炎最具哲学气质，他的观念既有守旧与创新的冲突，也有中学与西学的融合。只有孙中山真正既能以世界的眼光透视中国又能以中国眼光透视世界。王国维则醉心于西方哲学，运用西方的理论研究中国哲学问题，为中国晚清哲学做出了独特的贡献。

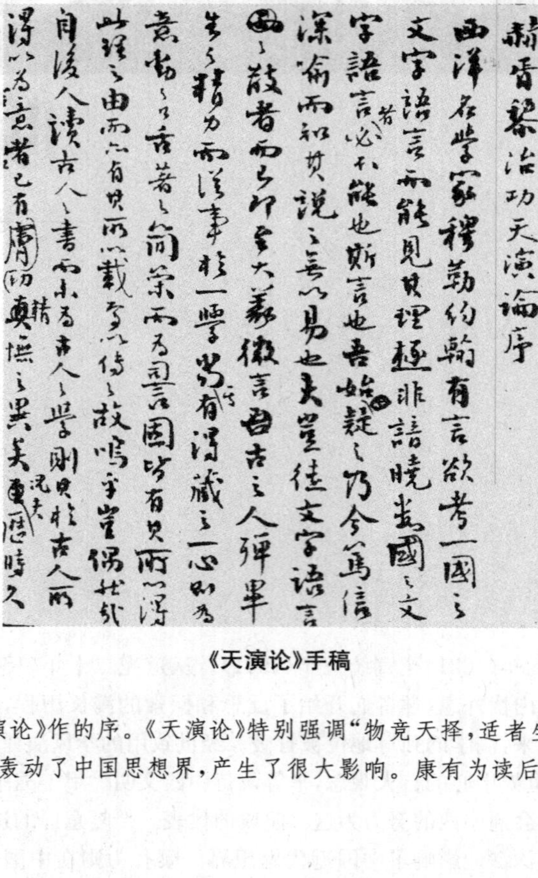
赫胥黎治功天演論序
西洋名學家穆勒約翰有言欲考一國之
文字語言而能見其理極非諳曉數國之文
字語言者必不能也斯言也吾始疑之乃今篤信
深喻而知其說之無以易也豈徒文字語言
之散者而已即至大義微言古之人殫畢
生之精力而從事於一學當其有得藏之一心則為
意境之已著之簡策而為言詞皆有其所以得
此理之由而亦有其所以載焉以傳之故嗚呼豈偶然哉
自後人讀古人之書而未嘗為古人之學則於古人所
謂以為言意者已有隔閡之異矣況夫歷時久

《天演论》手稿

这是严复为《天演论》作的序。《天演论》特别强调“物竞天择，适者生存”、“优胜劣汰”的进化论观点。它的出版轰动了中国思想界，产生了很大影响。康有为读后赞叹严复是“中国西学第一人”。

魏源编《海国图志》

魏源性情沉默寡言，喜欢独自静坐思考，读书非常用功，十七岁时在县里已经出了名。后在北京做文书官，更是读了许多书。就在这时，他结识了林则徐。后来林则徐到广州禁烟，他十分佩服，认为这样的人是保卫国家的“长城”。清政府将林则徐撤职后，魏源心里又难过又气愤，认为这简直是自毁长城。

魏源(1794～1857)

字默深，湖南隆回人。中国近代杰出的思想家、文学家、史学家和经学大师，第一批放眼世界的代表人物之一。

1841年8月，林则徐被发配到新疆去，途经京口(今镇江)。当时魏源正住在扬州，得到消息，特意到京口码头去接林则徐。魏源把林则徐接到自己住处，两人畅谈起国事来。谈到林则徐被发配的事时，魏源感叹地说：“林公，一年来仗打成这个样子，真是令人气愤！朝廷中当权的人，在洋人进攻前不作准备，洋人来进攻时又措手不及，这算是什么保卫国家的方针？”

1842年

魏源提出“师夷长技以制夷”的主张。

林则徐更是感慨万分地说：“在广东的这番经历使我感到，洋人能够打败我们，原因是船坚炮利；我们要战胜洋人，一定要了解洋人。‘知己知彼，百战不殆’，这个道理古人早就说过啦！”

林则徐说罢，从行囊中取出一个布包交给魏源，说：“我在广东时，曾派人从海外书报上翻译了许多材料。现在我要去新疆了，不知哪一天才能回来，这些材料就交给你吧。望你能用这些材料写出一本介绍海外情况的书，使国人广开眼界，懂得怎样才能抵抗洋人！”

魏源打开布包，粗粗地翻阅一下，见其中有根据英国人《世界地理大全》编译的《四洲志》；有英国人写的《中国人》一书的摘译，取名为《华事夷言》；还有根据瑞士人著作翻译的《各国律例》，他爱不释手，当即表示，决不辜负林则徐的期望，一定把书写出来。

魏源像

1843年初，魏源终于完成了以悉夷、师夷、振兴武备为核心思想的《海国图志》五十卷本。该书不仅介绍了五大洲几十个国家的历史、地理、政治、经济、军事、文化和科技，而且认真总结了鸦片战争的经验教训，更深刻更系统地阐述了他的军事思想。

《海国图志》是鸦片战争失败后中国先进分子了解和认识西方的第一部百科全书式的宝贵典籍。当时的中国人通过《海国图志》这一望远镜，开眼看世界，既看到了西洋的“坚船利炮”，又看到了欧洲国家的商业、铁路交通、学校等情况，使中国人跨出了“国界”，认识近代世界的新鲜事物。他追溯中华民族悠久的历史和科学技术的辉煌成就，充分肯定中国人民的聪明才智，满怀信心地指出，只要具有奋发图强的精神，认真学习外国的先进技术，就会风气日开，智慧日出，使落后的中国变成与西方国家并驾齐驱的东方强国，从而有效地抵御外国侵略者。他的这些铿锵有力的言词，激励着人们满怀信心地为富国强兵而进行坚持不懈的斗争。

魏源对自己的这部作品寄托了极大的希望，他希望人们会如饥似渴地读它，研究它，通过这部书找到让国家富强的办法。让他意想不到的是，《海国图志》问世后却很少有人问津。据统计，当时国内有绅士百万余人，有能力读此书的多达三百多万人，然而却很少有人认真地阅读和领会书中的深刻内涵。相反，许多守旧的朝廷官吏的骂声却扑面而来，他们无法接受书中对西方蛮夷的“赞美”之词，更有甚者主张将《海国图志》付之一炬。在腐败守旧的清政府眼中，《海国图志》无疑成了一本大逆不道的书籍。遭到无端非议的《海国图志》在国内的印刷数仅有千册左右。

《海国图志》直接影响了中国近代史上一大批爱国志士的思想，如王韬、康有为等。1851年，《海国图志》传入日本。1854年，日本翻译出版了《海国图志》六十卷本，许多迫切需要了解西方情况的日本思想家争相阅读，并把它奉为加强海防建设的经典著作。在后来日本的明治维新运动中，这部著作发挥了相当重要的作用。

师夷长技以制夷

出自《海国图志》。意即学习制造和使用洋人先进的技术（武器）来打击制约洋人。对于如何抵抗外国的侵略，有力地打击侵略者，魏源提出了这一主张。

在魏源看来，“师夷”只是手段，目的是为了“制夷”。所谓“制夷”，用今天的话说，就是要战胜和制止西方列强对中国的侵略，改变中国落后挨打的局面。魏源进一步指出，“师夷”首先要“洞察夷情”。应设立译馆，翻译夷书，把西方国家的有关情况介绍给中国人。其次，要重视人才。只要励精图治，重视人才，就没有不富国强兵的道理。再次，要奋发图强，振奋精神，不说空话、大话，脚踏实地地苦干、实干，把西方先进的东西学过来，中国就一定能成为像欧美那样的富强国家。

相关链接

"人不忧患,则智慧不成"

"人不忧患,则智慧不成"是魏源的著名论点,语出其所著《古微堂内外集》中《治篇》的第二部分。《治篇》是作者哲学思想和政治思想的代表作。他说:"草木不履霜,则生意不固;人不忧患,则智慧不成。"生意:生命力。固:顽强。就是说花草树木不经过霜雪考验,就没有顽强的生命力;人不经过艰难困苦的磨练,就增长不了聪明才志。他认为忧患可以使人产生智慧,"多难兴邦",忧患出人才。他说:"天下无事,庸人不庸人;天下非多难,豪杰不豪杰。"是说天下无事时,庸人也看不出他是庸人;天下无危难时,豪杰也显示不出豪杰之才。正是国家处于危难之际,才能产生豪杰,这是一种唯物论观点。他指出,《诗经》三百篇是诗人发愤之所作,《易经》是文王忧患而作。正是忧与愤可以使人觉醒过来,不搞空谈,求真实的学问,从而努力改变现状,由"否"而至"泰"。

那该怎样做呢?他提出两条:一是要去掉老大"天朝上国"的伪饰,去掉人们的畏难心理,去掉种种因循守旧和营私谋利的做法;二是要讲求实事实功,了解敌情,切切实实地去对付外来侵略。这两条既是政治上的要求,也是思想认识上的要求。可以说,这两条制约着中国近代认识论的发展方向。

洪秀全创立"拜上帝会"

1843 年

洪秀全与冯云山等在广东花县成立拜上帝会。

1853 年

太平天国颁布《天朝田亩制度》。

曾国藩及其《讨粤匪檄》

曾国藩十四岁中乡试，二十七岁中进士，入翰林，其仕途畅达无阻，十年七迁。他号召知识分子起来捍卫孔孟之道，撰写了《讨粤匪檄》，把"拜上帝会"说成是"外夷"的代表者。檄文引证太平天国上下都以兄弟姊妹相称，认为这违背君臣父子、上下尊卑的伦常秩序。檄文抓住太平天国独尊天主上帝，反对崇拜其他偶像，反对鬼神迷信的事实，大加渲染歪曲，说他们已被鬼神共愤怒。号召天下"仁人志士"，有力出力，有钱出钱，共同讨伐"粤匪"。这篇被诩为"胜过百万兵"的檄文，说它能顶百万兵也许是夸大了，但它对煽动各方面力量起来同太平军对抗，的确起到了很大的作用。

落第文人洪秀全，不拜孔子拜上帝，创立"拜上帝会"，发动太平天国运动，在中国历史上留下了精彩的一页。

1836 年，洪秀全来到广州参加科举考试，又一次名落孙山。他漫无目的地走在广州城的大街上，前面围着一圈人在倾听一个传教士讲话，便不由自主地凑上去，于是耳中便灌入了"基督"、"上帝"、"救世主"等词汇，听得似懂非懂。传教士开始向行人散发小册子，也向洪秀全手中塞了一本，并对他说："孩子，不要难过，上帝会帮助我们所有的人，拯救我们的灵魂。"

洪秀全把小册子翻过来一看，封面上写着《劝世良言》。几天之后，他就带着这本书和满腔愤懑之情回到了家乡，重新过上了耕种和教书的生活。但从此以后，他对孔孟之道、儒家思想产生了怀疑和不满。

《南京条约》的签订，引起了广大爱国人士的强烈不满，洪秀全意识到清政府的腐败正在断送国家，而自己过去费尽苦心去求取的功名又是何等可笑，清政府宣扬的那些东西他再也不相信了。于是，他找来最要好的朋友冯云山和族弟洪仁玕，向他们讲述了《劝世良言》中的内容，以及自己对基督教教义的理解和看法，并打算成立一个宣传和信仰上帝的组织来对抗孔孟学说。冯云山和洪仁玕对洪秀全的这一举动大加赞赏，并帮助他创立了拜上帝会。

拜上帝会成立以后，洪秀全等人开始利用各种机会进行传教活动。他们走村串巷，联络亲朋好友进行宣传，而私塾更成了他们宣传宗教思想的极好课堂。他讲道："人人都是上帝的儿女，人与人之间是平等的，应当互敬互爱。上帝是世间唯一的真神，为了解救人世间的苦难，上帝派自己的儿子基督耶稣来到人间。我是耶稣的弟弟，现在也被天父派到人间来解救众生脱离苦难。"

接着，洪秀全基于"独一真神上帝"、"不得拜一切偶像"的宗教信仰，也为了表示要与旧礼教分道扬镳，他与冯云山等人一起毁掉了村中私塾里供奉的孔子牌位。这一举动触怒了当地封建统治势力，他们认为这是大逆不道的，迫使洪秀全、冯云山辞去塾师的职务。其实这次行动在百姓中也没有引起多大反应，只有少数人参加了拜上帝会，洪秀全有些失望。

1844年，洪秀全和冯云山走出家门，去广西各地传教。沿途所见所闻，使他认识到外国来的上帝离中国老百姓的生活太远了，要让人们相信上帝，首先要有让人们信服的理论。于是洪秀全开始用通俗易懂的文字写了《原道救世歌》、《原道醒世训》等书，将基督教义与儒家思想相结合，以人们日常生活中发生的事例，劝导世人一心敬仰上帝，摈弃一切私心杂念，惩富济贫，创造一个平等、自由、公正的理想社会。

1859年
洪仁玕撰写的《资政新篇》刊行。

广西象州有座甘王庙，在当地很得百姓的信仰。洪秀全为使会众信服拜上帝会，就率众前往甘王庙。他手持竹竿，敲打着面目狰狞的甘王神像，喝道："我是真命天子，你敢在此作祟。"接着他又数说了甘王的十大罪状，指挥众人蜂拥而上，拔去了甘王的胡子，挖出了神像的眼睛。一会儿工夫，那甘王的神像只剩下一座残缺不全的泥胎。洪秀全又率众用力一推，甘王神像就倒了下来，摔得粉碎。

1850年，拜上帝会的力量迅速发展。经过积极的酝酿和准备，洪秀全庄严宣布起义，万众一心推翻清朝。

相关链接

皇上帝

"皇上帝"是洪秀全为建立"拜上帝会"所塑造的"独一真神"，是对基督教所信仰的上帝的改造。

洪秀全认为"皇上帝，天下凡间大共父也，死生祸福由其主宰，服食器用皆其造成"(《原道觉世训》)，主张在皇上帝面前人人平等，"天下总一家，凡间皆兄弟"，"天下凡间人民虽众，总为皇上帝所化所生"(同上)。号召"天下凡间我们兄弟姊妹"，"循行上帝之真道，时凛天威，力遵天诫"，起来斗争，实现"天下一家，共享太平"(《原道醒世训》)。洪秀全自称是天父耶和华之子、基督之弟，是下降凡间来斩杀妖魔、拯救世人的。主张"皇上帝外无他神"，其他长期为人们所崇拜的一切偶像，从神仙、菩萨到皇帝、士绅祀奉的圣人孔子，都是妖魔，都须统统打倒。皇上帝被当作打倒世间封建皇帝和地主士绅的首领，同时也是打倒精神领域内传统神灵统治的旗帜。洪秀全利用"皇上帝"这一观念和偶像有效地动员和组织了太平天国革命运动。

杨文会与“祇垣精舍”

杨文会(1837～1911)

字仁山，号深柳堂主人，安徽石埭(今石台)人。佛学大师，近代著名佛学家，被称为“中国佛教的中兴之祖”。

杨文会二十六岁时开始信佛。次年，老父逝去，他承担起侍奉老母和照顾家人生活的重任，尽管心里一直向往出家，无奈家庭情况不许，因而直到五旬以后才得以一心向佛。

1866年，杨文会在南京创办了“金陵刻经处”，专门刻印、流通各种佛经。1897年，杨文会又把自己位于南京延龄巷的住宅捐赠给了刻经处，以发展刻经事业，并专门立下笔据，声明此房屋“永远作为流通经典之所”，儿孙“均不得认为己产”。这所房屋就是现在金陵刻经处所在地。金陵刻经处兼出版、宣传于一身，对近代佛学发展有很大的推动作用。此后，佛学书局、佛经流通处也应运而生。

1908年，杨文会又在刻经处创办了“祇垣精舍”，这算是中国近代第一家佛学院。

在创办祇垣精舍之前，杨文会很早就有兴办佛教学堂的想法。他在出使英国、结交南条文雄时，就曾动念把自己的两个小儿子送到英国或南条文雄处学习梵文。1894年与锡兰僧达摩波罗会面后，开始认真考虑创办佛教学校之事。

1899年，他受日本东本愿寺南京别院之邀，在其开办的“般若波罗蜜多会”上做讲演，谈到了这一多年的愿望。1904年，杨文会腾出自家一些房屋，准备开设释氏学堂。

金陵刻经处

1907年，杨文会又拟订了释氏学堂草案，其中包括“释氏学堂内班课程刍议”和“释氏学堂内班课程”。前者不只局限于金陵刻经处，也是作为适合全国的方案而提出的。其中，对于即将设置的佛教学校在资金、费用、教员构成和学级制度等方面有详细的说明。而在“释氏学堂内班课程”中，对授课的具体课程也作了详细规定。学与观并举，这是杨文会佛教教育的重要特色。

1908年，祇垣精舍正式开学，杨文会写下了“祇垣精舍开学记”，表明兴释迦遗教之宗旨。杨文会特别强调开办佛教学堂，务必“以英文贯通华梵”，不仅着眼于振兴中国佛教，而且放眼世界，作为佛法西传的基础。当时开设国文、英文、佛学等课程，由著名爱国诗僧苏曼殊教授英文，作为学生进修梵文、巴利文之根基；保庆名士李晓暾授国文汉学；杨文会自任佛学教师，讲授《楞严经》等佛教经典。学校一切经费均由杨文会负担。

1863年
杨文会开始入道学佛。

1876年
傅兰雅在上海创立格致书院。

1879年
美国基督教教会在上海创办圣约翰学院。

当时就学者虽只有十数人，却为中国佛教种下了革新的种子，为居士佛学的振兴打下了深厚的基础，为佛教文化研究开辟了一条通向现代化的道路。这些学者也多成为其后五十年佛学界的领袖或俊才英杰。如弱冠出家、后参加同盟会的革命党人李栖云；大闹金山寺、倡导佛教革命的释仁山；誉满海内外的太虚和尚；继杨文会之后主持金陵刻经处、创办支那内学院的欧阳渐；著名的法相唯识学者梅光羲，还有智光、观同、邱虚明等。除此之外，长于因明、密宗的桂伯华，兼善三论的黎端甫，治法相唯识宗的孙少侯、李证纲，以及梁启超、章太炎等也入室执弟子礼，在思想上从杨文会那里吸取了新的养分。

祇垣精舍的存在虽然不过两年，但是，它除了教授佛学之外，还设置(古)汉文、英语、梵文，是提出了很高理想的新式学校，在中国近代佛教教育史上有重要地位。

杨文会的一生，自青年时代开始，即与佛教事业结缘，并终其一生。他虽然并未出家修行，却为弘扬佛学鞠躬尽瘁。他的思想与行动，不仅对佛学在中国近代的复兴起了极大的推动作用，甚至对晚清思想界也产生了不容忽视的影响。

相关链接

居士佛教

居士，音译“迦罗越”，意译“家主”，原指古代印度吠舍种姓工商业者中的富人，因信佛者颇多，故佛教用以称呼在家佛教徒之受过“三归”、“五戒”的人。

晚清佛学的复兴，尤其得力于在家居士，故当时于佛、法、僧三宝之外，又有四宝之说。

清末民初，我国学者名流、政治家、僧侣无不竞相研究佛学。他们谈禅说偈、著书立说，也多与居士的提倡和身体力行有关。杨文会居士可称佛门尊宿，其上承明代四大师融合诸宗、会通三教之遗风，继彭绍升之后，掀起居士佛学之新潮；下启20世纪上半叶佛学复兴之盛况。他首刊魏源《净土四经》并作序阐明其净土思想，映衬了龚自珍、魏源以经术求治术、以佛法求世法的近代社会思潮。其后，有梁启超佛儒结合的东方人生哲学、佛教救世思想和佛教史与佛教哲学的研究；谭嗣同以心、识为体，以仁为用的经世佛学；康有为的大同思想和救世主义；章太炎的法相唯识哲学，更与杨文会居士有不同程度的关系。特别是谭嗣同以杨文会为其学佛的第二导师，“从之游一年，本其所得以著《仁学》”。此外，清帝室崇佛也是近代佛教的特点之一。

严复翻译《天演论》

人们一提到赫胥黎的名著《天演论》，就会说起严复，因为它是严复翻译的。他高举西学东引的火把，照亮了一代人向西方寻找救国真理的道路。

严复出生于福建侯官（今福州）一个医生家庭。1866年，因父死家贫，无力参加科举考试，便考入了公费的福州马尾船政学堂，开始了学习英语、理化等新知识的西学之路。1871年，他以优异的成绩毕业，被派到军舰上实习，曾经到过新加坡、槟榔屿和日本等地，进一步开阔了眼界，增长了知识。

1877年，严复被派往英国格林尼茨海军学院学习。在英国，他眼界大开，一边学习，一边考察英国社会。他逐渐对资产阶级社会政治学说有了相当的了解，并悟出一个道理——中国要富强，就应该向西方学习。

1879年，严复学成回国。他先在福州船政学堂任教，第二年到天津的一所专门培养海军人才的学校——北洋水师学堂做负责教学工作的教务长，后来升为校长。在那里，他一干就是二十年。严复致力于教学改革，增设许多海军的课程，注意向学生传授西学，努力使水师学堂成为具有世界先进水平的海军学校。

中日《马关条约》的签订，打破了他的幻想。为了唤醒国人变法图强的意识，严复决心译书。他翻译了英国生物学家赫胥黎的《天演论》，此书出版后立即引起了学术界的震动。

《天演论》为英国达尔文主义者赫胥黎所著，原名为《进化论与伦理学》。此书是赫胥黎应英国牛津大学罗马尼斯讲座之邀所做的讲演，后来加了一个导论

严复像

严复（1853～1921）

原名宗光，字几道，又字又陵，自称“天演宗哲学家”。

1887年

英美传教士李提摩太、林乐知等在上海组织广学会，传播西学。

1895年

严复译《天演论》刊行。

和其他论文一起发表。严复所翻译的就是这个讲演和导论部分，并取原书名的前半部分来为自己的译本命名。

严复的翻译不是直接翻原文，而是联系中国的现实，对相关内容加以取舍。在每篇翻译完后，他都要加一些评论，发表自己的看法和主张。他尤其发挥了赫胥黎的"物竞天择，适者生存"的观点，提醒人们，中华民族如果不奋发图强，就会有亡国灭种的危险。但是我们是有意志和有智慧的，只要大家共同努力，及时变法改革，中国一定能得救。

物竞天择，适者生存

原指生物演化发展的一般规律，后来也有人用以说明人类社会的历史发展。达尔文进化论的全部精义，严复用"物竞"和"天择"四个字作了确切的概括：物竞，包涵生存竞争和自然浪费；天择，包涵变异、适者生存和遗传。严译《天演论》的基本论点是：第一，世界上一切生物，都处在"天演"即进化的过程中，不是万古不变的。第二，物竞天择是万物进化的途径，动植物如此，人类社会也如此。第三，物的存亡取决于自然选择，但人们不应无所作为。

《天演论》的翻译出版引起了很大的反响，进化论的传播影响了20世纪初一代知识分子的思想。康有为读到《天演论》译稿后，称赞严复是精通西学的第一人，并在《孔子改制考》中吸取了进化论的历史观。梁启超也根据进化论的观点著文进行宣传。

《天演论》激发了人们的爱国热情。连小学教师都把它作为教材来教学生，中学老师更以"物竞天择，适者生存"作为题目，让学生写文章发表议论。在此后的十多年里，这本书出版了三十多种版本。

维新运动失败后，严复离开北洋水师学堂，到上海埋头翻译"西学"名著。他翻译出版了亚当·斯密的《原富》、孟德斯鸠的《法意》和穆勒的《穆勒名学》等著作，此外还翻译出版了斯宾塞的《群学肄言》和耶方斯的《名学浅说》等。他从西方引进了一整套资产阶级的哲学、经济学和社会政治学说，大大开阔了封闭多年的旧中国人们的眼界，促进了中国人的觉醒。

严复晚年体弱多病，政治上倾向保守，其哲学思想中也有不少错误的东西，存在着一定的局限性。但总体来看，他从世界观的高度引进了西方的进化论学说，使之与中国传统哲学相结合，形成了颇具特色的"天演之学"，以激励中国人自强保种，使进化论哲学深入人心，成为中国近代哲学传统的有机组成部分，这个历史功绩是不可磨灭的。它不仅在当时产生了巨大影响，也大大激励和鼓舞了后人，章太炎、鲁迅、毛泽东早期的进化论思想，都受到严复翻译《天演论》的影响。他由此成为中国通西学的第一流人物，成为第一个系统翻译和介绍西方思想和文化的著名思想家和翻译家，在西学东渐方面做出了突出的贡献。

相关链接

中学为体，西学为用

“中学为体，西学为用”，是清末洋务派首领张之洞在他的著作《劝学篇·设学》中提出的观点。“体”、“用”是一对哲学范畴。“体”，指事物的本体、根本；“用”指作用、效用。“中学为体”就是以中国封建制度和纲常名教为治国之本；“西学为用”就是以西方国家的先进技术为辅助。这一观点集中概括了戊戌变法之前整整一代人对中西学关系的认识。

鸦片战争后，魏源首先提出“师夷之长技以制夷”，即学习外国的军事技术，用以抵抗侵略。19世纪70～80年代，早期改良派曾提出“主以中学，辅以西学”的口号，主要目的是鼓励人们向西方学习，反对顽固守旧。到了19世纪末，发生了尖锐激烈的旧学与新学、中学与西学之争。守旧的封建顽固派坚决反对西学，对西方资本主义国家的一切事物都采取仇视和排斥态度。而资产阶级维新派则积极提倡西学，认为中国不但应当学习西方国家的科学技术，更要效仿它们的议院制，改革封建君主专制制度。张之洞强调“中学为内学，西学为外学；中学治身心，西学应世事”，表面是要“新旧兼学”，实际上是站在旧学、中学一边，反对接受西方资产阶级政治伦理学说，不过在当时对突破长期的闭关自守还是发挥了积极的作用。

严复对此说予以严厉驳斥，指出中学与西学各有自己的体用，把各自的“体”、“用”分割，“固已名之不可言矣，乌望言之而可行乎”！如果说中学之体可以有西学之用，无异于说牛之体可以有马之用，是非常荒谬的。他提出了“自由为体，民主为用”的主张。

康有为托古改制

康有为(1858～1927)

字广厦，号长素，广东南海人，人称“康南海”。

1888年

康有为第一次上书。

1891年

康有为在广州长兴里的万木草堂讲学。

1895年

康有为发动“公车上书”。

19世纪末，中华民族面临亡国灭种的危机，清政府内部的顽固派主张“宁可亡国，不可变法”。为了减轻变法维新的社会阻力与政治压力，康有为采取了托古改制的谋略。

中法战争后，康有为对外侮频仍、统治者不思振作的状况忧愤交加，在他去北京参加科举考试时，就向皇帝上书，提出革新变法的主张。由于人微言轻，上书如石沉大海。

回到广州后，他著书讲学，培养维新人才，宣传变法主张，写了《新学伪经考》、《孔子改制考》，为维新变法奠定了理论基础。

康有为在两部书里说：近来大批读书人苦心钻研的那些古文儒经，全是西汉末年的大奸臣王莽为篡夺汉朝的皇位，授意他的亲信刘歆伪造的。读书人把毕生的精力花在这些假东西上，实在太冤枉了！又说：孔子是个有理想、有抱负的圣人。他一心想改革政治，但那时的人们只信古代，不信当代，于是他就编著六经，把自己的设想寄托在这些古代的文献里，来使人信服。康有为充满信心地认为：儒学是不断变化、发展的；而且每一次大变革、大进步，都是由一位圣贤来完成的。周公以后是孔子，孔子以后是董仲舒，董仲舒以后是韩愈，韩愈以后是朱熹。朱熹以后，自己将当仁不让，要像孔子那样，托言复古，实质上是进行政治、文化的大改革。

康有为像

康有为的书流传出去，反对他的人一哄而起，他们辩驳道：“改革改革，改成什么？越改越坏，又怎么办？”为了回答这些问题，康有为又用了更大的精力去研究儒学中的《春秋公羊传》和《礼记》，联系到西方传来的基督教平等博爱说、卢梭的天赋人权说以及欧洲社会主义学说的片断，融进自己的设想，著作出一部十章数十万字的大书《大同书》。

《大同书》说：“从现在起，中国社会的发展将经历据乱世、升平世、太平世三个阶段。现时社会是据乱世，通过维新变法，改良政治，建设新型农、工、商业，推进近代教育，确立起资本主义制度，国富兵强，就进入升平世，升平世就是小康；生产进一步发展，政治进一步改良，人性进一步完善，就进入太平世，太平世就是大同。”

书写成后，康有为突然感到书中的观点和太平天国革命理论有许多相通的地方。他怕惹祸，便不肯拿出来见人，就连大弟子梁启超也不让借读，因此梁启超背地里说他：“先生太任性了！”

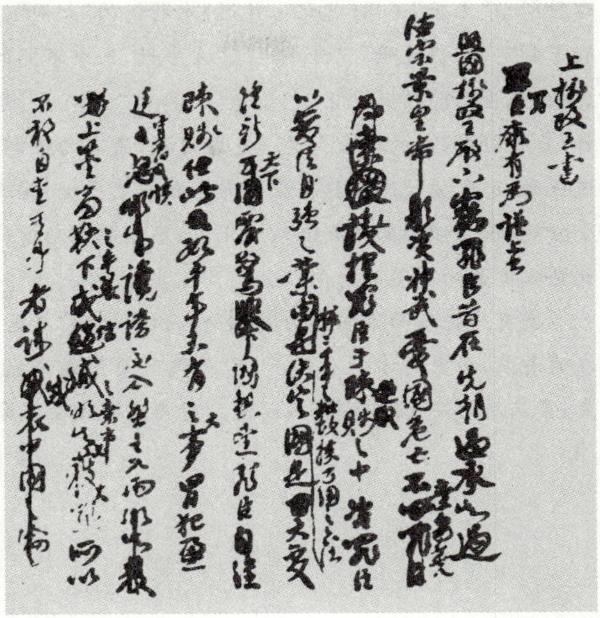

康有为《上摄政王书》

1895 年，康有为赴京参加会试，这时传来清政府要在《马关条约》上签字的消息，康有为义愤填膺，联合一千三百余名应试举人，由他起草一万八千字的上皇帝书，提出拒绝签约、迁都抗战、变法图强三项主张。这就是历史上有名的“公车上书”。后来，他联络梁启超、谭嗣同和各地变法维新分子，办报纸，设书院，成立学会。各地响应者很多，维新运动渐入高潮。

晚年的康有为依然坚持托古改制，最终成为保皇派，反对民主革命，遭到章太炎等人的驳斥。他对大同世界的构想，尽管还是一个乌托邦的空想，但对改造社会、振奋民心还是发挥了一定的作用。

相关链接

“公羊三世”说

为了给变法维新提供哲学依据，康有为把中国古代的变易思想和从西方传来的进化论相结合，提出了他的“公羊三世”进化史观。

康有为认为《春秋公羊传》中包含着“三世”的思想，即所谓“所见世”(指孔子亲眼见过的)、“所闻世”(指孔子听亲自见过的人说的)、“所传闻世”(指孔子听来的传闻)。他又把这种所谓“三世”说同《礼记·礼运》中所讲的“大同”、“小康”联系起来，说“公羊三世”就是孔子制定的“据乱世”、“升平世”、“太平世”三个不同的历史发展阶段。他认为历史发展是由“据乱世”进到“升平世”(“小康”)；再由“升平世”进到“太平世”(“大同”)。这就是孔子作《春秋》所阐发的微言大义。也就是说，康有为强调，首先人类社会是不断由低级向高级进化的，进化的轨道是据乱世—升平世—太平世；其次人类社会毫不例外地都要经过这三个阶段，但只能按顺序渐渐地进化，而不能越级向前；最后，一世比一世文明，到了太平世，就是人类最为美满的大同社会。

康有为把从西方学到的进化论知识灌注到“三世”说中，突破了公羊学的历史循环论。在他看来，历史的方向不是太古“三代”，而是在未来的“大同”世界。但他只承认量的渐变，否认质的突变和飞跃，因而受到资产阶级民主革命派孙中山等人的批判。

谭嗣同著《仁学》

提起谭嗣同，很多人都熟知他的“有心杀贼，无力回天，死得其所，快哉快哉”的绝命词。这位为变法维新、振兴中国而献身的志士，牺牲时仅三十三岁。他杂糅儒、道、墨各家和西方资产阶级自然科学、社会政治经济学说，创作出《仁学》一书，形成了独特的哲学体系。

谭嗣同(1865～1898)

字复生，号壮飞，湖南浏阳人。

谭嗣同的父亲谭继洵在清廷户部任职，后来出任湖北巡抚。谭嗣同自幼学习勤奋，也没有沾染吸烟、打牌等当时司空见惯的官宦子弟的恶习。谭嗣同十二岁时，生母病故，此后他就失去了家庭温暖。他的庶母对他备极虐待，父亲也对他非常冷淡。精神和肉体上的摧残，在他心里播下了仇恨封建纲常的种子。他经常津津有味地阅读那些被封建文人诋为异端邪说的书籍，而对传统的儒家经典、时文制艺却非常反感，认为是“岂有此理。”

1892 年

郑观应《盛世危言》正式发表。

十九岁以后，谭嗣同游览祖国各地，足迹遍及黄河上下、大江南北，目睹了清朝统治的黑暗腐败。他逐渐对古代儒家经典和封建制度产生怀疑，开始努力学习西方的自然科学知识和社会政治学说，积极主张变法，成为维新运动的中坚力量。

1895 年，丧权辱国的《马关条约》签订了，谭嗣同悲愤到了极点，写下了“世间无物抵春愁，合向苍冥一哭休。四万万人齐下泪，天涯何处是神州”的诗句，以此来表达自己的心境。此后他开始写文章，提出一些变法主张。

1896 年，谭嗣同离开湖南北游访学，通过梁启超的介绍结识了康有为，得闻公羊学的“一切微言大义”，于是自称为康的“私淑弟子”。8 月到南京任候补知府，并跟杨文会学佛。同时“颇思共相发明，别开一种冲决网罗之学”，这就是著名的启蒙著作《仁学》。

谭嗣同像

《仁学》里也谈进化论，认为既然一切都要变，变法就是医治中国病症的一个药方。要变法就要“冲决网罗”。谭嗣同要把肉体上、精神上的一切绳索都解开：要冲决利禄的网罗，为国家、民族着想；要冲决经学的网罗，不要那些和变法无关的平庸的学问；冲决君主的网罗，消除皇帝的影响。

1896 年
《仁学》书成。

《仁学》用几何学的方法解说“仁”，认为“仁以‘通’为第一”。“通”有上下通，人我通，男女通，内外通。“仁”的哲学就是通的哲学。具体来说，“通”就是打破一切枷锁和封闭，将一切沟通起来，这实质是希望发展资本主义的自由经济，希望实行三权分立的议会制，打破封建主义的人身依附关系。

与此同时，谭嗣同还积极变法实践活动。在他的倡议下，湖南先后办起时务学堂、武备学堂、南学会等新式学校和组织，培养了一批革命志士，出版了《湘学新报》和《湘报》，传播变法维新思想，湖南一时成为全国最富革命朝气的省份。

在维新派的促进下，光绪皇帝颁诏变法。谭嗣同被召入京参与新政，担任四品军机章京，成为新政的重要决策者。但以慈禧太后为代表的封建顽固派，反对新政，阴谋政变。在紧急关头，谭嗣同等维新派想要说服握有军权的袁世凯，幻想得到他对变法维新的支持，但被袁世凯出卖。

9 月 24 日，谭嗣同被逮捕。在狱中，他大义凛然，神情自若，视死如归。他抚今追昔，在监狱的墙壁上写下了一首诗：“望门投止思张俭，忍死须臾待杜根。我自横刀向天笑，去留肝胆两昆仑。”

9 月 28 日，谭嗣同在宣武门外的菜市口刑场就义，与他同时被害的有林旭、杨深秀、刘光第、杨锐、康广仁等，并称“戊戌六君子”。

谭嗣同的生命是短暂的，但在这短短的时间里，他却留下了光彩的事迹和深远的影

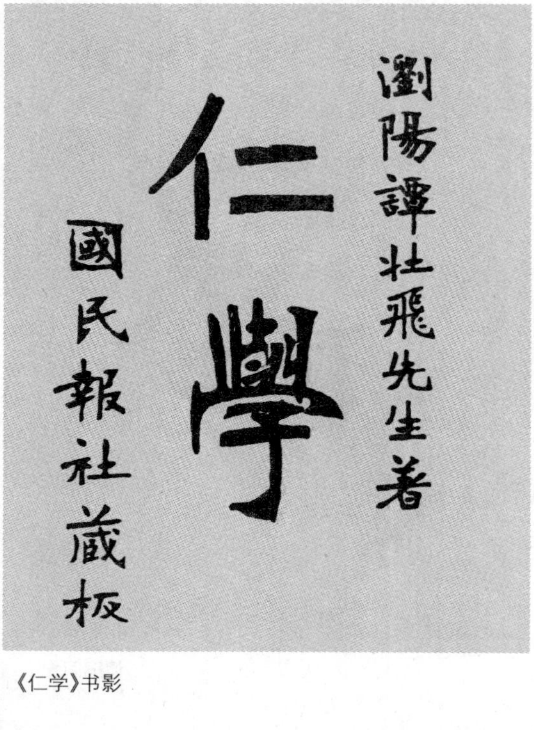

《仁学》书影

响。他的《仁学》,充满了激进民主主义和反清革命的色彩,不仅为维新派提供了理论武器,而且对后来的资产阶级革命派也有很大影响。

相关链接

以太说

中国近代以"以太"作为宇宙万物本原的一种哲学理论。"以太"是音译,又译"伊脱"、"以脱"等,源于希腊文(Ether),本为燃烧、点火之意。古代希腊毕达哥拉斯派承认有以太,但只是一种猜测。17~19世纪,西方一些自然科学家提出以太假说,认为以太是一种密度小、弹性大、无重量、充满整个宇宙的物质,是光、电、磁等现象的物质基础。19世纪末,由英国传教士傅兰雅等人传入中国。康有为、谭嗣同、章太炎、孙中山等人,都吸取了"以太"概念,并把它看作宇宙万物的原始,用以表述自己的宇宙观。谭嗣同在《以太说》中阐发了"以太"无所不在,为万物之源的理论。章太炎在《菌说》中认为:"以太即传光气","彼其实质,即曰'阿屯'(Atom,原子)","即以太亦有至微之形"。孙中山在《孙文学说》中说:"元始之时,太极动而生电子,电子凝而成元素,元素合而成物质,物质聚而成地球。"并以"以太"释"太极"。随着现代自然科学的发展,哲学上的"以太"概念,也就代之以科学的物质概念。

谭嗣同一方面说"以太"是"至大至精微,无所不胶粘,不贯洽,不管络,而充满之一物焉",承认"以太"的物质特性;另一方面又把"以太"称为"爱力"(吸引力),比作电、磁,比作脑神经等,并由此进一步把"以太"附会成"通天地万物人我为一身"的"仁",否定了"以太"作为物质客观存在的概念,成为一种主观意识。

从订孔到尊孔

章太炎(1869~1936)

章炳麟,字枚叔,号太炎,浙江余杭人。九岁跟外祖父读书,十三岁起跟父亲学习,除了儒家经典,还广泛涉猎史传、老庄等书籍。二十二岁时父亲去世,章太炎进了杭州“诂经精舍”,在那里学习了七年,打下了深厚的国学基础。

甲午战争以后,章太炎走出书斋,成为一个有学问的革命家。他重新评价孔子,发表《订孔》一文,反对康有为托古改制。辛亥革命后,章太炎反对建立孔教会。与此同时,他又提倡“国粹”,尤其在晚年,更是倡导尊孔读经,走出一段独特的心路历程。

康有为、梁启超等人发起维新变法运动,成立了强学会。章太炎得知后,报名入会,从此他走出书斋。1896 年,梁启超等人在上海创办《时务报》,章太炎应邀入社,参与编撰。但他对康有为“托古改制”颇有微词,对康门弟子把康有为视若“教皇”、“南海圣人”十分反感,便离开上海,回到杭州,成立兴浙会,并为《实学报》撰稿。

1898 年春,张之洞邀请章太炎帮他办《正学报》。章太炎前往。恰好这一年张之洞写了《劝学篇》,请他润笔。章太炎对张之洞宣传忠君保皇十分不满,张之洞便给了他五百元盘缠,要求他离开武昌。章太炎便回到上海,应汪康年之邀主持《昌言报》(原《时务报》)笔政。百日维新失败后,他举家南逃台湾,后又到日本。

章太炎像

1899 年 8、9 月间,章太炎回国,开始编订第一部自选集。1900 年 7 月 26 日,唐才常以“保国保种”为辞,邀集上海名流召开“国会”。章太炎对其既不承认清朝政府又称拥护光绪皇帝的矛盾宗旨不满,当场宣布退出,并且剪下了自己的辫子,换上了西服。

1901 年 8 月,章太炎去苏州东吴大学任教,途径杭州,拜谒老师俞樾(yuè)。没想到老师一反常态,对他避地台湾,提倡革命,给予严厉的批评,强加他以“不忠不孝”的罪名,并要求弟子们群起而攻之。章太炎只好写《谢本师》一文,公开宣布与俞樾断绝师生关系。

同年,章太炎发表《订孔》一文。订者,

评议，也就是重新评价之意。康有为在《孔子改制考》中认为六经都是孔子创作的，所以孔子是大圣，是教主。章太炎则认为六经是孔子删定的，所以他只是一位文化的集大成者、热心的教育家。这些平实的理论，仍然被卫道士们指斥为“离经叛道”、“非圣无法”。

1903年，章太炎由于在《苏报》发表《驳康有为论革命书》被捕入狱。在法庭上，法官指控他谩骂皇上时，他不无揶揄地回答说：“我说光绪是小丑，并不算骂他，‘小丑’就是小孩子嘛！”三年后出狱，前往日本，主持同盟会机关报《民报》，同时创设了“国学讲习会”，提倡“用国粹激动种姓，增进爱国的热肠”。

辛亥革命后，康有为为了替袁世凯复辟帝制造舆论，又大力宣扬“建立孔教论”，说中国应“以孔教为国教配天”，“以孔子配上帝，义之至也，礼之崇也”，否则四万万中国人便要成为“逸居无教之禽兽”（《以孔教为国教配天议》）。章太炎发表《驳建立孔教议》，认为康有为的做法不是什么新东西，无非是效法当年的董仲舒，向皇帝献媚而已。不久组织成立了“国学会”，并在国学会的门口贴了一个通告，说国学会与孔教会决不能相混，孔教会会员必须脱离原会，才能加入。

护法运动失败后，章太炎的革命活动完全停止，著书讲学成了日常生活。他常住上海，有时住北京，最后定居苏州，并再度创设国学讲习会，亲自主讲小学、经学、史学、诸子学等，同时创办《制言》杂志，作为宣扬和研治国学的专门阵地。他公开主张尊孔读经，声称读经“有千利而无一弊”。他还指责当时社会上“发展个性”、“打倒偶像”等解放思想的要求，认为这会造成“世乱”、“国危”的严重弊病，而救亡之道，只有读经一途。

1899年

广学会的月刊《万国公报》首次介绍马克思学说。

1900年

章太炎《訄书》刊于苏州。

《訄书》

章太炎著。“訄”（qiú）即逼迫之义。“訄书”即为匡时救国所迫而非说不可之言。共有《訄书》初刻本、《訄书》重订本和《检论》三个版本，反映了作者思想的变化过程。《訄书》文字古奥，内容广博，包括语言、文学、哲学、历史、政治、经济各方面，对民族与社会风俗等也都有论述。

相关链接

“依自不依他”说

章太炎认为道德责任以意志自由为前提，提出“依自不依他”之说，强调道德行为要自己做主，不依赖于鬼神或他人。在他看来，中国过去儒道名法虽变易万端，但殊途同归，形成一个好传统，就是“依自不依他”。他虽然批评孔子有富贵利禄之心，但肯定儒家破坏鬼神之说的意义。他还特别指出：从佛家各派到王学都能“自尊无畏”，这样就可以“排除生死，旁若无人，布衣麻鞵（xié），径行独往”。因而他说：“所以维持道德者，纯在依自，不在依他。”(《答铁铮》)章太炎进而指出:人生本来就是独立的,并不是为他人而生。而“造物无物”,并没有上帝对我发布命令。我之所以为他人尽力,并不是为了求得报酬,“此自本吾隐爱之念以成,非有他律为之规定”(《四惑论》)。这也就是说,人要尽道德责任,这完全是出于“隐爱之念”,即出于自主的选择。自己给自己下命令,这就是康德所讲的道德的“绝对命令”。

可见,在章太炎看来,人自愿地用道德规范来指导自己的行为,这完全是出于意志的自由。章太炎在反对天命论的同时,过分强调发挥个人主观意志的力量,陷入了唯意志论。在反对神学的同时,又欣赏佛教的“无畏”精神,过于强调了宗教的道德力量。

孙中山倡“突驾”

面对中国落后挨打的局面，孙中山改造西方的进化论，强调人的能动作用，提出了“突驾”说，认为中国可以后来居上，不仅可以超越日本，而且可以超越英美。为了实现这一理想，他奋斗了一生。

上中学时，孙中山的床铺顶上，总是挂着中国地图和世界地图，他每夜对着地图心潮起伏。上大学时，他与三位志趣相投的同学经常互抒救国之志，把“尽心爱国”作为座右铭，终以最优异的成绩从西医书院毕业。孙中山一面行医，一面宣传“尽心爱国”的思想，民族危机强烈地刺激着他，使他再也拿不住听诊器和手术刀了。他一口气写了八千多字的《上李鸿章书》，提出“人能尽其才，地能尽其利，物能尽其用，货能畅其流”的改革主张，得到的却是一盆冷水。挫折让他清醒了，单靠上书的办法来实现政治改良，是行不通的，社会的痼疾靠保守治疗不行，须动大手术才能根治。

孙中山(1866～1925)

名文，字德明，号日新，后改逸仙；在日本从事革命活动时曾化名中山樵，后来即以“中山”为号，广东香山县(今中山市)人。

1905 年

孙中山发表《民报》发刊词。

1907 年

陈焕章在美国成立昌教会，宣扬孔教，反对革命。

1905 年 8 月 13 日，黄兴、宋教仁、陈天华等发起召开一个留日学生欢迎孙中山大会，到会者一千三百余人，宋教仁致欢迎词。之后，孙中山对留日学生发表了演说。他说，中国有五千多年的文明史，先前是先进的国家，只是后来才落后了。而日本原是个落后的国家，因为学习了西方，仅用了三十年时间，便同欧美大国并驾齐驱。今日中国思想变迁非常快，若肯努力学习前进，经过十年或二十年，不仅可以超过日本，并且可以胜过欧美，根本无需经过“由野蛮而专制，由专制而君主立宪，由君主立宪而始共和”那样的次序。他还以火车为例，说最初的火车头很粗劣，后来经过革新就变好了。那么，中国修建铁路时，是采用最初粗劣的火车头，还是采用最新最好的火车头呢？他以此作为比喻，坚决反对保皇派所谓的“循序而行”。他并预言中国将要出现一个大跃进，深信中国“不难举西人之文明而尽有之，即或胜之焉，亦非不可能之事也”。

孙中山像

此后，孙中山创建同盟会，确定“驱除鞑虏，恢复中华，创立民国，平均地权”的革命纲领，又在同盟会机关报《民报》的发刊词中正式提出了“三民主义”的指导思想。

武昌起义胜利后，孙中山教育大家切不可有当皇帝的欲望。但他轻信了袁世凯，辞去了临时大总统的职位。袁世凯建立北洋军阀政权后，实行专制，孙中山便发动了“二次革命”，用武力讨伐袁世凯，失败后流亡日本，在日本建立中华革命党，被推为总理。袁世凯做了八十三天皇帝梦后死去，资产阶级民主革命依然没有完成。孙中山又于 1917 年夏发起护法运动，反对段祺瑞为首的北洋政府。

五四运动后，孙中山将中华革命党改组成中国国民党。1920 年在广州组织第二次护法运动，因陈炯明叛变，运动失败。在共产国际和中国共产党的帮助下，孙中山主持召开国民党“一大”，实现了国共的第一次合作，根据联俄、联共、扶助农工的政策重新解释了三民主义。不久，冯玉祥在北京发动政变，邀请孙中山北上。

在中国共产党的支持下，孙中山抱病入京，由于北京政府仍为段祺瑞控制，他忧愤交加，病情恶化。孙中山知道自己将不久于人世，便立下三份遗嘱——一份是国家遗嘱，由他口述，汪精卫笔记；一份是家事遗嘱，是给宋庆龄的，唯一的遗产是华侨送给的一处住宅和书籍；一份是写给苏联政府的遗嘱，由他用英文口授，鲍罗廷笔记。

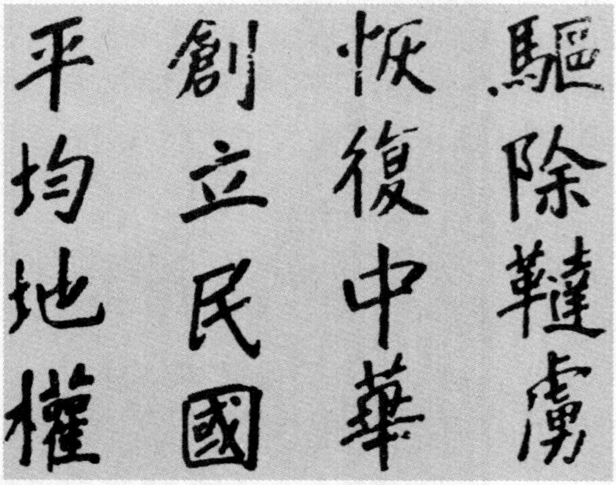

孙中山手迹

1925 年 3 月 12 日，孙中山在北京逝世。临终前，还念念不忘地嘱咐着：“和平、奋斗、救中国。”还发出“革命尚未成功，同志仍需努力”的号召，激励人们继续前进。

孙中山在饱经忧患的岁月中，依然信心百倍地展望未来，深信中华民族终将与欧美列强并驾齐驱，深信中华文明必将迎来伟大的复兴并恢复世界领先的地位。这种高度的民族自尊心和自信心，鼓舞着一代又一代的中国人。

相关链接

行易知难说

孙中山在《心理建设》(《孙文学说》)第五章中说:“由是而知‘行易知难’,实为宇宙间之真理。”他认为行在先而知在后,知是由行中求得的,所以行是易,知是难。他以饮食、用钱、作文、造船、筑城、开河、电学、化学等十事为证,说明行易知难。例如饮食是人日常生活中最普通的事,是不待教而能的,但是营养和烹调的学问则是经过长期饮食的实践而后逐渐得到的;用钱也是人们日常生活不可少的,而关于货币的学问则是经过长期商业的实践得到的。其他如建筑、造船、筑城等也是这样。人类先会造屋,而后才有了建筑学;造船科学也是近代开始发展起来,但在中国古代郑和已能造巨大海船。这些例证都说明行在先,知在后,行容易而知困难。由于后人较容易地继承前人的知识成果,便以为知容易而行困难。

孙中山用行易知难说,去批判和替代知易行难、知行合一的思想。他关于不知而行、行先知后、知指导行的观点,是历史上知行关系的最新总结,为他新三民主义的革命理论提供了哲学基础。

王国维融合中西

王国维(1877～1927)
初名国祯，字静安、伯隅，号观堂、礼堂、永观，浙江海宁人。

1907年
鲁迅发表《摩罗诗力说》、《科学史教篇》、《文化偏至论》。

瘦瘦的，个子不高，一米六十五左右；头戴瓜皮小帽，身穿马褂长衫，脑后留一根长长的辫子，鼻梁上却架一副西洋眼镜，这就是清华国学研究院导师王国维的独特形象。他融合中西的故事广为流传。

王国维十六岁考中秀才，一时文名传开，成为“海宁四才子”之一。但他讨厌那些八股文，不再致力于科举，决心独立研读。他用自小积攒起来的“压岁钱”，买了一部《史记》和一部《汉书》，专心致志地研读起来，从此开始打下深厚的古汉语基础，掌握了通读中国古籍的方法。

甲午战争后，民族危机加深，触发了王国维“自奋新学”的念头。1898年2月，他进了维新派创办的《时务报》馆，担任校对的工作。为了学习外语，他进了罗振玉办的上海“东文学社”(相当于现在的外语专科学校)半工半读。他一方面随老师学日语，另一方面自学英语。王国维把学外语、读外文书籍与翻译外文著作结合起来，结果外语水平提高很快，得到罗振玉的赏识。毕业后在罗振玉的支持下，东渡日本，留学半年，为更好地钻研西学打下了坚实的基础。王国维在学习外语的过程中，先后翻译过康德、叔本华、尼采等人的许多哲学著作，成为继严复之后又一位西方文化和思想的传播者。

王国维像

1905年，王国维提出融会中西的“化合”之说。知而后行，化而后合，他明确提出“学无中西”，力主二者“化合”。他说：“余谓中西二学，盛则俱盛，衰则俱衰，风气既开，互相推助。且居今日之世，讲今日之学，未有西学不兴而中学能兴者，亦未有中学不兴而西学能兴者。”“异日之发明光大我国学术者，必在精通世界学术之人而不在一孔之陋儒。”坚持对西学方法和理论的借鉴与化合。

辛亥革命后，他成为前清遗民，致力于研究中国传统学术。1922年，受聘为北京大学国学门通讯导师。1923年，充故宫南书房行走，成为末代皇帝溥仪的老师。1925年，王国维受聘担任清华国学研究院导师，教授古史新证、《尚书》、《说文》等，与梁启超、陈寅恪、赵元任、李济被称为“五星聚奎”的清华五大导师。1927年6月2日，在北京颐和园昆明湖自沉身亡。

陈寅恪对其“独立之精神、自由之思想”给予了充分的肯定，并在《静安遗书序》中对王国维治学的特色进行了概括，认为有三：一曰取地下之实物与纸上之遗文互相释证，二曰取异族之故书与吾国人之旧籍互相补证，三曰取外来之观念与固有之材料互相考证，准确地揭示了王国维对现代西方文化的态度。

王国维根据自己一生的治学经历，借用宋代三位名家的词句，概括出治学“三境界”，成为后人津津乐道的理想追求。

这三种境界是：“昨夜西风凋碧树，独上高楼，望尽天涯路。”（晏殊《蝶恋花》）这是第一境界。即比喻说，当一个人志向已经确定，学业刚刚开始的时候，要看到路程的遥远。

“衣带渐宽终不悔，为伊消得人憔悴。”（柳永《凤栖梧》）这是进入第二境界。即比喻说，道路必定艰难，一个人要成就事业不是件容易的事，要舍得下工夫，勤学苦练，不畏难险，要有不达目的誓不罢休的气概。

“众里寻他千百度，蓦然回首，那人却在，灯火阑珊处。”（辛弃疾《青玉案》）这是第三境界。即比喻说，一个人，只要勤奋耕耘，坚持不懈，经过千辛万苦，终究会水到渠成，有意外收获。

综观王国维一生的治学经历，可以看到，融合中西成为他毕生的追求，并逐渐步入了“灯火阑珊处”。

1908年

王国维在《国粹学报》刊出《人间词话》前二十一则，提出“境界”说。

1911年

王国维率全家避居日本，侨居日本达五年之久。从此，其治学转而专攻经史小学。

《人间词话》

王国维撰。分《人间词话》、《人间词话删稿》、《人间词话附录》三卷。作者以中国传统文论融会西方美学思想，论述了从唐五代至宋元词人作品，兼及诗文。王国维论词以境界说为中心，指出词以境界为最上，有境界则自成高格，自有名句。

相关链接

“可爱”与“可信”

王国维认真研究了哲学，在其三十岁为自己的文集所写的序中说：“哲学上之说，大都可爱者不可信，可信者不可爱。余知真理，而余又爱其谬误。伟大之形而上学，高严之伦理学,与纯粹之美学,此吾人所酷嗜也。然求其可信者,则宁在知识论上之实证论,伦理学上之快乐论,与美学上之经验论。知其可信而不能爱;觉其可爱而不能信。此近二三年中最大之烦闷。"其中说的"可爱者不可信"的是指康德、叔本华哲学,"可信者不可爱"的是指严复所介绍的实证论的哲学。也就是说王国维在思考人生和人性的过程中,发现了一个令自己苦恼的问题,那便是哲学家们所说的话,要么只是可爱,要么只是可信,很难两者兼具,于是发出感叹:我所爱的我不能信,我所信的我不能爱。换句话说就是值得爱的不值得信,值得信的不值得爱。

王国维尊重科学,倾向于同实证科学相联系的实证论哲学,但在感情上觉得叔本华的非理性主义更可爱。经验论和先验论的对立、实证论与形而上学的对立造成了王国维的苦恼,形成"可爱"与"可信"的难以抉择。所以,他一方面用实证精神对传统哲学范畴进行分析,总结出科学的治学方法,另一方面又在"可爱"的"纯粹之美学"的领域提出了中西融合的"境界"说。

后　记

对于哲学,我是有所了解的。我出生在曾子故里山东嘉祥的乡村,少儿时相对孤独的田园生活,对道家的道法自然有过直观的感悟。大学就读于曲阜师范学院,耳濡目染,初步领会了儒家的哲学。《齐鲁佛教史话》一书的撰写,又促使我学习了佛学的基本知识。真正对中国哲学有所理解,还是师从张岂之先生之后。尤其是先生最近主持编撰的《中国思想学说史》、《中国学术思想编年》、《中国传统文化经典语录》几套书的出版,为我编撰本书提供了基本的思路。

哲学源于希腊语 philosophia,意思是爱智慧。在一般人眼里,哲学是灰色的,晦涩难解的,但它连接的哲学故事是多彩的,显明易懂的。我们选取中国哲学史上的重要史事和人物,用讲故事的形式予以阐释,力图讲清事件的来龙去脉、人物的心灵宇宙、精彩的理论探索,以及它们在中国哲学史上所处的关节点。这些故事告诉我们,我们可以像先哲一样,踏上爱智慧的思想之路,享受美丽的人生。

苏格拉底说:“德性即知识。”亚里士多德说:“最高层次的思想,是以至善为对象的思想。”可见,立德向善是西方哲人津津乐道的话题。中国哲人们有过之而无不及,他们打造出立德、立功、立言的文化传统。为此,我们安排了相关链接和小常识,介绍相关的概念、命题、典籍等知识,扼要说明中国哲学的重要思想和学说,提供观察中国先哲精神风貌的独特视角。

从远古到晚清,中国的先哲们自强不息,勇于求真。我们提供给读者一个大事年表,以编年的方式,将著名哲人的活动、重大的哲学事件、重要的理论成果展示出来,以帮助读者寻求中国哲学演进的真实轨迹。

关于中国哲学，本书蜻蜓点水，挂一漏万在所难免。我想要强调的是，“尊道”是先哲世界观的主要特征，在这一基础上形成了“天人合一”的主流观念。“贵德”则反映了先哲们的社会理想，“大同”和“小康”成为他们津津乐道的话题。“明理”体现了先哲们对思维的重视和认知，使中国哲学摆脱了神性与迷信的桎梏。“笃行”突出了中国哲学的实践特征，知行关系是先哲们不断进行深入讨论的主题。

我要真诚地感谢中华书局大众图书分社的几位先生，本书的基本框架是由他们创意拟定的。没有他们的邀约和督促，是不会有这本小书的。责任编辑李洪超先生和林玉萍女士在编写体例、内容取舍方面提出了许多宝贵意见和建议，并对全部书稿进行了认真的审读和校阅，增配了不少图片，为本书增色不少，令我相当感动。跟我读研的几个青年臧明、李延荣、侯俊芝、蒋开天，帮助搜集整理了部分资料，在此一并致谢。

最后，我要感谢这本书的读者，当您翻开它时，您就成了我的朋友，我们的心是相通的。

江心力

2010年5月